教育部人文社科规划基金资助
北京工业职业技术学院资助

光明社科文库
GUANGMING DAILY PRESS:
A SOCIAL SCIENCE SERIES

·法律与社会书系·

历史变迁中的人大立法研究

彭　君 | 著

光明日报出版社

图书在版编目（CIP）数据

历史变迁中的人大立法研究 / 彭君著. -- 北京：光明日报出版社，2024.3

ISBN 978-7-5194-7890-2

Ⅰ.①历… Ⅱ.①彭… Ⅲ.①立法—法制史—研究—中国—现代 Ⅳ.①D929.7

中国国家版本馆 CIP 数据核字（2024）第 067275 号

历史变迁中的人大立法研究

LISHI BIANQIAN ZHONG DE RENDA LIFA YANJIU

著　　者：彭　君

责任编辑：杨　茹　　　　责任校对：杨　娜　乔宇佳

封面设计：中联华文　　　　责任印制：曹　净

出版发行：光明日报出版社

地　　址：北京市西城区永安路 106 号，100050

电　　话：010-63169890（咨询），010-63131930（邮购）

传　　真：010-63131930

网　　址：http://book.gmw.cn

E - mail：gmrbcbs@gmw.cn

法律顾问：北京市兰台律师事务所龚柳方律师

印　　刷：三河市华东印刷有限公司

装　　订：三河市华东印刷有限公司

本书如有破损、缺页、装订错误，请与本社联系调换，电话：010-63131930

开　　本：170mm×240mm

字　　数：278 千字　　　　印　　张：15.5

版　　次：2025 年 1 月第 1 版　　　　印　　次：2025 年 1 月第 1 次印刷

书　　号：ISBN 978-7-5194-7890-2

定　　价：95.00 元

序

2023年3月13日，第十四届全国人民代表大会第一次会议通过了《关于修改〈中华人民共和国立法法〉的决定》。这是《中华人民共和国立法法》（以下简称《立法法》）自2000年制定和实施以来的第二次修正，此次主要修改内容是：完善立法的指导思想和原则；明确合宪性审查相关要求；完善立法决策与改革决策相衔接、相统一的制度机制；完善全国人大及其常委会的立法权限、立法程序和工作机制；适应监察体制改革需要补充相关内容；完善地方性法规、规章的权限和程序；完善备案审查制度。修改后的《立法法》为贯彻落实《中华人民共和国宪法》（以下简称《宪法》）规定和党的二十大精神，根据新时代党的重大理论创新成果，对立法的指导思想和原则与时俱进地进行了完善，即将2015年《立法法》的第3条改为两条，在现在的第3条中明确立法应当坚持中国共产党的领导，增加了坚持以“三个代表”重要思想、科学发展观、习近平新时代中国特色社会主义思想为指导。这也是我国立法工作总的指导思想和原则。

正是在上述时代背景下，彭君博士的《历史变迁中的人大立法研究》一书，即将付梓。作为她的博士生导师，应她之请，我当然要欣然命笔作序。

彭君博士从2004年开始在中南财经政法大学萧伯符教授的提携下研究董必武法制思想；2012年在我的支持下，参与设立在中国人民大学的彭真民主法制思想研究和教育基金的工作，担任基金学术委员会的秘书，开始有关彭真民主法制的研究。她对于彭真和董必武两位新中国法制建设的伟大贡献者的思想、理论和观点，逐步有了自己深邃而准确的理解。

2016年2月，中共中央印发了《关于加强党领导立法工作的意见》，这是党中央关于党领导立法的第四份规范性文件。其中，首次明确了党中央领导国家立法和地方人大党委领导本地区立法的划分。在上述前期研究的基础上，彭君博士申报的课题“中国共产党领导立法的历史变迁”，获得2017年度教育部规划基金资助。现在，在进一步研究和课题结项的过程中，结合有关阶段性成果，如论文《新中国成立70年党领导立法的历史变迁》，她决定着手将这些研究成果予以整合统筹，完成本书的写作。

本书在检视党领导宪法修改和立法的进程中，分别回顾和叙述了董必武和彭真在新中国成立初期以及彭真在改革开放初期，对人大履行立法职能进行的开拓性工作和取得的卓越成就。这是本书的重要特色之一。彭君博士起初准备分阶段且按照时间顺序，分别阐述在1949—1956年、1956—1978年、1978—1997年、1997—2012年以及党的十八大以来这五个时间阶段中，党是如何领导立法的。后来，通过参考学界前辈及同人的观点和成果，最后确立以党的转型、社会转型和立法转型是影响人大立法职能变迁的主要因素为基本线索，来构建本书的“四梁八柱”。

综观本书，其思路、布局和结构大致如下：

八二宪法的制定，开启了党领导立法的实践探索和话语体系。通过对党的主要规范性文件的分析，党领导立法具有“稳中求变”的特点：重申党领导立法是必须坚持的首要原则而且不容改变；党领导立法的体系和格局从单一走向具体；工作思路始终是将党的领导置于执政党与立法机关这一关系结构中。党领导立法不仅要引领科学立法、民主立法和依法立法的方向，同时还要支持人大在立法中发挥主导作用。作者在梳理党领导法治建设的历程中，逐渐清晰地阐释了党的领导与人大的关系是梳理党政关系、提升党的执政能力的核心和制度平台。这是全书的出发点和最终落脚点。

党领导立法涉及党的领导和各级享有立法权的人大的立法职能两个维度。1978年党的改革开放决策，将中国推向充满希望的春天。一手抓社会主义市场经济体制的构建，一手抓社会主义民主法治的建设，成为中国共产党加强国家治理现代化的正确决择；而对依法治国和建立市场经济法律规范体系的迫切需要，则将立法工作摆在首位。例如，在彭真担任全国人大常委会委员长期间，提出要保证立法职能成为全国人大的头等大事，有法可依的任务使得全国人大及其常委会的立法主导地位逐渐确立。这充分说明，是中国共产党执政方略引领和推动了各级有关立法机关立法职能的充分行使，各级人大及其常委会在组织机构和人员配置上也得以落实，因而持续在中国特色社会主义的改革开放新时期和全面建设小康社会新时代，充分发挥制度优势和治理效能。这一伟大进程还表明，掌握立法主导权的人大及其常委会，在当代中国法治发展中表现出来的高度立法效率，取得的骄人立法业绩，无不可以归因于党的领导和人大的权力能力和行为能力建设。所以，坚持党的领导，始终是本书考察人大立法职能的叙事背景和方法视角。

例如，本书正是以中国共产党的执政转型和执政能力建设为视角，来客观“评述”人大立法“记录”的；在展示我国波澜壮阔的社会变迁和改革开放的图景中，分析党与人大关系的变迁，总结影响人大立法职能的因素，梳理党领导宪法法律制定和修改的历史经验并予以展望，科学探索新时代对人大主导立法的挑战和完善路径，旨在总结党领导人大发挥其主导立法的过去、现在和未来，研究全面依法治国和以人民代表大会制度为制度依托的实践和理论。

总之，本书将全国人大及其常委会和享有立法权的地方人大及其常委会的立法职能界定为主导立法和全过程的普法；通过对党探索执政领导法治建设和人大互动关系的历程，从实践层面叙述了党领导下的人大立法职能的变迁，从国家形式角度体现了党的政策和国家法律的协同；从理论层面梳理了社会变迁对人大立法职能的影响，描述了地方促进型立法的实践样态和社会主义核心价值观入法入规的考虑。这些谋篇布局都体现出作者的良苦用心和创新之处。

借此作序之机，我还想结合本书，谈一些自己有关党领导立法的一些感悟：

《立法法》是“管法的法”，其规定的立法原则集中地体现了我国立法的基本性质、内容和价值取向，是我国从长期的立法实践中概括出来的。坚持党的领导，是社会主义法治的根本要求，是推进全面依法治国的根本保证，也是做好新时代立法工作的根本保证。对此，习近平总结指出：“党和法的关系是一个根本问题，处理得好，则法治兴、党兴、国家兴；处理得不好，则法治衰、党衰、国家衰。”①

在法治工作中坚持党的领导，不是一句空的口号，而是要坚持党总揽全局、协调各方的领导核心作用，统筹依法治国各领域工作，把党的领导贯彻到依法治国的全过程和各方面。因而，“必须具体体现在党领导立法、保证执法、支持司法、带头守法上”②。立法承担着将党的基本理论、基本路线、基本方略和党中央决策部署、政策主张通过法定程序转化为国家意志的重要使命，是党的执政权的重要体现，必须始终不渝坚持和加强党的全面领导。2019 年 1 月，《中共中央关于加强党的政治建设的意见》提出，“贯彻落实宪法规定，制定和修改有关法律法规要明确规定党领导相关工作的法律地位。将坚持党的全面领导的要求载入人大、政府、法院、检察院的组织法”。最新的《中华人民共和国宪法修正案》和新修改的《中华人民共和国选举法》《中华人民共和国全国人大组织

① 王一彪．和党报青年一起读总书记重要论述［EB/OL］．中国共产党新闻网，2019-08-12.

② 习近平．论坚持全面依法治国［M］．北京：中央文献出版社，2020：107.

法》《立法法》等都贯彻落实了这一要求。

坚持党对立法工作的领导，还应健全立法工作的制度机制。党的十八届四中全会提出，要“完善党对立法工作中重大问题决策的程序。凡立法涉及重大体制和重大政策调整的，必须报党中央讨论决定。党中央向全国人大提出宪法修改建议，依照宪法规定的程序进行宪法修改。法律制定和修改的重大问题由全国人大常委会党组向党中央报告”。

总而言之，坚持党对立法工作的领导，是我国社会主义民主建设和全面依法治国的最重要的原则。

2024 年 1 月

目 录
CONTENTS

导 论

人民代表大会制度是实现我国全过程人民民主的重要制度载体，也是我国制度“人民性”的重要体现，其效能的实现有赖于运行机制的保障。人民代表大会及其常委会依法行使立法权是人民代表大会制度的基本运行方式。从全国人大到设区的市①人大，作为有立法权的人大常委会机关，除了持续发挥立法的本职功能之外，还应加强和改进人大的宪法法律宣传教育功能，深化人大与政府的协调配合，促进人大立法制度不断转化为国家治理效能。

“政府职能转变是行政体制改革的核心内容之一，也是政治体制改革和经济体制改革的‘结合部’，长期受到学界和政界的广泛关注。”② 相比之下，立法职能无论是理论层面的探讨，还是实践层面的履行，都不及政府职能转变受到更多的重视。中国共产党领导法治建设树立起新的里程碑，当数中央全面依法治国工作会议上正式确立的习近平法治思想。这是自党的十八大以来，习近平关于立法理论、法治建设、全面依法治国等重要论述的高度概括和思想升华。深入贯彻习近平法治思想，更好发挥人大在全面依法治国、国家治理中的职能作用，有利于提高人大工作的法治化、制度化水平。

良法是善治的前提，立法是法治的起点。全面深化改革的新时代，在党中央集中统一领导下推进立法，是全国人大及其常委会的重要职能。在这一背景下，立足于中国共产党领导人大立法的关系结构，考察人大履行立法和普法职能的工作机制，人大主导立法同政府在立法中发挥基础性作用的关系的实现机制，人大立法与公众参与立法以及人大自身的转型机制，具有重要的现实意义和理论意义。

---

① 2015 年 3 月 15 日，十二届全国人大三次会议通过《关于修改〈中华人民共和国立法法〉的决定》，赋予广东省东莞市和中山市、甘肃省嘉峪关市、海南省三沙市四个不设区的市享有地方立法权。

② 吕同舟. 新中国成立以来政府职能的历史变迁与路径依赖 [J]. 学术界，2017（12）：71-81，323-324.

一、国家治理体系中人大立法职能变迁的缘起

(一) 人大立法职能的概念界定

根据《现代汉语词典》的解释，职能意味着机构应有的作用或功能。职权是指职务范围以内的权力。① 可见，职权的范围一般带有依法依规行使的意味，而职能侧重于从理想或应然层面使其作用或影响得到发挥。职能强调名正言顺，职权表征权力的配置层面的大小、是否缺位或越位。

一般来说，由具有选举权的公民选举产生代表组成的机构被称为代议机关，在我国就是全国人民代表大会和地方各级人民代表大会。全国人大是我国最高权力机关，从《中华人民共和国宪法》（以下简称宪法）赋予的职权和其组织架构以及工作机制的特点来看，其重要职能就是立法。1983 年 12 月 8 日，六届全国人大常委会第三次会议通过中国加入各国议会联盟的决议，1984 年 4 月，各国议会联盟理事会第 134 次会议正式宣布接纳中国人大代表团为联盟成员。各国议会联盟之所以接纳全国人大代表团为联盟成员，一个重要原因是全国人大和各国议会在功能上是一致的，这就是立法。②

“加强社会主义法制建设必须同时从两个方面着手，既要加强立法工作，不断健全和完善法制；又要加强普法教育，不断提高干部群众遵守法律、依法办事的素质和自觉性。二者缺一不可，任何时候都不可偏废。”③ 走进新时代，《关于实行国家机关“谁执法谁普法”普法责任制的意见》（以下简称《国家机关普法责任制意见》）要求，充分利用法律法规规章和司法解释起草制定过程向社会开展普法。立法和在立法中普法这两项职能刻不容缓地落在全国人大和有立法权的地方人大的肩上。

20 世纪 90 年代以来，国家治理、社会治理以及全球治理等概念成为高频词汇，治理的实践也逐渐兴起于各个领域，治理现代化成为国家现代化的基本趋势和发展走向。治理现代化的理念强调对公共事务的多元、互动、高效、公平处理，衡量国家治理是否符合现代化，至少包括四个标准：民主化、法治化、文明化和科学化。④ 民主化强调治理要坚持民治民有民享，文明化强调基层自治和治理的价值引领，科学化强调治理主体依据治理规律基础上的自主探索与协

---

① 中国社会科学院语言研究所词典编辑室．现代汉语词典［M］．商务印书馆，2017：1682.

② 杨福忠．立法不作为问题研究［M］．北京：知识产权出版社，2008：227.

③ 江泽民．江泽民文选：第一卷［M］．北京：人民出版社，2006：513.

④ 何增科．理解国家治理及其现代化［J］．马克思主义与现实，2014（1）：11-15.

商的规范化。实现民主化、文明化和科学化的基本路径就是践行法治。法治的基本含义就是规则之治。因此，与法治并肩而行的国家治理实践，率先表现为提供规则供给，做好规范性文件的制定、修改、废止以及法律解释等形式的立法实践。

推进国家治理体系和治理能力现代化，将构建系统完备、科学规范的制度体系，与人大发挥立法职能紧密结合起来。1997 年 9 月，党的十五大报告正式提出“依法治国，建设社会主义法治国家”的基本方略。1999 年 3 月，九届全国人大二次会议将“依法治国，建设社会主义法治国家”这一治国方略正式载入宪法。党的十八届四中全会再接再厉，强调国家治理领域全面依法治国的重要性，指出“全面推进依法治国是一个系统工程，是国家治理领域的一场广泛而深刻的革命”①。习近平指出：“国家治理体系和治理能力是一个国家制度和制度执行能力的集中体现。”② 衡量一个国家的治理体系达到现代化有诸多标准，而其中最为重要的就是法治现代化的建设水平，即“公共权力运行的制度化和规范化；公共治理和制度安排从根本上体现人民的意志和人民的主体地位；宪法和法律成为公共治理的最高权威，在法律面前人人平等，不允许任何组织和个人有超越法律的权力”③。值得注意的是，在这一标准中，“制度化”“规范化”“宪法”以及“法律”无不以立法职能的助力得以实现。由此可见，国家治理体系中人大立法的实践作用毋庸置疑。

（二）理解国家治理与人大立法职能变迁的三个维度

新中国成立以来人大立法职能的历史变迁，在提升治理能力维度上表现为立法机构自身的权利能力扩大和立法行为能力④的改革，在优化治理方式维度上表现为主体关系重塑。为了走进历时性和共时性的考察，有必要从价值层面宏观地解读人大立法职能的变迁。

1. 科学性与思想性相统一

所谓科学，简言之就是符合规律。科学性是现代国家治理的基本要求，也是中国特色社会主义国家制度和治理体系的显著特征。中国特色社会主义制度是中国共产党长期执政的制度基础。现行宪法序言第一句开宗明义地归纳了

---

① 习近平．论坚持全面依法治国［M］．北京：中央文献出版社，2020：102.

② 习近平．十八大以来重要文献选编（上）［M］．北京：中央文献出版社，2014：547.

③ 俞可平．衡量国家治理体系现代化的基本标准［N］．南京日报，2013-12-10（A07）.

④ 关于立法权利能力和立法行为能力的概念，借鉴了中国社会科学院法学研究所莫纪宏教授探讨地方人大立法能力提升的提法，详见莫纪宏．提升地方人大立法权利能力与行为能力的制度路径初探［J］．江苏行政学院学报，2016（5）：123-130.

“中国是世界上历史最悠久的国家之一。中国各族人民共同创造了光辉灿烂的文化，具有光荣的革命传统”。中国共产党自成立以来，领导和团结全国人民进行的“伟大社会革命”在探索中大致经历了“进行什么样的革命，怎样进行革命”“什么是社会主义，怎样建设社会主义”“建设有中国特色的社会主义”“新时代怎样坚持和发展中国特色社会主义”等四个具有连续性且不断深化的主题，不断将马克思主义基本原理与中国革命、建设和改革的实际相结合，形成了毛泽东思想、邓小平理论、“三个代表”重要思想、科学发展观、习近平新时代中国特色社会主义思想等马克思主义中国化的理论成果，不断用革命精神守正创新、革故鼎新。在党的领导下推进国家治理体系和治理能力现代化，必将一以贯之地体现出治理理念、治理机制和治理路径的科学性。

因此，从根本意义上说，新时代的国家治理，是在坚持以马克思主义国家治理理论为指导，归纳和提炼党领导人民进行革命、建设和改革的丰富经验，创建和完善国家治理规范化、现代化的制度体系，实施有效的国家治理和社会治理。

任何一个政党都有自己的政治立场和理论指导，都会遵循一定的政治逻辑。中国共产党是靠马克思主义武装起来的无产阶级政党，马克思主义的指导地位必须贯穿于领导人民进行“自我革命”和“伟大社会革命”的全过程。保持革命性诠释了中国共产党在长期执政历史方位上“革命者”的政治本色，它隐含着“是革命党在长期执政，不是一般的政党在长期执政”的政治逻辑。① 在十九届中央纪委四次全会上，习近平概括了“坚持以伟大自我革命引领伟大社会革命”的重要经验，坚持和发展中国特色社会主义事业是当代中国持续进行的伟大社会革命，指明了必须以党的自我革命来推动党领导人民进行的伟大社会革命的努力方向和根本遵循。中国共产党关于执政的探索实践，尤其是“两个伟大革命”即“自我革命”和“社会革命”的践行，已经把中国共产党自身的转型变革推进到了一个新的境界，对中国政党学来说是重要的理论资源和理论发展契机。②

2. 历时性与现实性相统一

党的领导与有立法权的人大之间的关系的发展变化，在很大程度上取决于

---

① 李包庚，张婉．论中国共产党长期执政历史方位中的革命性［J］．马克思主义研究，2018（6）：5-14，159.

② 杨英．执政轨道上的政党发展：以“革命性执政党”为概念框架的分析［J］．社会主义研究，2021（2）：177-122.

中国共产党对自身的角色、地位和作用认识的变化。① 在历史中回溯党与人大关系的变迁，更有利于启迪当下人大立法改革与国家治理的发展。

新中国成立初期，中国共产党根据党和政权机关相对分离的原则，支持政府依法独立行使职权。权力向党委集中，领导体制向“一元化”领导的趋势发展，坚持人大独立行使职权等真知灼见也逐渐被淹没。法制建设陷入停滞，法律虚无主义甚嚣尘上，也是党和人大关系最曲折遭受严重破坏的时期。伴随着改革开放基本国策的实施，通过对党的领导与政权机关职能关系的探索和实践，党和人大关系的重要性得到凸显和提升。党的十六大提出要坚持依法执政，使党的主张通过法定程序上升为国家意志，实施党对国家和社会的领导。因此，通过法定程序就无法绕开人大的立法程序，将党的路线方针政策通过人大的立法程序和工作机制，上升为法律和国家政策。党的十八大以来，执政党与人大的关系步入新的阶段。

党的领导、人民当家作主和依法治国三者有机统一的结构下，人民代表大会制度是根本的制度安排。“通过人民代表大会制度，保证党的路线方针政策和决策部署在国家工作中得到全面贯彻和有效执行。要支持和保证国家政权机关依照宪法法律积极主动、独立负责、协调一致开展工作。要不断加强和改善党的领导，善于使党的主张通过法定程序成为国家意志，善于使党组织推荐的人选通过法定程序成为国家政权机关的领导人员，善于通过国家政权机关实施党对国家和社会的领导，善于运用民主集中制原则维护党和国家权威、维护全党全国团结统一。”②

历史与现实既是准确把握国家治理与人大立法职能辩证关系的两个维度，也是一个相辅相成、相互关联的有机整体。执政党与国家权力机关之间的变迁历程，是人大立法职能稳健发展的历史之源；内蕴中国式现代化发展方向的现实维度，是人大立法职能扎根实践的未来指向。

3. 理论性与实践性相统一

理论与实践的一致和契合是中国特色社会主义治理体系和治理能力现代化的显著特征。几代中国共产党人百折不挠，坚持马克思主义法学基本原理和国家治理学说，密切结合中国具体实际，在社会主义法治建设过程中赓续传承、

① 俞可平，等．中国的治理变迁（1978—2018）[M]．北京：社会科学文献出版社，2018：69.

② 习近平．在庆祝全国人民代表大会成立六十周年大会上的讲话［J］．求是，2019（18）：4-15.

总结经验、开拓创新，与时俱进地提出新的理论并积极指导实践。马克思主义的国家治理理论的生命力不仅在于解释世界，更在于改造世界。因此，理论最终要能在指导和引领实践的过程中发挥价值，在中国特色社会主义理论体系形成的路径中，实践层面是根本性的，社会实践是社会主义国家治理理论体系形成的根本动力。

作为以科学社会主义理论武装起来的政党，中国共产党始终坚守人民立场，以因应角色转变和长期执政的地位，提出了不断改进执政能力的实践路径。2002 年党的十六大报告提出党的角色的转变和长期执政的地位，报告指出："我们党历经革命、建设和改革，已经从领导人民为夺取全国政权而奋斗的党，成为领导人民掌握全国政权并长期执政的党；已经从受到外部封锁和实行计划经济条件下领导国家建设的党，成为对外开放和发展社会主义市场经济条件下领导国家建设的党。"学界正是从这一意义重大的判断开始探讨党的转型发展。党的十八大报告明确提出了"建设学习型、服务型、创新型的马克思主义执政党"的奋斗目标，要求全党"以改革创新精神全面推进党的建设新的伟大工程，全面提高党的建设科学化水平"。党的十九大报告再次强调，中国特色社会主义进入新时代，我们党一定要有新气象新作为，不断提高党的执政能力和领导水平。党的二十大报告充分肯定"以党的政治建设统领党的建设各项工作，坚持思想建党和制度建党同向发力"的宝贵经验。

中国共产党所进行的理论研究和实践探索，让人们逐渐对党政关系冲破误解和迷雾，获得了正确的认识。党领导立法原则确立的逻辑先导是，在党探索党的领导与国家权力之间的关系的过程中，逐渐经过实践创新和理论总结，加强和改进党的领导方式和执政方式。也深化了包括党领导立法在内的规范化、制度化建设的进程，提升了人大立法在国家治理中的地位和作用。

二、我国人民代表大会立法职能的根本立场和制度展开

习近平法治思想所包含的"十一个坚持"中的前三个"坚持"，即坚持党对全面依法治国的领导、坚持以人民为中心、坚持中国特色社会主义法治道路，集中揭示了中国法治的本质属性，与人大立法职能的根本立场互相契合与衔接。

（一）我国人民代表大会立法职能的根本立场

1. 批判性地吸收中国古代的民本思想

不同于其他国家或地区的法治建设和立法实践，我国人大立法职能的根本立场在于人民性。人民性，从革命战争年代的全心全意为人民服务发展到今天

以人民为中心，不同的是时代的变迁，相同的是对人民民主的坚守。以人民为中心的理念，创造性地吸收了中华优秀传统文化，借鉴了马克思主义理论的优秀成果。有立法权的各级人大，通过各项立法制度和表现形式，以合乎人民性来衡量和改进立法职能。

中国人本思想的发展历史悠久，源远流长。多少先贤的代表思想灿若星辰，脍炙人口。孔子提倡“仁爱”；孟子主张“民贵君轻”，在此基础上逐渐进化发展，产生了王夫之的“天下为公”、黄宗羲的“天下为主”等思想。但是，这些人本思想的根本目的是忠于皇权，成为巩固阶级统治达到劳心者治人的思想利器。

抛开历史局限性，中国古代人本思想当然也具有一定的运用价值。人本思想这一基本范畴中，权力法律关系的结构非常清晰，其中“君主”和“官吏”是权力主体，所谓“劳心者”；“民”是被统治的客体，所谓“劳力者”。古代统治阶级在身体力行治人与治于人这一治理关系中，从人本思想的实践中深刻地领悟到“得道多助失道寡助”的治国之术。新中国民主法制的主要奠基人董必武，以马列主义、毛泽东思想为指导，合理地将“劳心者”和“劳力者”解构为民治、民享、民有，将人民从执政法律关系的客体升级为主体。也就是说，“人民是主人，人民代表和政府干部都是长工。”①

厚植于本土资源、博大精深的民本思想滋养了关注人的现实需要的理论和实践视野。滥觞于文艺复兴时期的人文主义精神，成为法治发展的核心和引擎。关注公共利益和福祉安排是现代立法对人文精神的及时回应。

2. 借鉴和学习马克思主义哲学关于人的主体性观点

从认识论的层面看，人类能够自觉主动地认识和改造客观世界，这是就作为整体的人类，相对于外在的客观世界而言的。从人与人构成的社会关系的视角来看，每个个体基于占有的社会资源的不同和对追求的利益的分化，从而形成了纷繁复杂的利益诉求和利益观。主体意识的觉醒、发掘和培育是社会达致和谐、进步的基础和前提。在新时代，一方面，我们要坚持法治下的改革，不断推进市场经济的可持续发展。这就意味着要培育更多的自主的、具有一定法律素养的市场主体，加强人的主体性建设。另一方面，坚持在党的领导下，提升有立法权的人大主导立法的意识和能力，完善政府的基础性作用，创造条件引领公民积极地、富有成效地参与立法活动。坚持依法科学地调整人们的各种利益关系，为实现“普遍的人的解放”提供规范保障。“以实现人的主体性与人

① 董必武．董必武法学文集［M］．北京：法律出版社，2001：106.

的本质复归为理论旨趣的马克思主义哲学，其方法、结论、哲学观及其所开辟的人类解放的全新道路，成功指导中国共产党领导人民实现了民族独立、自身解放，仍将是指引共产党人同追寻自身彻底解放过程中的各种困难作斗争的批判武器。"① 引领人的主体意识和自觉性，是推动社会转型和进步、促进社会革命的重要途径。

3. 坚持以人民为中心

(1) 毛泽东思想中的人本观

毛泽东思想是以毛泽东为代表的第一代领导集体智慧的产物，既合理地吸收了中国传统文化中的人本思想，又将马克思主义基本原理与中国革命和建设的具体实践相结合。毛泽东思想中的人本观最鲜明的特色在于确立为人民服务的宗旨和肯定群众路线的实施方式。

其一，共产党的宗旨是全心全意为人民服务。全心全意为人民服务是毛泽东思想最突出的特点之一，这一思想也是中国共产党坚持以人为本理念的集中体现。

1951 年年初，董必武在华北第一次县长会议上发表的讲话，引用了毛泽东《论联合政府》中关于全心全意为人民服务的根本宗旨的论述："全心全意地为人民服务，一刻也不脱离群众；一切从人民的利益出发，而不是从个人或小集团的利益出发；向人民负责和向党的领导机关负责的一致性；这些就是我们的出发点。"② 在新中国成立以来公布的第一部宪法中，明确规定了为人民服务是国家机关的工作宗旨，"一切国家党政机关必须紧紧依靠人民群众，保持同群众的密切联系，倾听群众的意见，接受群众的监督；一切国家机关工作人员必须效忠人民民主制度，服从宪法和法律，努力为人民服务"。

其二，贯彻群众路线是实现为人民服务的基本途径。在党的执政和领导过程中，真正贯彻和实现这一宗旨，还必须坚定不移地践行群众路线这一基本路线。在党的十一届六中全会上，中国共产党首次提出"一切为了群众，一切依靠群众，从群众中来，到群众中去"③ 的群众路线。马克思主义认为，历史是人民群众创造的。人民群众是真正的英雄，工人阶级要想实现自己的历史使命，必须依靠人民群众的力量。中国共产党作为马克思主义的践行者，十分肯定人

① 刘田．共产党人的斗争精神与马克思主义哲学主体性［J］．南京师大学报（社会科学版），2020（6）：105-113.

② 董必武．董必武法学文集［M］．北京：法律出版社，2001：106.

③ 中共中央文献研究室．改革开放三十年重要文献选编（上）［M］．北京：中央文献出版社，2008：209.

民群众在促进社会变革中的重要作用，人民群众创造了社会财富，为人民谋福利应当是中国共产党执政的基本目标。

（2）从以人为本理念转变为以人民为中心的思考

中国共产党自成立起就对以人为本的理念进行了深刻的思考，并随着党的执政实践的发展而不断丰富。党的十六届三中全会明确提出“以人为本”为核心的科学发展观，并且将它确立为中国共产党执政的根本思想。党的十八大报告进一步指出要坚持以人为本、执政为民，始终保持党同人民群众的血肉联系，将以人为本、执政为民作为检验党一切执政活动的最高标准。党的十九大报告明确指出，新时代我国社会主要矛盾是人民日益增长的美好生活需要和不平衡不充分的发展之间的矛盾，必须坚持以人民为中心的发展思想，不断促进人的全面发展、全体人民的共同富裕。党的二十大报告响亮地提出，“中国共产党领导人民打江山、守江山，守的是人民的心。治国有常，利民为本。为民造福是立党为公、执政为民的本质要求。必须坚持在发展中保障和改善民生，鼓励共同奋斗创造美好生活，不断实现人民对美好生活的向往”。随着党执政意识的自觉，以人为本升格为以人民为中心，内涵逐渐丰富和完善，更将有利于党领导和规范各项工作。以人为本、以人民为中心的执政理念，就是要把人民的需要和利益作为发展的前提、发展的目的、发展的标准、发展的动力，并以要实现人的全面发展、人民共同富裕为依归。

（二）人大立法坚持以人民为中心的制度表现

1. 及时将基层立法联系点的实践成果上升为法定的制度

为了响应《中共中央关于全面推进依法治国若干重大问题的决定》（以下简称《全面依法治国决定》）“建立基层立法联系点制度”的要求，2023 年修订后的《中华人民共和国立法法》（以下简称《立法法》）将基层立法联系的实践和经验予以整合，正式确立基层联系点制度。这项立法新制度，架设连接公民利益表达和人大常委会机关的桥梁，成为有效整合民意，满足人民利益表达诉求的平台。通过常态化的基层联系点的日常工作，延伸了人大代表履职的工作半径，将广大基层人大代表与选民凝聚团结起来，帮助他们反映和解决民生难题，对于普遍性的问题，及时形成议案，有利于汇聚民意的规范性文件的产生。

2. 坚持立法全过程民主

立法工作以人民为中心，就是要将民主的要求和原则贯穿立法程序全过程，保证人大代表的立法主体地位，积极履行参与权、表达权、决策权和监督权；保障人民群众的知情权和参与权。在立法程序的源头——立法规划、立法计划编制和立法项目立项分析时突出人民群众和人大代表的角色作用。对此，除了基本法律《立法法》中有明确规定之外，各省级人大也在地方立法条例中予以保障立法全过程民主的制度安排。

制度的上行下效般的示范指引作用也在立法进程中得以显现。在立法调研、法案的起草和审议等阶段，《立法法》要求对列入常委会议程的法律案，应当通过座谈会、论证会、听证会等多种形式听取各方面意见。地方性法规也不同程度地听取社会和人大代表的意见，保障公民和代表充分参与到立法程序的权利。比如，《甘肃省地方立法条例》第二十三条第二款规定，“公民可以向有权提出法规案的机关或者人员，提出法规草案的建议稿”，积极履行表达权献言献策。

3. 立法评估标准体现人民性

根据立法的不同阶段，通常将立法评估分为立法前、立法中和立法后评估。以人民为中心进行的立法评估，要求在评估指标因素中增强人民属性，将法律法规对人民群众切身利益可能产生影响、公民法人权利减损、人民对法律法规的满意度等，作为立法评估的重要因素。[①]《西安市制定地方性法规条例》第三十二条规定，拟提请常务委员会会议审议通过的法规案，在法制委员会提出审议结果的报告前，常务委员会法制工作委员会可以对法规案中主要制度规范的可行性、法规出台时机、法规实施的社会效果和可能出现的问题等进行评估。这是立法中的评估，也是重申《立法法》立法中评估的规定，但对于“法律实施的社会效果”的评价标准和可能出现的问题尚有进一步细化的空间。《甘肃省地方立法条例》第六十四条规定，立法后评估报告应当包含地方性法规对经济、社会、环境等产生的影响以及地方性法规存在的问题，这两项内容主要概括了地方性法规所产生的实效性问题以及原因，一定程度上可以作为标准评估社会公众对地方性法规的满意程度。

三、人大立法职能变迁与改革研究的理论框架

中国共产党的成立、中华人民共和国的成立、推进改革开放和中国特色社会主义事业，是五四运动以来我国三大历史性事件，是实现中华民族伟大复兴的三大里程碑。新中国成立 70 多年来，中国共产党领导全国各族人民，从为夺取政权而奋斗的党成功转型为执政党并长期执政。坚持中国共产党的领导是中国特色社会主义最本质的特征，党领导一切，所以中国共产党在政治建设、经

---

① 李振宁．人大立法坚持“以人民为中心”的理论基础与制度表现［J］．山东行政学院学报，2021（1）：109-120.

济发展、社会生活、文化建设、生态环境等方面具有不可或缺的地位和影响，因此当代中国的政治发展与国家的互动当仁不让地表现为执政党的自我革命与转型、执政党与国家及社会之间关系的契合式转型和调整。

（一）研究的主要内容和理论框架

人民代表大会制度正式确立以来，特别是改革开放40多年来，该制度为支持和保证人民当家作主，发展全过程人民民主，提供了坚实的制度基础。坚持人民代表大会制度，正是践行人民当家作主的根本制度形式，特别需要重视和坚持两个基本原则，一是始终坚持党中央的集中统一领导，二是始终坚持走中国特色社会主义政治发展道路。

从国家治理结构的内部视角来看，随着五四宪法的颁布和实施，第一届全国人民代表大会的召开，我国的人民代表大会开始发挥作用。而立法权的行使，作为人大最重要的一大职能，又与党的领导密不可分。党和国家重视民主和法治建设，人大的立法功能就逐步增强，党和人大的关系也就朝着规范化的方向稳步推进。

而从外部视角来看，党的领导——人大立法的关系结构本身又是“历史性”的，与更广阔的社会变迁紧密相连，不同的历史时期、不同的政治条件、不同的经济环境、不同的社会环境等因素，都构成了其生发与调适的外部制约因素。

因此，试图从理论和历史两个层面，对党的领导——人大立法的关系结构进行梳理。一方面，将从法理学的角度，剖析政党与立法各自的基本属性、二者的本质区别与联系，并在此基础上建构一种“应然”的党的领导——人大立法的关系结构，作为引导我们进一步思考的“理想图景”。另一方面，从实证分析的角度，把人大立法历史变迁的探讨置于中国共产党领导中国特色社会主义法治建设的历史当中，以这种关系结构的转型为主线，阐明各种不同结构形态的内在逻辑，探寻影响、制约其建构的外部因素，进而更透彻地展示其生发与演变的机理和动力。人大要始终贯彻由人大主导立法，在此基础上坚持立法全过程普法。这是有立法权的人大立法职能的应然，剖析人大的立法职能发挥的实然现状及其影响因素，提出提升人大立法职能的途径和方案，为我国有立法权的人大立法工作的开展提供参考。

（二）研究特色与创新发展

一方面，尝试从多角度出发梳理几组关系结构的变迁和发展谱系，努力推动理论发展和学术创新。学界探究党领导立法一般基于这样的三种路径：其一，梳理新中国成立以来或改革开放以来或中国共产党成立百年来党领导立法的沿革和变迁。其二，从逻辑解释出发，剖析“党的领导”的语词内涵、宪制基础和政治导向，以及党领导立法的实现方式和实施程序。其三，从党的建设或者政治建设层面，阐发人大立法的制度建设和改革发展，侧重于党的建设或宪法发展，间或论述党的领导与人大职权的关系。

另一方面，多要素协同变迁，以坚持和改善党的领导为核心。一般来说，党与人民代表大会关系的实质是权力关系，对应于党即执政党的领导权与人大的职权。党对人大的工作实行政治领导，党又在宪法和法律的范围内活动，而党的领导地位与作用是关键。聚焦人大制度建设和有立法权的人大立法的变迁这一主题，必然要在这一伟大革命中梳理和剖析党对法治建设的领导历程，党领导人大立法工作的方式和变迁等。党领导立法就是在这波澜壮阔的背景下的筚路蓝缕、以启山林获得的基本原则。按照语义解释，党领导立法既涉及作为领导主体的中国共产党的领导立法的方式，又涉及立法机关的立法活动。按照结构的视角，党领导立法是置于一定社会环境中的活动；执政党和立法机关各自的成长和发展无不影响党领导立法。因此，党领导立法变迁的实质就是社会环境、党的转型、立法改革等多要素协同变迁的历史。其中，社会环境的变迁集中体现为改革开放前后社会结构和观念、思想层面的变化；党的转型意味着党从为夺取政权而奋斗的党转变为执政党所带来的执政任务、执政能力的变化和发展；立法改革意味着随着社会的转型和发展，以全国人大及其常委会为代表的立法者、立法制度本身的转型和完善。这些要素都会影响党领导立法的变迁。

多要素协同变迁，实质上就是不同要素在各自的场域轨道上发展变化，同时也映射出其他要素变化发展的影子，不同要素在变迁过程中相互影响、相互整合，共同铸就中国共产党领导立法的整体变迁。在党领导立法多要素协同变迁史上，根本坚持的地方，即坚持党对立法的领导；不断发展变化的地方，即契合时代变迁的转型。中国共产党领导立法在变与不变之间实现相互统一，使中国特色社会主义立法在变迁之中坚守宪法定位，在坚持党的领导的政治方向中适应时代要求。

本书既有党领导下的社会主义革命、建设及改革的历程、人大立法的历史沿革和社会的变迁；更有党的执政方式的转型与人大立法关系的历史变迁、社会的转型与党领导人大立法的关系变迁、立法机关自身的转型与党领导立法的变迁。而支撑这一关系结构变迁的理论源泉和实践动力，表现在三个变迁谱系上。

首先，党领导立法是我党长期执政，坚持和改善党的执政能力建设的伟大成果。执政党与国家权力机关之间的关系嬗变，是党领导立法的上位概念和关系结构。围绕这一结构，我党从新中国成立初期，后经改革初期以探索“党政分开”为主线，也正是从党的十六大起，转化为基于坚持和改善党的领导，提高党的执政能力的建设上来。这是党的执政认识上的一个重大突破。党与国家权力机关之间的关系，是党领导立法原则确定的逻辑前提。所以，回溯到执政党与国家权力机关之间的关系上进行历史考察，有助于总结党领导立法的发展轨迹和客观规律。

其次，党的领导、人民当家作主与依法治国三者有机统一的这条变迁主线，是党坚持依法执政，领导法治国家建设，处理党的领导与国家法律关系的真知灼见。党的领导与权力机关行使立法权的关系中，对应的是党的政策与国家法律两种规范之间的相互关系。以党的十一届三中全会为分水岭，历时性地梳理中国共产党执政与政策、法律的关系演变。从依靠政策转而在改革初期依靠政策和依靠法律并用。在此基础上党逐渐总结规律，不断提升理论水平，提出了坚持党的领导、人民当家作主、依法治国三者有机统一的原则。

最后，本书坚持挖掘本土资源和文化自信，分析和评价了新中国法治的先行者和主要奠基人，即董必武和彭真的立法贡献。董必武作为以毛泽东为核心的党和国家领导集体的重要成员，担任过政务院副总理和最高法院院长，就立法环节与中国实践的具体结合形成了重要的观点和理论。彭真的立法实践跨越了两个重要的时期，在新中国成立后的七年中彭真作为以毛泽东为核心的党和国家领导集体的重要成员，在董必武的领导下进行了丰富的立法实践；在党的十一届三中全会后，彭真作为以邓小平为核心的党和国家领导集体的重要成员，长期主持全国人大常委会的工作。作为新中国法治的先行者和主要奠基人，为马克思主义立法学的中国化作出了卓越贡献。

四、结构安排及其说明

根据上述问题意识和思路，本书除导论和结语之外，共分为七章。作为全书的导论部分，旨在回溯人民代表大会制度作为我国的根本政治制度的产生和沿革的历程，人大行使立法权，人民当家作主的实现，党的执政是将党的主张和人民的共同意志相统一的过程，都必须在人民代表大会的制度平台上予以设计和实施。这是贯穿全书的主线和基本思路。

第一章“国家治理进程中的人大立法概述”，着重剖析作为国家权力机关的人大系统在立法体制中的地位。以习近平法治思想关于国家治理的核心要义，提升公民法律合法性的认同，作为法治宣传教育的重点，以此切入人大立法推进国家治理的理论基础和一般原则，梳理我国人大立法职能的历史沿革，剖析影响人大立法职能变迁的主要因素，涉及中国共产党的转型、社会的转型和立法机关自身的转型等三个方面。

第二章“党领导立法原则的确立及发展”，展现中国共产党作为全面依法治国的核心力量。党对执政方式的长期思考和探索，将提高党的执政能力和领导水平作为历时性课题，确立依法执政成为党执政的基本方式。党对立法工作的认识及其理论，着重表现为董必武和彭真的法制实践和立法思想。坚持党的领导的规范化建设，党领导立法的主要方式经历了坚持政策主导，立法跟进到坚持立法先行代替政策先行等思维上的转变，发挥立法的引领和推动作用。

第三章“社会转型与人大立法职能的变迁”，反映了社会转型对党的领导方式和立法职能实施的影响。党根据社会转型的特点，对领导立法的方式和方法作出调适，人大常委会机关及时地跟进和调整。按照立法修法规划引领社会治理的要求，立法机关开展了社会主义核心价值观入法入规的丰富的实践，对此予以样本分析和效果评价。

第四章“立法机关自身的转型与人大立法职能的发展”，侧重评析人大立法机关的转型和变化。随着市场经济的逐步建立和完善，改革的不断推进，立法机关自身发生了深刻的转型。全面认识和自觉运用立法规律，立法主体权利能力的扩大和行为能力的提升，促进其直面问题和不足，回归主导立法的权力定位和职权发挥上来。

第五章“宪法修改的经验与前瞻”，聚焦党领导宪法修改的经验与启示。回望新中国第一部宪法的诞生过程，开创制定宪法坚持全民讨论的民主精神和反复打磨修改的科学风范。现行宪法的 5 次修改，形成中共中央依法提出修宪建议，加强修宪的民主性和科学性，形成从经验到概念再到理论的进路。宪法修改的文本趋势要逐渐细化对公民基本权利的规定，迈向具体法治，加强制度建设，体现修宪的前瞻性。

第六章“人大立法职能中政策与法律互动的治理逻辑”，围绕党的政策与国家法律的关系展开。党的领导与权力机关行使立法权的关系中，对应的是党的政策与国家法律两种规范之间的关系。探讨执政党政策与国家法律的异同和互动逻辑，就立法先行政策予以实证分析。

第七章“新时代人大主导立法的挑战与发展”，审视人大主导立法面临的困境和突围路径。人大主导立法，亟待规范党领导立法的工作机制以及立法机关坚持党的领导的法律程序，理顺人大主导与政府发挥基础作用的关系，破解有立法权的人大自身的制约性因素以及立法全过程中的普法等问题。试图从内部路径、外部路径和改善立法中的普法等三个方面改进人大主导立法。

需要说明的是，如果将党领导人大立法视为一个整体，党自身的转型、社会的转型和立法机关自身的转型都是影响党领导立法的变量。除此之外，影响党自身的转型，党的执政能力和执政理念还在于中国共产党的人民性和革命性，始终以自我革命推进社会革命的能力和品质。

书中历时性的梳理变迁是多重的，既有党领导下的人大发展的历史演变、社会的变迁，也有多向度的党的执政与人大关系的历史变迁，党的领导、人民当家作主与依法治国三者有机统一于党的领导的法治化的变迁。这些变迁可能在特定的历史时期是交织和叠加的，但是又受各章主旨的统领，因而会有所侧重，最终统一于中国共产党领导中国特色社会主义事业的关系结构中。

为了全文叙述连贯和一致，以及行文通顺、简洁，将《中华人民共和国宪法》简称《宪法》、我国《宪法》、现行宪法等；中国共产党或称执政党、我党、党等。为了保证整体性考查每一届有立法权的人大及其常委会的工作成果或全貌，人大所有立法活动及其信息的考查截止时间为2023年9月。

第一章

国家治理进程中的人大立法概述

新中国成立以来，人民代表大会制度建设获得长足发展，立法成果丰硕，经历了实现有法可依到形成法律体系以及完善法律规范体系的工作任务的转变。这种成果和转变，不仅是立法数量上的增长，更重要的是人大职能的增强和立法观念的转变。

法律是治国之重器，良法是善治之前提。有立法权的人大的立法职能的履行实效，最终通过基层的社会治理体系和治理能力来检验。在这个意义上，经由人大立法提升国家和社会治理水平，是实现国家治理体系和治理能力现代化的重要内容。立法不仅能够规范行为和保障合法权益，还要发挥引领和推动作用推进国家和社会治理。

第一节　人大立法推进国家治理的理论基础和一般原则

一、人大立法推进国家治理的理论基础

习近平法治思想关于国家治理体系和治理能力现代化的重要论述，旨在梳理问题探讨的应然层面，为立法推进国家治理提供根本遵循。

（一）习近平法治思想关于国家治理的核心要义

首先，立法要及时跟进国家治理现代化的要求。习近平多次强调，坚持全面依法治国，是中国特色社会主义国家制度和国家治理体系的显著优势。习近平法治思想深刻总结了新时代全面依法治国的一系列根本问题，阐明了法治是推进国家治理体系和治理能力现代化的重要依托，谋划法治建设的阶段性目标，将统筹法治建设进程和人民群众法治需求，同推进国家治理体系和治理能力现代化的要求相协同。“国家治理现代化对科学完备的法律规范体系的要求越来越迫切。我们要在坚持好、完善好已经建立起来并经过实践检验有效的根本制度、基本制度、重要制度的前提下，聚焦法律制度的空白点和冲突点，统筹谋划和

整体推进立改废释各项工作”①，强调立法要契合国家治理现代化的要求。通过立法完善法律规范体系，发挥立法的引领作用，加强立法的普法作用都是加强国家治理现代化的重要引擎。

其次，推进国家治理体系和治理能力现代化，需要法律和道德协同配合。习近平指出：“法律是成文的道德，道德是内心的法律，法律和道德都具有规范社会行为、调节社会关系、维护社会秩序的作用，在国家治理中都有其地位和功能。法安天下，德润人心。法律有效实施有赖于道德支持，道德践行也离不开法律约束。法治和德治不可分离、不可偏废，国家治理需要法律和道德协同发力。”②

最后，确立了法治宣传教育的基础战略地位。党的十八大报告在传承30多年来法治宣传教育目标“学法守法用法”的基础上，增加“尊法”这一前提性提法。创造性地将“尊法学法守法用法”有机联系起来。表明了对学法守法用法背后的法治文化作用的高度关注，强调通过法治文明的滋养培育法治意识、法律信仰的典型性功用。早在2014年，党的十八届四中全会强调“要坚持把全民普法和守法作为依法治国的长期基础性工作，采取有力措施加强法制宣传教育”③。

30多年来，法治宣传教育从一五规划到八五规划，见证了我国法治建设的重大事件和重要时刻，始终与我国的立法成就保持一致，成为改革开放以来法治建设历程的缩影。加强法治实施层面的宣传教育，除继续坚持加强国家工作人员、青少年等法治教育之外，“八五”普法规划提出分层分类开展法治教育的举措。一是加强基层组织负责人学法用法工作；二是加强基层行政执法人员法治培训，提升依法行政能力；三是加强对非公有制经济组织、社会组织管理和从业人员法治教育；四是加强对媒体从业人员法治教育；五是对妇女、残疾人、老年人、农民工等群体，针对性开展法治宣传教育活动。党既要领导立法，还要领导社会主义法治文化的建立。正是在这个意义上，法治宣传教育，内涵宣传活动和教育活动的双重角色，就要发挥宣传和教育的两种功能。

（二）提升公民法律合法性的认同作为法治宣传教育的重点

廓清这一理论问题，可以解释区域治理中促进型立法所遇到的执法难、执行难的问题，也能加强在促进型法律法规普法的过程中，关注人们法律意识中

① 习近平．论坚持全面依法治国［M］．北京：中央文献出版社，2020：275.

② 习近平．论坚持全面依法治国［M］．北京：中央文献出版社，2020：165.

③ 中共中央文献研究室．习近平关于全面依法治国论述摘编［M］．北京：中央文献出版社，2015：91.

对法律合法性的认同。

借鉴现有的研究，从法律的结构上进行分类，将法律解析为合法性成分和强制性成分两大类。所谓合法性成分，是指主体对法律内容合法性的认同、肯定的态度；所谓强制性成分，是指主体对强制执行法律的可能性的认知。① 该研究还指出，强制性成分不会轻易改变，而人们对法律的认同是容易改变的，因此，宣传教育法律的合法性成分是普法的重点。

这种分类与西方分析法学派哈特的观点具有异曲同工之妙，都强调需要区分规则存在的不同形式对人们所接受的法律规则不同观点的影响。“因为就规则来说，有关的可能是：或者仅仅作为一个本人并不接受这些规则的观察者，或者作为接受这些规则并以此作为其行动指南的一个群体成员。”②

分析法学派的哈特将这些主张分别称为“外在观点”和“内在观点”。相应地，在一个社会中，根据人们遵守法律和适用法律的心态和行为，往往可以把他们分为两类，即持有内在观点的人和持有外在观点的人。持有内在观点的人接受法律规则并且自觉地以规则确定的行为模式作为行为的指引，他们自愿维护法律规则的权威和效力，并且把规则作为评价本人或他人行为的标准。持有外在观点的人主观上拒绝这种法律规则，因为法律规则是作为可能惩罚的调整机制，不想被谴责、受惩罚才去观望这些规则。因而可以从这两个方面的差异来区别对待法治宣传教育，这也是法治宣传教育的一个新的切入点。

二、人大立法推进国家治理的一般原则

围绕人大主导立法、立法环节坚持普法、区域协同立法、坚持立法公开的准则或标准进行分析，旨在回答“什么样的”立法推动治理才是正当的，从规范性视角顶层设计了一般原则。这些原则具体包括三个方面。

（一）坚持享有立法权的人大主导立法

党领导立法，一方面需要明确党的领导方式，另一方面，还要加强人大对立法的主导作用。这个关系结构也是完善党领导立法的基本思路。2016 年 2 月中共中央印发《关于加强党领导立法工作的意见》（以下简称《2016 年意见》），首次对党中央领导国家立法和地方人大党委领导本地区立法进行顶层设

① 俞静贤．法律意识的两种成分及其实践含义：关于法制宣传教育的若干思考［J］．中国司法，2010（3）：42-44.

② 哈特．法律的概念［M］．张文显，郑成良，杜景义，等译．北京：中国大百科全书出版社，1996：90.

计。根据党领导立法涉及的主体结构，坚持人大主导立法从两个方面进行规范：其一，是指“人大常委会党组、政府及其工作部门党组要认真履行政治领导责任，研究决定所承担立法工作中的重要问题”。其二，坚持人大主导立法，要求客观评价政府的立法参与作用，进而按照2016年意见的要求“重视发挥政府在立法工作中的重要作用”，肯定政府在提出法律、地方性法规草案，制定行政法规、规章等方面担负着重要职责。

（二）立法普法相结合

2014年，党的十八届四中全会的决定首次倡导国家机关“谁执法谁普法”的责任机制，形成党委领导、政府组织、各部门共同实施的普法主体机制的顶层设计。为了进一步夯实执法机关全过程普法，2017年5月，中共中央办公厅、国务院办公厅印发《国家机关普法责任制意见》，明确指出“国家机关是国家法律的制定和执行主体，同时肩负着普法的重要职责”。

《国家机关普法责任制意见》在“职责任务”第四项明确要求“充分利用法律法规规章和司法解释起草制定过程向社会开展普法”。详细通读第四项的部署和安排，具体工作的展开可以按照四个层面来解读。首先，从普法法律关系的要素构成来看，“谁执法谁普法”中的责任主体，既包括各级行政机关、授权的组织和被委托的主体，也包括立法机关和司法机关。其次，在法律法规规章和司法解释起草制定过程中，各级享有立法权的人大和有权制定规章的政府以及最高人民法院、最高人民检察院，不仅要贯彻开门立法践行民主立法，而且要同时开展法治宣传教育。再次，进一步细化法律草案公开意见的程序。针对社会关注度高、涉及公众切身利益的重大事项，要广泛听取公众意见。法律法规规章和司法解释草案要依法向社会公开征求意见，强调制度设计的缘起和特点，动员社会各方面广泛参与，并及时向社会通报征求意见的有关情况。最后，法律文件颁行后，通过政府网站、媒体或场所，宣传公民、法人和其他组织的权利义务、权利救济方式等主要内容。因此，从履行国家机关推进治理现代化的义务来看，有立法权的人大应当加强立法环节的普法。

（三）加强协同立法

随着法治建设的深入发展，地方治理不断贡献着丰富的实践，积累了宝贵的经验，掀起区域一体化的热潮。最早产生的长三角城市群，紧随其后的珠三角城市群、京津冀协同发展成为高频热词和学术界探讨的焦点。协同立法、协同治理正是我国区域一体化建设中产生的新概念。在《现代汉语词典》中，协调意指使配合得适当，协同意指各方相互配合或甲方协助乙方做某件事。仔细分析，二者还是存在一定的差异，协调多表现为通过一定手段，促进配合，符合要求；而协同意味着参与各方的互相配合，达到趋同的效果。

2018 年 11 月，国家层面出台《中共中央 国务院关于建立更加有效的区域协调发展新机制的意见》，提出“建立健全区域协调发展法律法规体系”的要求，区域协同立法蕴含于顶层设计之中。立良法是实施法治的前提。实现区域协调发展，立法先行，是规范区域可持续发展、依法治理的惯常做法。2019 年 8 月 26 日，习近平在中央财经委员会第五次会议上讲话时指出：“新形势下促进区域协调发展，总的思路是：按照客观经济规律调整完善区域政策体系，发挥各地区比较优势，促进各类要素合理流动和高效集聚，增强创新发展动力，加快构建高质量发展的动力系统，增强中心城市和城市群等经济发展优势区域的经济和人口承载能力，增强其他地区在保障粮食安全、生态安全、边疆安全等方面的功能，形成优势互补、高质量发展的区域经济布局。”①

以京津冀的协同立法为例，2017 年 3 月京津冀三地人大常委会主任会议通过《京津冀人大立法项目协同办法》，主要围绕有序疏解北京非首都功能这一核心任务，在环境保护、交通一体化和产业升级转移等方面优先开展协同立法。今后，在协同立法的范围方面，可循序渐进地从具体性的京津冀共同事务扩展到一般性的京津冀共同事务。具体性共同事务和一般性共同事务的划分和具体展开，依然需要通过中央政府和地方政府两个层面的努力，结合三地毗邻而居、协同合作的前期基础，予以更具全局性与执行力的安排。具体性共同事务，需要提炼三地跨区域立法协同的最大公约数，充分尊重和吸收来自社会各界别的声音和立法诉求，在形式上发挥参与式民主的积极作用。在实质内容层面，从区域资源、区域人文地理环境、区域市场一体化程度等区域实际出发，共同构建所需要的区域法制，更好地适应和促进区域一体化的发展。②

第二节　我国人大立法职能的历史沿革

17、18 世纪，伴随着风起云涌的资产阶级革命，欧洲大陆反抗封建专制的斗争及北美的民族解放运动的胜利，资产阶级取得统治地位，资本主义法律制度和代议制民主成为西方民主政治的主要存在形式，并相应地形成了英国议会

① 中共中央党史和文献研究院．十九大以来重要文献选编（中）［M］．北京：中央文献出版社，2021：189-190.

② 王春业．自组织理论视角下的区域立法协作［J］．法商研究，2015（6）：3-12.

至上模式，美国宪法所确认的立法权、行政权和司法权三权分立模式和法国行政法院模式。随着十月革命的胜利和影响，社会主义政权登上历史舞台。由人民通过选举程序选举产生的代表组成国家代议机关，代表人民行使国家立法权和其他公共事务。

一、国家治理体系中的人大立法概览

（一）人民代表大会制度是重要的制度载体

作为一个统一的、多民族的国家，我国形成了单一制的国家结构形式。表现在立法体制上具有“一元多级”的特点，其中“一元”体现了单一制国家立法体制的共同属性，在全国范围内立法体系是统一的。“多级”体现了中国特色和国情，我国的立法体制分为中央立法和地方立法等多个层级，根据《宪法》的规定，全国人民代表大会及其常务委员会行使国家立法权。国家立法体制和划分立法权限的基本原则仍然是在中央统一领导下，充分发挥地方的主动性和积极性。具体包括省、自治区、直辖市的立法和设区的市、民族自治地方的立法以及香港、澳门两个特别行政区的立法。其中，全国人民代表大会及其常委会在立法体系中位阶最高，其所制定的法律也是法律体系中的主干。

“立法”严格来说本身并不是个实体事物而是个动态过程，这个过程是不同层级的立法权作用于相应的规范性文件的过程，其结果是制定出效力等级不同的规范性法律文件。所以作为整体意义上的立法就是若干立法过程的综合体，是个动态的总流程，其中若干效力等级不同的规范性法律文件是其基本的构成要素。

朱景文教授研究发现，从党的十一届三中全会提出“有法可依、有法必依、执法必严、违法必究”后，历次中共“党代会”都提到了立法工作。① 这是因为，坚持中国共产党的领导是中国特色社会主义最本质的特征，而各级人大及其常委会作为国家机构中的权力中心，决定了党与国家权力机关的关系在整个政治关系中处于关键地位。科学规范党与人大关系是坚持和完善人民代表大会制度的重要前提和基础环节。人民代表大会制度是我国的根本政治制度，是保障人民当家作主，实现民主权利的最重要的形式。人民代表大会制度不仅适合中国国情，而且是党领导人民当家作主最好的组织形式。江泽民指出：“建设社

① 新浪新闻中心．立法三十年：3/4 以上法律草案由政府部门起草［EB/OL］．新浪网，2011-03-11.

会主义民主政治最重要的是坚持和完善人民代表大会制度。”① 进入新时代，习近平强调，人民代表大会制度是实现我国全过程人民民主的重要制度载体。

全国人大作为国家的最高权力机关，行使国家立法权，这也是全国人大的首要职能。因此党与人大的关系，最基本的就是党领导立法。党领导立法是党依法执政的重要内容，其基本要求是支持有立法权的人大，特别是全国人民代表大会及其常务委员会行使立法职权，通过法定程序和方式善于使党的政策方针上升为法律，促进民主立法、科学立法和依法立法。

中国的民主是人民民主，人民当家作主是中国民主的本质和核心。因为，就立法内容而言，通过各级人大代表不断将人民对美好生活的诉求转化为共同利益在规范性文件中予以表达，从而追求和实现立法内容的民主取向；就立法过程而言，通过开门立法的形式和程序，最大程度地收集、采纳和加工人民的立法需求。遵循“社会主义民主不仅需要完整的制度程序，而且需要完整的参与实践”②，努力实现在立法的各个环节和制度中践行民主目标。“我国全过程人民民主实现了过程民主和成果民主、程序民主和实质民主、直接民主和间接民主、人民民主和国家意志相统一，是全链条、全方位、全覆盖的民主，是最广泛、最真实、最管用的社会主义民主”③，在我国立法中得到了充分的体现。各级有立法权的人大在发挥立法职能的过程中，进一步将民主、科学转化为更加有效的制度程序安排和具体现实的民主实践活动，都需要党的领导。图 1-1 廓清了人民性在人大立法过程中的制度体现。

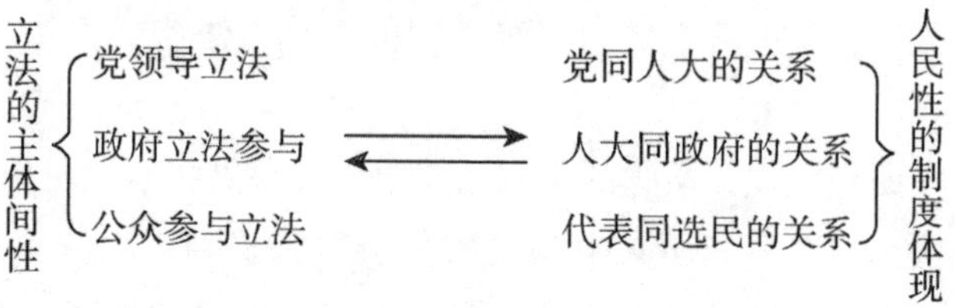

图 1-1　人大立法过程中人民性的制度体现

① 江泽民．江泽民论有中国特色社会主义［M］．北京：中央文献出版社，2002：304.

② 习近平．在庆祝中国人民政治协商会议成立 65 周年大会上的讲话［N］．人民日报，2014-09-22（2）．

③ 中共中央党史和文献研究院．习近平关于尊重和保障人权论述摘编［M］．北京：中央文献出版社，2021：27.

（二）人大立法职能的历史考察

职能，意味着一定的权力和职责的统一。在这个意义上，立法职能是指特定的国家机关所具有的创制法律及其相关活动的权能。在资本主义国家，立法职能属于议会。在我国，立法职能属于人民代表机关。人大立法职能的履行，必须坚持党的领导。这也体现了人大立法的政治性，凸显中央的顶层设计和规划。坚持党的领导下，人大立法职能的实效，需要人大善于将社会的需要和人民群众的法治需求转化为共同意志，通过制定、修改、废止或解释等不同形式表现出来，这就勾连起人大常委会机关对国家治理、社会转型的规律性的把握和整合，体现出人大遵循科学立法和民主立法的立法行为能力。而人大立法职能的改进，需要有立法权的人大及其常委会依法立法，符合规范性和法律性，不断加强自身立法能力建设。

1. 人大立法制度的建立

新中国成立前，中国人民政治协商会议代行人民代表大会的权力，直到1954年第一届全国人民代表大会的胜利召开，人大立法的问题成为现实。

1954年《宪法》第二十二条规定："全国人民代表大会是行使国家立法权的唯一机关。"全国人大常委会只能制定法令。时任新中国内务部部长的谢觉哉总结了我国建立人民代表大会制度主要基于三种考虑：一是有利于人民管理国家，人民能够团结一致，实现广泛的民主并能集中；二是根据马克思主义、列宁理论建立，借鉴了苏联的经验；三是我们不能采取西方国家的三权分立制，因为这两种国家的阶级本质不同。① 然而，这种立法体制实行后，很快就暴露出不适应国家建设和国家工作要求的弊端。1955年7月第一届全国人民代表大会第二次会议认为，随着社会主义建设和社会主义改造事业的进展，急需制定各项法律，以适应国家建设和国家工作的要求。在全国人民代表大会闭会期间，有些部分性质的法律，不可避免地急需常务委员会通过施行。为此，特依照《宪法》第三十一条第十九项的规定，授权常务委员会依照宪法的精神、根据实际的需要，适时地制定部分性质的法律，即单行法规。② 虽然一定程度上扩大了全国人大常委会的职权，但依然不能满足现实生活的需要。

20世纪50年代后期，人大立法工作趋于停顿，社会主义法制建设受到很大重创。1957年以后的第一届全国人大仅制定了4部法律、法令，通过5部行政

---

① 蔡定剑．历史与变革：新中国法制建设的历程［M］．北京：中国政法大学出版社，1999：44.

② 中华人民共和国第一届全国人民代表大会第二次会议关于授权常务委员会制定单行法规的决议［J］．中华人民共和国国务院公报，1955（15）：758.

法规和6部少数民族自治地方的人大和人民委员会组织条例，而第二、三届全国人大及其常委会的立法工作基本停滞，第二、三届全国人大历次会议没有制定一部法律。①当时国家急需的刑法、刑事诉讼法、民法、民事诉讼法等法律的起草工作也被迫中断；宪法及法律规定的诸如法律面前人人平等、法院独立审判权等被批判成资产阶级的东西。

2. 改革开放新时期人大立法的发展

改革开放以来，党一直努力推进人大制度建设。党的十一届三中全会确定健全社会主义法制的方针以后，制定各种法律，尽快改变无法可依的局面成为彼时最迫切的工作。如何保证立法职能成为全国人大的头等大事呢？彭真经过反复思考，认为必须从我国的实际出发，建立一套科学合理的立法体制、立法制度和立法程序，推动立法体制改革。这一思路最终推动了我国立法体制的建立。

党和国家高度重视人民代表大会制度的建设和完善，将人民代表大会制度作为根本的制度安排。1981年中共中央发出关于加强地方人大常委会建设的文件。1986年中共中央又发出关于全党必须坚决支持各级人大及其常委会依法行使职权的通知。在党的十三大、十四大、十五大报告中分别提出了"党应当在宪法和法律的范围内活动""理顺党组织与人民代表大会之间的关系"和"保证人民代表大会及其常委会依法履行国家权力机关的职能"等要求。党的十六大不仅坚持了上述正确提法而且明确提出要"规范党委与人大、政府、政协以及人民团体的关系，支持人大依法履行国家权力机关的职能"。胡锦涛曾指出："要按照党总揽全局、协调各方的原则，科学规范党委和人民代表大会的关系。"②党的十六届四中全会通过的《中共中央关于加强党的执政能力建设的决定》（以下简称《加强执政能力建设决定》），有意让人大、政协走向前台。2005年，中共中央转发《中共全国人大常委会党组关于进一步发挥全国人大代表作用，加强全国人大常委会制度建设的若干意见》（以下简称《发挥全国人大代表作用加强制度建设意见》）。从这些文件可以看出，人大的功能正逐步加强，党与人大的关系也在朝着规范化的方向稳步推进。

3. 党的十八大以来人大立法的创新发展

我国的历部宪法都明确地规定了人民代表大会作为国家的权力机关的性质

① 尹世洪，朱开杨．人民代表大会制度发展史［M］．南昌：江西人民出版社，2002：150.

② 胡锦涛．在首都各界纪念全国人民代表大会成立50周年大会上的讲话［N］．人民日报，2004-09-16.

和地位。伴随着我国《宪法》和《中华人民共和国地方各级人民代表大会和地方各级人民政府组织法》（以下简称《地方组织法》）以及《立法法》的修改，行使立法权的机关，从全国人民代表大会作为国家立法机关，以及根据授权逐步扩大到所有设区的市人大及其常委会分享地方立法职权，共同构成了我国现行的立法体制。

党的十八届三中全会提出了国家治理现代化的目标，迈向国家治理现代化成为现实的要求和建设目标。治国理政观念和指导思想的升华，管理被治理所取代，相比以前的“管理”而言，“治理”唤醒了民众的主体性意识，激发了公民的积极性、主动性，公民参与社会生活的热情高涨，公民之间的合作进一步密切，有利于社会的文明进步，更对人大立法提出了新要求。人民代表大会发挥立法职能，成为国家治理体系的重要组成部分，各级有立法权的人大不断改进提高立法产品的质量和实效，促进国家治理的现代化。

二、我国立法体制的建立与发展

人大发挥立法职能，基本前提在于形成科学而完备的立法体制，而立法体制的核心在于划分立法权限。所以，科学地划分立法权限成为健全立法体制的关键。

（一）立法体制的含义

作为国家制度的重要组成部分，立法体制围绕立法权限的划分而发展。科学合理配置立法权限，有利于维护国家法制的统一，有利于正确处理中央和地方的关系。如果说全面推进依法治国的基础条件之一，是需要逻辑严密、结构科学的法律体系并对其加以完善，那么，形成正确完备的法律体系的前提条件之一，就是要建构一个科学合理的立法体制。

我国学术界对立法体制含义的界定大致分为三种不同的观点：第一种观点认为，立法体制是关于立法权限划分的制度，比如，有代表性的观点认为，法的制定权限的划分问题，特别是关于中央和地方的立法权限的划分问题，也就是通常讲的立法体制。① 第二种观点认为，立法体制是国家机关立法权限的划分及其相应机构设置的系统或者体系，比如，有学者指出，立法体制是由立法权限的划分和有权立法的国家机构共同构成的制度体系，核心是立法权限的划分。② 第三种观点认为，立法体制包括立法权限、立法运作制度和立法程序等多

① 沈宗灵．法理学［M］．北京：高等教育出版社，1994：275.
② 侯淑雯．立法制度与技术原理［M］．北京：中国工商出版社，2003：91.

个要素，其代表性的观点认为，立法体制是指有关立法权限、立法权运行和立法权载体诸方面的体系和制度所构成的有机整体。①

这三种学说都是对立法体制的界定，前两种观点比较简单，第三种观点不仅更细致、深入，而且也并没有否认前述观点的基本内容。这三种学说分享了一个基本共识，那就是立法体制的核心是立法权限的划分问题。本书作者采纳的是第一种观点，认为立法体制是指关于立法权限划分的制度，即法的制定权限的划分制度意义上的立法体制，它既包括同级的国家权力机关和国家行政机关在横向结构上对立法权限的划分，也包括中央和地方的国家机关在纵向结构上对立法权限的划分。还需要指出的是，无论学者们在揭示立法体制的概念内涵时有何差异，都一致同意对立法体制的界定不能离开对立法权限的划分。因为这是立法体制的核心内容。②

（二）我国立法体制的沿革与发展

全国人大常委会立法权限范围的变化清晰地反映了我国立法体制的沿革。1954年《宪法》规定全国人大常委会没有立法权，仅仅享有制定法令的权力。经由第一、二届全国人民代表大会的两次授权，全国人大常委会终于拥有了一定的立法权。1955年7月，一届全国人大二次会议“授权常务委员会依照宪法的精神、根据实际的需要，适时地制定部分性质的法律，即单行法规”。1959年二届全国人大一次会议又进一步确定：“为了适应社会主义改造和社会主义建设事业发展的需要，大会授权常务委员会，在全国人民代表大会闭会期间，根据情况的发展和工作需要，对现行法律中一些已经不适用的条文，适时地加以修改，作出新的规定。”

在我国的宪法性法律部门中，有一批被称为组织法的法律文件。它们建构起国家权力机关、行政机关、司法机关等机构组织运行的基本框架。它们与改革开放同步，见证了中国立法权限和人大制度的变迁。其中地方组织法值得重点说明，大书特书。地方组织法是根据宪法制定的，明确规定地方国家权力机关、地方国家行政机关等机构的产生、职权、组成、工作方式、工作程序以及地方国家机关之间、地方国家机关内部之间关系的宪法性法律。

继1979年《地方组织法》赋予省、自治区、直辖市的人民代表大会制定和颁布地方性法规的权限之后，1982年《宪法》明确赋予全国人大常委会立法权，并赋予国务院行政法规的制定权。1986年修订后的《地方组织法》将地方

① 周旺生．立法论［M］．北京：北京大学出版社，1994：132.

② 朱力宇，叶传星．立法学［M］．北京：中国人民大学出版社，2023：114.

立法权的实施主体扩大到省、自治区的人民政府所在地的市和经国务院批准的较大的市的人大及其常委会。改变了由全国人大统一集中行使立法权的单一局面，形成了以中央为核心，由中央立法和地方立法组成的统一的、多层次的立法体制。1995 年和 2004 年全国人大常委会分别对《地方组织法》进行了第三次和第四次修改。2015 年 8 月 29 日第十二届全国人民代表大会常务委员会第十六次会议通过了《地方组织法》的第五次修正。将较大的市纳入设区的市这一立法主体之中，赋予所有设区的市的人民代表大会根据本市的具体情况和实际需要，在不同宪法、法律、行政法规和本省、自治区的地方性法规相抵触的前提下，可以制定地方性法规。2022 年 3 月 11 日第十三届全国人民代表大会第五次会议通过了《地方组织法》的第六次修改。此次修正，重申省、自治区、直辖市的人民代表大会有权制定地方性法规，设区的市、自治州的人民代表大会可以依照法律规定的权限制定地方性法规，报省、自治区人大常委会批准后施行。同时，正式确立协同立法制度，明确规定“省、自治区、直辖市以及设区的市、自治州的人大及其常委会根据区域协调发展的需要，可以开展协同立法”。

2000 年 3 月 15 日，九届全国人大三次会议通过了《立法法》，这是我国第一部全面规范立法活动的宪法性法律。涉及从中央到地方的立法权限、立法程序、立法监督等各个环节，并赋予经济特区所在地的市以较大的市的地方立法权。标志着我国的法治建设，从满足立法数量上的增长、膨胀，发展到重视立法规律，坚持依法立法的尝试。2015 年第一次获得修改的《立法法》，展现出全新的立法理念、体制和模式，助力立法机关适应社会变迁并提供良好的高质量的法律产品。将地方立法权扩大至了全部设区的市，进一步激发了地方依法治理、依法行政的活力和积极性，促进各地因地制宜出台地方性法规，实现有法可依。2018 年 3 月，《中华人民共和国宪法修正案》（以下简称《宪法修正案》）确认设区的市有权制定地方性法规。2023 年 3 月，再度修订的《立法法》，科学地扩大了设区的市的立法权限，同时确认了区域协同立法机制。

（三）我国立法体制沿革的主要特点

首先，我国现行立法体制属于一级立法体制，同时又在一定程度上吸收了某些二级立法体制的特点。从一级立法体制和二级立法体制的本义而言，二者的区别在于对国家立法权的划分。国家立法权完全由中央行使的立法体制，是一级立法体制；国家立法权由中央和地方共同行使的立法体制，是二级或多级立法体制。从这一意义上讲，单一制国家一般为一级立法体制，联邦制国家一般为二级立法体制。所以，如果是在狭义上使用“立法”“国家立法权”等概念的话，可以认为我国的立法体制是一级立法体制。但是，应当看到，我国的立法体制又具有某些二级立法体制的特点。因为我国的立法体制不仅在中央专属的立法事项方面，赋予最高行政机关相应的权限，而且也赋予地方相应的权限，特别是赋予民族自治地方、特别行政区更大更多的立法权限。

其次，我国现行立法体制体现了集权和分权、中央和地方相结合的特点：对中央专属立法权的事项明确加以列举；符合统一和民主的原则；是一国条件下的立法体制。总之，我国的立法体制属于民主的立法体制、单一的立法体制、一级立法体制和中央集权的立法体制。地方性法规是中国特色社会主义法律体系的重要组成部分。完善中国特色社会主义法律体系，必须加强地方立法工作，充分发挥地方性法规的独特作用。毛泽东早在《论十大关系》中就提出："我们的国家这样大，人口这样多，情况这样复杂，有中央和地方两个积极性，比只有一个积极性好得多。"①

再次，我国的立法体制坚持改革的初心不变。改革先从政治体制改革入手，而政治体制改革先从立法体制改革开始，充分发挥中央和地方两个积极性。根据上述宪法及宪法相关法的层层推进和立法权的下放，我国人大立法以国家立法权为核心，依法向地方纵向延伸，形成国家立法权和地方立法权并存的发展态势。

在这个央地立法并存格局中，地方立法权不断得到扩容和发展。这一发展和改革的逻辑表明："1978 年以来，改革的思路不仅是拓展和畅通各种信息传递机制，更为根本的是将大量权力下放给地方，从而最终减少中央政府决策的信息搜集的压力和成本。在立法权的配置上，总的发展趋势也是不断扩大地方的立法权。"②

最后，地方组织法的结构不变。虽然修改六次，但始终将人大和政府这两个政权机关放在一部规范性法律文件之中。1979 年五届全国人民代表大会二次会议通过的《地方组织法》，在结构和内容上包括了两部组织法——人大组织法和地方政府组织法，这在当时的立法背景下是有依据可寻的，因为当时县和县级以上的地方人民代表大会没有常设机关，地方各级政府行使常委会的职权。但现行《宪法》规定全国人大是国家权力机关，人大常委会为各级人大的常设机关；人民政府是国家权力机关的执行机关，是地方各级国家行政机关。人大和政府是不同性质和职能的国家机关，对其分别立法抑或拆分成两个法律也是

① 中共中央文献研究室．毛泽东文集：第七卷［M］．北京：人民出版社，1999：31.

② 黄文艺．信息不充分条件下的立法策略：从信息约束角度对全国人大常委会立法政策的解读［J］．中国法学，2009（3）：142-155.

有必要的。

然而事实上，1982 年、1986 年、1995 年、2004 年、2015 年和 2022 年先后作出六次修改，结构始终不变。“目前将人民代表机关的组织规则和政府组织规则放在一起，从侧面凸显了人民代表机关和行政系统在地方层面的不可分割性。换言之，这样的体例可能更容易建构起地方国家权力机关对地方行政机关的法治监督。”① 尤其是 2022 年的修订中，似乎为了背书这种两种机关合二为一的立法体例，在地方人大和地方政府职责中，还共同增加了两项重要内容。一是总结地方实践经验，增加了区域发展协同合作机制。明确赋予省、自治区、直辖市以及设区的市、自治州的人民代表大会根据区域协调发展的需要，可以开展协同立法；在符合国家区域发展战略和地方实际需要的前提下，县级以上地方各级人民政府有权共同建立跨行政区划的区域协同发展工作机制，加强区域合作；上级人民政府应当对下级人民政府的区域合作工作进行指导、协调和监督。体现了区域协同立法中人大和政府各自的职能以及两者的合作。二是遵循宪法有关规定和中央民族工作会议精神，在地方各级人大和政府职责中分别增加“铸牢中华民族共同体意识”“促进各民族广泛交往交流交融”等职权性规范，保障少数民族的合法权利和利益；为地方人大、地方政府做好民族工作提供法律指引。不过，这两项内容同时适用于人大和政府，确实在一定程度上提高了立法的效率。

总之，我国现行立法体制的变迁，体现了国家治理法治化不断完善的实践逻辑。党的十八届四中全会中提出要“完善国家机构组织法，完善选举制度和工作机制”。党的十九大报告中又进一步提出要“完善国家机构组织法”的具体内容。我们既要高效地推进机构改革和国家变革，又要高度重视立法的重要作用。

第三节 影响人大立法职能变迁的主要因素

全面依法治国的核心力量是中国共产党，而党对自身转型的认识和执政方式是影响人大立法实践的一个重要变量；此外，社会转型和立法机关自身的转型也影响人大立法的实践。

---

① 关保英．新地方政府组织法对行政法原则的确立［N］．法治日报，2022-06-10（5）．

一、中国共产党的转型

中国共产党是执政党，全国人民代表大会是最高国家权力机关，行使国家立法权。中国共产党是建设中国特色社会主义事业的领导核心，全国人民代表大会在国家政权体系中地位最高，规范二者关系，将给中国社会发展带来新的活力与希望。共产党是领导者，对人民代表大会的工作主要实行政治领导，党必须在宪法和法律的范围内活动，支持人大积极行使宪法规定的职权。

如果以时间为轴，以党的重要历史文献和富有意义的重要事件为分水岭，可以将党领导人大立法的实践变迁主要划分为三个重要阶段。

（一）新中国成立初期至1978年执政党与人大的关系处于探索与曲折的发展阶段

1. 党政相对分离的探索（1949—1953）

新中国成立初期，中国共产党根据党和政权机关相对分离原则，支持政府独立行使职权。1950年1月9日，政务院成立以周恩来为书记的党组干事会，董必武、陈云为副书记。3月16日，周恩来主持召开政务院党组干事会会议，强调：政务院机构中的党组会议不要代替行政会议；要健全政务院各部门行政会议制度、办公制度和汇报制度，保证有一定的必要的形式，不可党内党外不分，要使党外负责人加强责任感，在其职权范围内敢于做主；要善于区别党外人士的不同情况，加以不同的使用；要加强与政协全国委员会各小组的工作，增强政府同政协全委会中各方面党外人士的联系。①

2. “以党代政”“党政不分”时期（1953—1978）

由于我党继续沿用战争年代的领导方式和领导制度，造成党政不分、以党代政的问题。新中国成立后，开始实行党在过渡时期的总路线所规定的任务，对农业、手工业和资本主义工商业的社会主义改造来说，到1956年已经基本完成。但是加速完成的社会主义改造，虽然取得了胜利，但是也遗留下一些问题。从党的领导方式和执政方式来看，“主要是在巨大的胜利面前骄傲了，不像过去那样谨慎，那样注意倾听群众呼声和尊重党内民主了”②。

实行计划经济体制，权力高度集中，这就使新中国成立初期建立的党政协

① 中共中央文献研究室．周恩来年谱（1949-1976）：上卷［M］．北京：中央文献出版社，2007：28．

② 中共中央党史研究室，胡绳．中国共产党的七十年［M］．北京：中共党史出版社，1991：288.

调模式发生变化，权力向党委集中，领导体制向“一元化”领导的趋势发展。特别是1957年反右派斗争开始后，“左”倾错误的蔓延和积累，造成十年浩劫的惨痛教训。新中国法制的主要奠基人董必武、彭真提出的坚持党的政治领导，党不能代替政权机关，坚持人大独立行使职权等真知灼见也逐渐被湮没。法制建设陷入停滞，法律虚无主义甚嚣尘上，这是党和人大关系最曲折、遭受严重破坏的时期。

（二）党的十一届三中全会至党的十八大执政党与人大关系的逐步理顺

1978年12月13日在中共中央工作会议闭幕会上，邓小平发表题为“解放思想，实事求是，团结一致向前看”的讲话，开门见山地指出“解放思想是当前的一个重大政治问题”。邓小平发表《党和国家领导体制的改革》的讲话以及党的十二大提出的“党必须在宪法和法律范围内活动”，一并强调要处理好党与人民代表大会的关系。1986年6月，邓小平发表《在全体人民中树立法制观念》的讲话，从法制建设的高度，要求党善于领导国家政权，不断改善党的领导的问题。他说：“党干预太多，不利于在全体人民中树立法制观念。”① 通过对党的领导与政权机关职能关系的探索和实践，转变到改进党的领导方式和执政方式的正确路径上来。1987年10月中国共产党召开的十三大，把党政关系的问题作为政治体制改革的首要问题列入改革的议程，并提出了党政职能分开的思路。党的十三大报告指出“党的领导是政治领导，即政治原则、政治方向、重大决策的领导和向国家政权机关推荐重要干部”。

梳理党的十四大至十七大的重要文献和党的领导的实践，不难看出，这一时期党与人大的关系呈现三个特点：第一，坚持将提高党的执政能力和党的自身建设统一起来。1989年12月，江泽民强调必须“坚持和加强党的执政地位和领导作用”，“强化执政意识，提高执政本领”②。1997年9月，党的十五大提出“不断提高领导水平和执政水平”的要求，2000年5月，江泽民在党建工作座谈会上，指出“必须适应新情况不断提高领导水平和执政能力”③。第二，在路径转化上，确立加强和改善党的执政能力的建设目标。2002年11月，党的十六大正式把“加强党的执政能力建设，提高党的领导水平和执政水平”作为一项任务确定下来。第三，党和人大关系的重要性得到凸显和提升。党的十六大还提出要坚持依法执政，使党的主张通过法定程序上升为国家意志，实施党对国家

---

① 邓小平．邓小平文选：第三卷［M］．北京：人民出版社，1993：163.
② 江泽民．江泽民文选：第一卷［M］．北京：人民出版社，2006：91，92.
③ 江泽民．江泽民文选：第三卷［M］．北京：人民出版社，2006：7.

和社会的领导。这样通过法定程序就无法绕开人大的立法程序，将党的路线方针政策通过人大的立法程序和工作机制，上升为法律和国家政策。从治理主体上依法要求厘清党的各级组织和人大常委会机关的权限。

（三）党的十八大以来执政党与人大关系的新突破

党的十六大以来，代表大会的报告不再使用“党政分开”的提法，而是逐渐向改革和完善党的领导、执政能力转换。2012 年 11 月，党的十八大强调要“坚持党的领导，更加注重改进党的领导方式和执政方式”①。而处理好党政关系，要在改革和完善党的领导方式和执政方式上下功夫，也就是党政分工。②

党的十八大围绕政治体制改革的根本目标、原则和任务方面内容，强调我国要“更加注重发挥法治在国家治理和社会管理中的重要作用，维护国家法制统一、尊严、权威”。强调党在改进领导方式和执政方式的同时，要“真正做到党领导立法、保证执法、带头守法”③。2015 年 10 月，党的十八届五中全会指出，要“运用法治思维和法治方式推动发展，全面提高党依据宪法法律治国理政、依据党内法规管党治党的能力和水平”④。2016 年 10 月，党的十八届六中全会强调，要深入加强党的自身建设，保证党依法执政。党的十九大报告指出：“人民代表大会制度是坚持党的领导、人民当家作主、依法治国有机统一的根本政治制度安排，必须长期坚持、不断完善。”规范执政党与人大的关系，将给中国社会发展带来新的活力与希望。共产党是领导者，对人民代表大会的工作主要实行政治领导，党必须在宪法和法律的范围内活动，支持人大积极行使宪法规定的职权。

（四）党与人大关系变迁的特点与评价

根据上文的历史梳理和对党的重要文献的解读，经过时间的洗礼和空间的锤炼，党与人大关系的历史发展，具有三个突出的特点。

首先，以十一届三中全会为分水岭，十一届三中全会后，党与人大关系逐渐理顺。十一届三中全会不仅是我党历史上的伟大转折，更重要的在于确立了坚持党的领导和改革开放的基本国策。1980 年开始实施的政治体制改革，从国

① 中共中央文献研究室．十八大以来重要文献选编（上）［M］．北京：中央文献出版社，2014：91.

② 张荣臣．准确把握“党政分工”概念［N］．北京日报：2017-04-10（14）．

③ 中共中央文献研究室．十八大以来重要文献选编（上）［M］．北京：中央文献出版社，2014：91.

④ 中国共产党第十八届中央委员会第五次全体会议公报［M］．北京：人民出版社，2015：17.

务院的机构精简开始，法治建设上从重视和恢复全国人大的立法职权开始。党在领导中国特色社会主义法律体系的建设过程中，洞察到党与人大的关系是政治体制的基础和出发点，为探索党政分工的切入点提供了认识基础。

邓小平总结历史经验和教训，在1980年《党和国家领导制度的改革》的讲话中明确提出要"着手解决党政不分、以党代政的问题。中央一部分主要领导同志不兼任政府职务，可以集中精力管党，管路线、方针、政策。这样做，有利于加强和改善中央的统一领导，有利于建立各级政府自上而下的强有力的工作系统，管好政府职权范围的工作"①。可以判断，彼时解决党政不分的问题集中在党的领导干部不在政府中兼职，处理的是执政党与国家行政机关的关系。1986年中共中央向全党发出《关于全党必须坚决维护社会主义法制的通知》，要求全党提高维护社会主义法制的自觉性，其中指出，"各级党委要加强对人民代表大会工作的领导，坚决支持各级人民代表大会和它的常务委员会依法行使职权"。在邓小平政治体制改革思想的指引下，党的十二大提出党的工作和政府的工作必须适当分工。党不是向群众发号施令的权力组织，也不是行政组织和生产组织。党的十二大通过的党章明确规定："党必须在宪法和法律的范围内活动，党必须保证国家的立法、司法、行政机关，经济、文化组织和人民团体积极主动地、独立负责地、协调一致地工作。"1987年党的十三大进行了党政分开的尝试，指出政治体制改革的关键首先是党政职能分开；党的领导主要是政治领导，党对国家实行政治领导的主要方式是使党的主张经过法定程序变成国家意志。关注的核心问题已经转到直面执政党与权力机关之间的关系上。

其次，将加强和改善党的领导的制度载体落实到重视和发挥人民代表大会制度上来。20世纪90年代初期，江泽民就明确提出党与人大之间的关系是中国最根本的政治关系，并指出："加强党的领导同发挥国家权力机关的作用是一致的。党对国家政治生活的领导，最本质的内容就是组织和支持人民当家作主。我国人民代表大会制度，是党领导的人民民主制度。只有在党的领导下，才能充分发挥人民代表大会制度的作用；而人民代表大会制度的加强和完善，可以更好地实现党的领导。党领导人民建立了国家政权，党还要领导和支持政权机关充分发挥职能，实现人民的意志。这样做，不是削弱了党的领导，而是加强了党的领导。"② 可见，随着新一轮的执政实践和执政理念的发展，党与人大的关系获得了极大地推进和丰富。将加强和改善党的领导的制度与重视和发挥人

---

① 邓小平．邓小平文选：第二卷［M］．北京：人民出版社，1994：321.

② 江泽民．江泽民文选：第一卷［M］．北京：人民出版社，2006：112-113.

民代表大会制度有机联系起来，在此基础上，党坚持领导和支持其他政权机关充分发挥各自的职能，从而加强和改进党的领导。

最后，规范党与人大关系的重大创新是党领导立法原则的提出，为习近平法治思想中法治体系的建立奠定了理论基础。从关注党与政府的关系，进而关注并改善党与人大的关系，提出党领导立法成为党执政能力的重要组成部分，具有重要的理论创新意义。2004 年 9 月 19 日，党的十六届四中全会通过《加强执政能力建设决定》，首次明确规定了党的执政能力的内涵，旗帜鲜明地指出党领导立法成为党执政能力的重要组成部分。党的十八大以来，党通过领导立法、保证执法、支持司法、带头守法，健全党领导全面依法治国的制度和工作机制。党关注并不断科学构建党与国家权力机关之间的关系，是党领导立法原则确定的逻辑前提。

二、社会转型

新中国的立法实践始终与中国特色社会主义建设和改革开放的历史洪流交汇，形成了党领导下的人大立法职能的观点、理论和原则，从而滋养中国特色社会主义法律体系的完备。这些重要的历史财富告诉我们，党自身的成长环境和立法机关所处的环境最终都是由特定的社会物质生活条件决定的。因此，研究人大立法实践的历程，还要关注特定时期的社会条件、政治条件和经济条件对人大立法产生的影响。这一规律既是马克思主义基本原理作为中国特色社会主义法治体系的基本指导思想的表现，也是实事求是基本工作方法的来源。

改革开放四十多年来，在广泛而深刻的意义上促成了整个中国社会的转型发展。立足我国将长期处于社会主义初级阶段的国情的基础上，执政党总结不同时期的阶段性特征和任务，围绕我国的经济基础的变化与发展，及时提出不同时期社会的主要矛盾，成为人大立法的重要依据，指导人大更好地发挥立法职能。

（一）党对我国不同时期社会阶段的定位

1956 年 9 月，党的八大明确指出了国家建设的根本任务，总结了我国社会的社会主义性质，正确地判断了我国社会所处的历史阶段和历史任务。表明党对社会性质的变化有着清醒而正确的认识。党的十一届三中全会吹响了改革开放的号角，正确对待和处理改革中遇到的各种问题，成为党科学判断历史方位的新起点。

1992 年 1 月 18 日至 2 月 21 日，邓小平先后赴武昌、深圳、珠海、上海等地视察，沿途发表了一系列重要谈话，及时深刻地阐释了一系列事关党和国家事业发展的重大理论和实践问题，为社会主义建立市场经济奠定了思想和实践基础。同年3月，中央政治局召开会议完全赞同邓小平南方谈话，充分肯定其指导意义。1992年10月党的十四大召开，大会指出："以邓小平同志的谈话和今年三月中央政治局全体会议为标志，我国改革开放和现代化建设事业进入了一个新的阶段。"2006年《中共中央关于构建社会主义和谐社会若干重大问题的决定》（以下简称《构建和谐社会决定》）指出："我国已进入改革发展的关键时期，经济体制深刻变革，社会结构深刻变动，利益格局深刻调整，思想观念深刻变化"。2009年9月20日在庆祝人民政协成立60周年的大会上，胡锦涛指出："我国相继实现了从半殖民地半封建社会到民族独立、人民当家作主新社会的历史性转变，从新民主主义革命到社会主义革命和建设的历史性转变，从高度集中的计划经济体制到充满活力的社会主义市场经济体制、从封闭半封闭到全方位开放的历史性转变。"这是官方公布的党对社会转型的高度概括和准确判断。

在中国共产党第十九次全国代表大会开幕会上，习近平总书记代表十八届中央委员会向大会作报告。大会指出，经过长期努力，中国特色社会主义进入了新时代。明确指出了我国发展所处的新的历史方位。我国发展的历史方位是新中国在历史发展过程中进入的时空坐标，正确判断历史方位是把握历史主动的客观前提。① 新的历史方位，将会面临不同的社会矛盾，同时也会酝酿并产生新观念新思路。

（二）党对社会主要矛盾的科学判断

在不同的发展阶段或时代，人民的需要有所不同，社会生产的发展状况也会有所不同。因此，人民的需要与社会生产之间的矛盾也就会表现出不同的特征，社会主要矛盾就会发生转化。新中国成立以来我国社会主义建设七十多年来的经验教训证明，只有对社会主要矛盾作出及时、准确和科学的判断，才能明确发展方向，制定出适应生产力发展的路线方针政策。

1956年党的八大明确我国社会的主要矛盾，是人民对于建立先进的工业国的要求同落后的农业国的现实之间的矛盾，是人民对于经济文化迅速发展的需要同当前经济文化不能满足人民需要的状况之间的矛盾；集中力量解决这一主要矛盾成为"党和全国人民的当前的主要任务"。这一主要矛盾决定了，经济社

---

① 颜晓峰．深刻认识中国特色社会主义新时代的历史新方位［J］．思想理论教育导刊，2022（10）：4-14.

会发展的主要任务必然是建立基本的国民经济体系，确立“站起来”的经济基础。1981年召开的党的十一届六中全会提出“我国所要解决的主要矛盾，是人民日益增长的物质文化需要同落后的社会生产之间的矛盾”，强调“党和国家工作的重点必须转移到以经济建设为中心的社会主义现代化建设上来，大大发展社会生产力，并在这个基础上逐步改善人民的物质文化生活”。1987年，党的十三大制定了“三步走”经济发展战略，彰显“富起来”的战略目标。党的十八大以来，中国特色社会主义进入新时代。党的十九大作出了“我国社会主要矛盾已经转化为人民日益增长的美好生活需要和不平衡不充分的发展之间的矛盾”的判断。新时代社会主要矛盾的变化是关系全局的历史性变化。这一重大政治论断，指明了解决当代中国发展主要问题的根本着力点。①

人民美好生活需要日益广泛，不仅对物质文化生活提出了更高要求，而且在民主、法治、公平、正义、安全、环境等方面的要求日益增长。同时，中国社会生产力水平总体上显著提高，社会生产能力在很多方面进入世界前列，更加突出的问题是发展不平衡不充分，已经成为满足人民日益增长的美好生活需要的主要制约因素。这些都构成了规范性法律文件制定、修改和废除的重要依据。

从历史的视野来看，我们党对社会主要矛盾的分析把握，就是一部社会全面进步史和人的全面发展史，是一部不断满足人民需要，为人民谋幸福、为民族谋复兴的成就史。② 在全面建设社会主义现代化国家新征程中，全国人大和地方人大常委会机关，坚持以人民为中心，坚持把握社会主要矛盾的方法论，科学民主发挥立法职能，坚持全过程普法，发挥立法治理，不断实现人民对美好生活的向往。

（三）社会转型影响立法职能的变迁

党的十一届三中全会后，党和国家的各项事务开始走向正轨，社会发展日新月异。我们能感受到各种社会变化，概括起来主要包括三个方面：从计划经济向市场经济转型；由农业社会向工业社会转型；由人治社会向法治社会转型。正像中国共产党第十六届六中全会发表的《构建和谐社会决定》所指出的那样：“这种空前的社会变革，给我国发展进步带来巨大活力，也必然带来这样那样的矛盾和问题。”

---

① 中共中央宣传部．习近平新时代中国特色社会主义思想学习纲要［M］．北京：学习出版社，人民出版社，2019：17.

② 门小军．中国共产党对各个历史时期社会主要矛盾的科学分析与经验启示［J］．党建，2021（8）：27-29.

转型社会的背景影响了党对立法的领导的变迁。从社会转型的内涵上看，转型社会党对立法的领导，在范畴上属于党领导立法与改革之间的关系。改革开放前，立法趋于停滞。改革开放启动后，党启动、引领改革，同时改革一旦实行和步入不同的阶段，又会促进党思考社会转型的特点，对党领导立法的方式和方法予以及时回应和调整。提出社会主义核心价值观，内含个人、社会和国家三个层面，引领社会形成共识。2018 年，中共中央印发《社会主义核心价值观融入法治建设立法修法规划》（以下简称《立法修法规划》）。要求全国人大常委会和国务院完善工作机制，深入分析社会主义核心价值观的立法需求，完善立法项目征集和论证制度，制定好立法规划计划，加快重点领域立法修法步伐。要加强对社会主义核心价值观融入法治建设立法修法工作进展情况的宣传，及时对出台的法律法规进行宣讲阐释。同时加强党的领导引领社会治理规范化和法治化。

三、立法机关自身的转型

自上而下有计划、分阶段、按步骤主动建构，是中国特色社会主义法律体系所形成的基本经验。“与西方法律体系相比，中国特色社会主义法律体系形成的时间性、阶段性特别明显。西方法律体系的形成也有阶段性，其中立法者的目的也起着重要作用，但是总的来说这种阶段性是后人总结出来的，而中国则是按预期计划有步骤推进的。”①

党明确了未来中国政治发展的两个总目标：一个是全面深化改革总目标，即“完善和发展中国特色社会主义制度，推进国家治理体系和治理能力现代化”；另一个是全面推进依法治国总目标，即“建设中国特色社会主义法治体系，建设社会主义法治国家”。两个总目标的实现都以人民代表大会制度为支撑，为充分发挥人大的职能作用，积极促进自身的转型发展提出了新要求。

（一）立法机关积极为政治经济社会全面发展发挥职能作用

在新中国成立初期，开展立法工作的时候，打破一个旧的秩序，建立一个全新的法律秩序，只能在实践中摸索。董必武强调制定法律必须以实践的经验为依据。如土地法，是根据 20 年来我国苏区土地改革运动的实践经验总结出来的。又如惩治反革命、惩治贪污的立法，也是对实践活动经验的总结。

改革走向深水区，从建立社会主义市场经济，从国家尊重和保障人权，从

---

① 朱景文．中国特色社会主义法律体系：结构、特色和趋势［J］．中国社会科学，2011（3）：20-39，220.

新时代经济、社会、政治、文化和生态的五位一体总体布局和四个全面的战略布局，无不在各个历史时期走进立法机关的视野，成为规范性文件立、改、废的重要内容。在坚持做好法律的发现者的实践和理论学习中，立法机关逐渐意识到保持法律的稳定性和将修法作为工作重点的平衡，更要加强人大自身立法能力的建设，尤其是立法行为能力的建设。从 20 世纪 90 年代酝酿到 2023 年的二度修订，立法机关坚持制定法律管住立法的恣意和任性，《立法法》从制定到修改，显示了全国人大依法立法、科学立法和民主立法的锐气和担当。

“天下有定理而无定法。”面对纷繁复杂的社会治理问题，往往产生更加多样化的立法需求。因此，形式多样，有利于保持立法的系统性。不仅要制定法律，还要向颁布法律决定、发布法律解释等多元化迈进。更为重要的是，法典一旦生成，即是对过往积极做法、成果经验的肯定和延续。因而，法典除了发挥调整积极行为、约束恣意和妄为，还具有总结的功能、发展积极态势的功能。从总结成熟、定型的经验稳健迈向立法引领、促进改革。凸显“立法不仅仅是对实践的被动回应，更要对社会现实和改革进程进行主动谋划、前瞻规划和全面推进”①。

（二）促进社会协同发展与加强法治宣传教育相结合

在党与时俱进做好立法顶层设计的进程中，一方面要提升法律规范体系的整体水平，另一方面，设区的市的人大及其政府应该主动通过法治实施、社会治理来推动社会进步。无论是教育部每年定期公布法治政府成绩清单，还是全社会对法律草案修订的积极参与，从确认权利到法定权利的实现，这是一个错综复杂的系统。通过公民的参与，通过立法机关的组织和创制，法律调整社会的作用经受了考验，也对立法机关的活动施加了压力，这就必然要求立法者提高主动顺应民众法律需求的自觉性，提高自身将社会发展的法治需求化作动力，推动立法者制定规范性法律文件的能力。投身法治建设的热潮，不再只是“登庙堂之高”的专家学者的分内事务，还吸引“处江湖之远”的社会公众的积极参与。

加强地方立法工作，应当把重点放在促进立法协调机制上，从而提高立法质量。这既要求地方立法充分发挥“能动”的创造性，在针对地方性事务的方面，因地制宜，突出地方特色，重点解决地方经济、社会发展中无法可依的问题，并把改革和发展的决策同地方立法结合起来，使地方经济、社会发展以及社会稳定建立在法治的轨道上。

---

① 王乐泉．论改革与法治的关系［J］．中国法学，2014（6）：20-24.

在通过发挥立法职能促进国家治理和社会治理现代化的过程中，地方立法不断翻开新篇章。从较大的市到如今设区的市的地方立法主体的确立，党中央始终做好发挥中央立法和地方立法两个积极性。从2015年到2023年，整体立法队伍的权利能力不断地在扩大，立法机关的行为能力更要跟上队伍壮大的步伐。为了执行《立法法》依法立法的要求，各地纷纷出台或修改地方立法条例，不断优化地方立法程序，保障人大代表提案权等主体地位，坚持全过程人民民主，提升草案的科学性，这样的努力在于回归人大对立法的主导，当然也加强行政机关参与立法的基础作用。同时，在立法的过程中发挥法治宣传和教育职能，贯彻践行习近平法治思想，将人大立法打造成沟通立法和守法的文化桥梁。而这些发展和提升，无不是在遵循党领导立法的原则下取得的。

第二章

党领导立法原则的确立及发展

2021年8月中共中央宣传部发布《中国共产党的历史使命与行动价值》，回顾了中国共产党团结带领中国人民，进行的波澜壮阔的革命、建设和改革的伟大历程，重申了坚持中国共产党的领导是中国历史和中国人民的选择，更是中国特色社会主义的本质特征。加强和改善党的领导旨在坚持中国共产党的领导。中国共产党是学习型政党，更是开明开放的政党。百年大党的执政历程，人们清晰地看到，从弘扬社会主义核心价值观到融入法律法规等规范化建设，民主、平等、自由、人权、正义、法治等现代化不可分离的理念正日益深入中国共产党执政理念的核心。

中国共产党坚持人民性和自我革命性的统一，不断促进现代基本权利理念、现代法治理念与中国改革开放的深度融合和嵌入式发展，更是对马克思主义关于人的全面解放的中国化的进一步发展，中国共产党反复诫省：人民就是江山，守江山守的就是人民的心。中国共产党不断学习和加强法治理论和实践基础上的法治中国的制度化建设，是中国特色社会主义事业的根本保证。中国共产党执政的现代转型，突出地表现在党对执政理念的认识和执政能力的提升与改进，从而为党领导立法提供了保障。

第一节　中国共产党对执政理念和执政能力的认识

一、党对执政理念和执政方式的认识过程

党对自己承担的执政党角色的判断，经历了一个曲折的探索过程，具体表现为四个重要的时间节点与不同阶段，党的执政理念和执政方式的形成发展历程。

第一阶段以1956年党的八大为标志，党对自身的执政党角色进行了初步的思考和认识。毛泽东在大会的开幕词中指出，我们“彻底地完成了资产阶级民主革命，又取得了社会主义革命的决定性的胜利。……我们现在也面临着和苏

联建国初期大体相同的任务。要把一个落后的农业的中国改变成为一个先进的工业化的中国，我们面前的工作是很艰苦的，我们的经验是很不够的"①。必须指出的是，中国共产党已经意识到，随着社会主义革命的胜利，党的角色和工作任务发生了根本的转变，执政党的意识已经产生。

第二阶段以1978年党的十一届三中全会为标志，党对执政要务和关键环节进行了深入的思考和认识。党的十一届三中全会公报宣布："从现在起，应当把立法工作摆到全国人民代表大会及其常务委员会的重要议程上来。"重视立法成为执政党的共识。坚持党的领导，率先体现在党对立法工作的领导。改革开放以来中国共产党应对国内外变化作出的变革和创新，表明党自身对角色定位、执政机制、组织形式等方面进行了全面的探索和研究。

第三阶段以1997年党的十五大为标志，"依法治国"正式确立为党领导人民治国理政的基本方略，具有划时代的意义。"正确处理党与国家政权、党与法律的关系，是一个政党在解决执政方式时必须面对的新课题。"② 以此为标志，中国共产党在观念、理论上经历了转变。2002年党的十六大报告正式提出党成为执政党的命题。报告指出：我们党历经革命、建设和改革，已经从领导人民为夺取全国政权而奋斗的党，成为领导人民掌握全国政权并长期执政的党。这是党转型的重大历史事件，象征着党在全面改革开放和实行市场经济的条件下，着手探索和改进党的执政能力，从而更好地实现对国家和社会的领导。

第四阶段自十八大以来，以习近平同志为核心的党中央，守正创新，整合中国共产党对以人为本，群众路线和马克思主义倡导的人的全面解放思想，提出以人民为中心的执政理念和发展思想。习近平指出："必须坚持以人民为中心的发展思想，不断促进人的全面发展、全体人民共同富裕。"③ 这一论述表明了新时代中国共产党人以人民为中心的发展思想，传承了马克思主义实现人的全面发展思想，以带领全体人民实现共同富裕为最终归宿。在实施路径上，从群众需要和困难出发，关注人民群众的现实需求，对此习近平强调："落实以人民为中心的发展思想，想群众之所想、急群众之所急、解群众之所困。"④从本土

---

① 中共中央文献研究室．毛泽东文集：第七卷［M］．北京：人民出版社，1999：114-117.

② 石泰峰，张恒山．论中国共产党依法执政［J］．中国社会科学，2003（1）：13-24，204-205.

③ 习近平．决胜全面建成小康社会 夺取新时代中国特色社会主义伟大胜利［N］．人民日报，2017-10-28（1）.

④ 习近平．从解决好人民群众普遍关心的突出问题入手 推进全面小康社会建设［N］．人民日报，2016-12-22（1）.

资源的层面而言，博大精深的民本思想滋养了关注人的现实需要的理论和实践视野；从发展的动力来源而言，滥觞于文艺复兴时期的人文主义精神，成为法治发展的核心和引擎。关注独立个体的公共利益和福祉安排是现代立法对人文精神的及时回应。

二、依法执政成为党执政的基本方式

1956年党的八大上，刘少奇所作的政治报告指出："党应当而且可以在思想上、政治上、方针政策上对于一切工作起领导作用。当然，这不是说，党应当把一切都包办起来，对一切都进行干涉；也不是说，对于自己所不懂的事情，可以安于做外行。"① 体现了新中国成立之后党对执政方式的思考和探索。

江泽民在庆祝中国共产党成立80周年的讲话中指出，要进一步解决提高党的执政能力和领导水平、提高拒腐防变和抵御风险能力这两大历史性课题。从掌握执政规律的高度提出了要求。

2004年中国共产党第十六届四中全会正式提出了"执政能力"的概念，明确指出"依法执政是新的历史条件下党执政的一个基本方式"。改善党对立法的领导方式成为依法治国、依法执政的题中应有之义。2006年6月29日，中共中央第十六届中央政治局开展集体学习，胡锦涛在强调依法执政的基本要求后，着重指出："要加强党对立法工作的领导，推进科学立法、民主立法，善于使党的主张通过法定程序成为国家意志，从制度上、法律上保证党的路线方针政策的贯彻实施。"可见，依法执政率先表现为加强和改善党对立法工作的领导。

（一）科学执政、民主执政、依法执政

中国共产党第十六届四中全会于2004年9月16日至19日在北京举行。全会通过了《加强执政能力建设决定》，围绕党的执政能力、科学执政、民主执政、依法执政等关键词展开历史解读和逻辑论证。全会指出："党的执政能力，就是党提出和运用正确的理论、路线、方针、政策和策略，领导制定和实施宪法和法律，采取科学的领导制度和领导方式，动员和组织人民依法管理国家和社会事务、经济和文化事业，有效治党治国治军，建设社会主义现代化国家的本领。"

关于科学执政，《加强执政能力建设决定》指出："要结合中国实际不断探索和遵循共产党执政规律、社会主义建设规律、人类社会发展规律，以科学的思想、科学的制度、科学的方法领导中国特色社会主义事业。"人们流传着1888

① 刘少奇在中共八大作政治报告［EB/OL］. 中央政府门户网站，2008-06-03.

年达尔文对科学的通俗解释："科学就是整理事实，从中发现规律，作出结论。"这一定义指出了科学的内涵，即事实与规律。科学要发现人所未知的事实，并以此为依据，实事求是，而不是脱离现实的纯思维的空想。至于规律，则是指客观事物之间内在的本质的必然联系。因此，科学是建立在实践基础上，经过实践检验和严密逻辑论证的，关于客观世界各种事物的本质及运动规律的知识体系。共产党科学执政，就是探索、遵循执政规律、社会主义建设规律以及人类社会的发展规律。

关于民主执政，《加强执政能力建设决定》指出："要坚持为人民执政、靠人民执政，支持和保证人民当家作主，坚持和完善人民民主专政，坚持和完善民主集中制，以发展党内民主带动人民民主，壮大最广泛的爱国统一战线。"

关于依法执政，《加强执政能力建设决定》指出："要坚持依法治国，领导立法，带头守法，保证执法，不断推进国家经济、政治、文化、社会生活的法制化、规范化。"党的十六届四中全会要求"全党同志要牢固树立法制观念，坚持在宪法和法律范围内活动，带头维护宪法和法律的权威"。全体党员模范地遵守宪法和法律，而宪法和法律是党领导全国人民共同意志的体现，党领导人民制定宪法和法律，党也带头遵守宪法和法律。阐明了依法执政的理论逻辑和实践要求。

（二）依法执政先要依宪执政

法治的权威，首先体现的是宪法的权威。对法治的遵守，首先体现的是对宪法的遵守。国家权力主要体现在立法、执法和司法这三个主要环节和程序中，党领导立法、保证执法、支持司法是党遵守宪法和法律，依法执政的具体表现。"坚持依法治国首先要坚持依宪治国，坚持依法执政首先要坚持依宪执政。"①能不能做到依法治国，关键"在于党能不能坚持依法执政，各级政府能不能依法行政"②。主要内容包括：依照宪法、法律执掌、领导、运用国家政权，实现执政目标；依据宪法、法律支持国家政权机关行使宪法、法律确立的职权和职责；依照宪法、法律行使党章和宪法赋予的职权，参与重大国务活动等。

进入新时代，以习近平同志为核心的党中央领导集体提出了习近平新时代中国特色社会主义思想和习近平法治思想，继续坚持党要科学执政、民主执政、依法执政，并使之朝着体系化的方向发展，丰富和发展了中国特色社会主义法

---

① 中共中央文献研究室．习近平关于全面依法治国论述摘编［M］．北京：中央文献出版社，2015：22.

② 中共中央文献研究室．十八大以来重要文献选编（中）［M］．北京：中央文献出版社，2016：188.

治体系中的依法执政理论。

第二节 党领导立法原则的确立

应当指出，党与国家权力机关之间的关系，是党领导立法原则确定的逻辑前提。所以，党领导立法的关系，必须回到执政党与国家权力机关之间的关系上来。

2012年12月4日，在首都各界纪念现行宪法公布施行三十周年大会上，习近平在讲话中指出："党领导人民制定宪法和法律，党领导人民执行宪法和法律，党自身必须在宪法和法律范围内活动，真正做到党领导立法、保证执法、带头守法。"① 被认为是国家领导人第一次把"党领导立法"与"党保证执法""党带头守法"并列放在一起论述。②

2018年3月，现行宪法获得第五次修改，"中国共产党的领导是中国特色社会主义最本质的特征"被庄严地载入宪法第一条，坚持党的领导的原则实现从位列宪法序言到宪法正文第一条的迭代与升华。所属的党领导立法随着党的执政探索和理论升华，反映了中国共产党执政以来从国家发展的全局高度，对党的领导与国家立法的高度概括和规范建设。

一、新中国成立初期将立法摆在首位探索人大立法的主体地位

经历了华北人民政府时期的草创阶段，从社会主义革命时期的"革命法制"，向"人民民主法制"的转变，董必武正规式政府建设的论断，逐渐明确而系统地表现为从国家维度和政府运作维度，围绕执政党与政府的关系、政府的权力渊源等面向，阐述法治政府的雏形。

（一）正确处理执政党与政府的关系

一个"正规的政府"必须处理好执政党与政府的关系。现代政治中执政党与国家的关系最为重要。1940年，身处在抗战时期的陕甘宁边区，董必武敏锐地认识到了这一点，"党和政府是两种不同的组织系统，党不能对政府下命

① 习近平．在首都各界纪念现行宪法公布施行30周年大会上的讲话［N］．人民日报，2012-12-05（2）．

② 封丽霞．中国共产党领导立法的历史进程与基本经验：十八大以来党领导立法的制度创新［J］．中国法律评论，2021（3）：18-31．

令”①。政府的权威，不是建筑在群众的畏惧上，而是建筑在群众信任的基础上。群众一经信任政府是他们自己政府的时候，政府在当地就有无上的权威。②

1951年，中华人民共和国一经成立，他就强调指出：“无论在什么情况下，不应把党的机关的职能和国家机关的职能混同起来。党不能因领导政权机关就包办代替政权机关的工作，也不能因领导政权机关而取消党本身组织的职能。”这就表明，执政党与国家机关的正确关系应当坚持三个原则：其一，对政权机关工作的性质和方向给予确定的指示；其二，通过政权机关及其工作部门实施党的政策，并对它们的活动实施监督；其三，挑选和提拔忠诚而有能力的干部到政权机关去工作。③

（二）依法办事蕴含依法行政

正规式政府，其权力来自人民授权，董必武率先论述了政府的权力渊源问题。早在1940年8月，董必武在陕甘宁边区就公开指出：“边区政府的权源出于群众，政府负责人是群众代表选举出来的，这已表明政府和群众关系的密切。政府的行政权，已深入社会的基层。政府要倾听群众的呼声，采纳群众的意见，了解群众的生活，保护群众的利益，但这还不够，还要使群众敢于批评政府，敢于监督政府，一直到敢于撤换他们不满意的政府工作人员。”④

正规式政府，同时也是有限政府，只有严格地执行法律的决定别无其他自由。董必武指出：“人民政府是在人民代表大会开会时选举出来的办事机关。人民代表大会讨论决定要做的事情，它就要做，如果不做就是违法；同样，人民代表大会决定不做的事情，它就绝对不能做，如果做了也是违法。”⑤

正规的政府，办事要讲形式。“过去好多事情不讲手续，正规化起来，手续很要紧。有人说这是形式。正规的政府办事就要讲一定的形式，不讲形式，光讲良心和记忆，会把事情办坏的。”⑥ 董必武的这个说法，套用现代法治的话语，反映的是程序与形式的问题。当我们论及制度建设时会涉及法律程序的维度，也就是说法律程序属于形式的范畴，它的基本特征是形式性。其实任何事物都既有自己的内容，又有自己的形式，二者缺一不可。也就是说，内容和形式是指一个事物内部的两个方面的对立统一关系，这种关系存在于事物的内部，

① 董必武．董必武法学文集［M］．北京：法律出版社，2001：2.
② 董必武．董必武法学文集［M］．北京：法律出版社，2001：4.
③ 董必武．董必武法学文集［M］．北京：法律出版社，2001：110.
④ 董必武．董必武法学文集［M］．北京：法律出版社，2001：3.
⑤ 董必武．董必武法学文集［M］．北京：法律出版社，2001：87.
⑥ 董必武．董必武法学文集［M］．北京：法律出版社，2001：11.

而非事物之间的关系。政府各部门依法办事有自己的内容和形式，内容在于行政权本身的合法性和权限内容的法定性，实现“法无授权不可为”；形式的目的有助于形成正式的非规范性文件，符合行政服务的一般特征等方面。

立法工作必须摆在首位。因为目前立法工作特别是保卫经济建设的立法工作，相应落后于客观需要，首先要有法可依，逐步建立完备的法律体系，“今后如果要按法制办事，就必须着重搞立法工作”①。立法工作必须为保卫经济建设服务。因而对立法提出的任务，就是要着手起草或研究各种必要的法规，特别是有关经济建设的法规，如保障基本建设的法规，违反劳动保护和技术保安规程的制裁条例，保护农业生产互助合作的法规，等等。② 而我们制定的法律要“根据无产阶级和广大人民的意志来拟定”，“我们的人民民主法治，是工人阶级领导的人民群众通过国家机关表现出来的自己的意志”③。立法权要由专门的机关来行使，“人民代表会议或人民代表大会一经宣告成立，它就可以相应地制定各种制度和法律，而其他任何制度则必须通过人民代表会议或人民代表大会批准，或由它授权的机关批准，才能生效”④。

董必武的立法理论激励我们坚定不移地实行法治，加强滋养法治建设的本土资源的挖掘与传承。承接历史的任务，彭真书写坚持党的领导载入宪法序言的大手笔。

二、彭真与坚持党的领导原则的确立及载入宪法

彭真作为以邓小平为核心的党和国家领导集体的重要成员，主持全国人大常委会并分管政法战线，奠定了立法为改革开放提供法律保障的基础。这位新中国法制的主要奠基人，筚路蓝缕，革故鼎新，不断探索和践行党领导立法的思想，既是对毛泽东思想的传承，又是对邓小平理论的丰富和发展。

（一）坚持党的领导的历史必然性

随着新生的人民民主专政的政权的建立，中国共产党成长为领导各族人民建设社会主义事业的执政党。1949 年以来的社会主义法制建设，在党的领导下积累了众多宝贵的经验。1966 年开始的十年动乱，给国家建设和法制发展带来了深重灾难。我党是一个善于反思，能够正视缺点失误，坚持查缺补漏的执政

① 董必武．董必武法学文集［M］．北京：法律出版社，2001：166.
② 董必武．董必武法学文集［M］．北京：法律出版社，2001：173.
③ 董必武选集［M］．北京：法律出版社，2001：41，475.
④ 董必武．董必武法学文集［M］．北京：法律出版社，2001：101.

党。深刻反思历史，吸取教训总结经验，才能从错误中奋起和改进。

十一届三中全会的召开，党为全国人民指明了前进的方向，及时制定了统领国家建设的宏观政策，社会主义各项事业尤其是法制建设和发展，迎来了希望和曙光。1978 年 12 月 13 日，邓小平发表了重要讲话，其中的十六字方针日后被耳闻能诵、深入人心："为了保障人民民主，必须加强法制。必须使民主制度化、法律化，使这种制度和法律不因领导人的改变而改变，不因领导人的看法和注意力的改变而改变……做到有法可依，有法必依，执法必严，违法必究。"① 几天后，党的十一届三中全会公报宣布："从现在起，应当把立法工作摆到全国人民代表大会及其常务委员会的重要议程上来。"依法治国需要系列的法律制度，经济发展呼唤立法的领跑。党对立法的领导率先开启了坚持党的领导的实践和理论探索。

彭真在"文革"中身陷囹圄，使他无论是从个人权利的保障还是从国家命运的层面，倍加感受到尊重法制、法律拥有无上的权威对于国家稳定和政党执政的重要。这位党的重要领导人，善于总结经验，长于理论归纳，对党领导社会主义事业、领导立法的基本原则呕心沥血，从实践和理论上始终坚持党领导的立法不可撼动。从方法论上，彭真认为既要尊重历史，也要实事求是。人们进行任何一项伟大的事业，必定仰赖领导该项事业的核心力量。彭真曾经反复强调指出："在我们这个国家，要把事情办好，没有党的领导不行。这是历史证明了的。宪法写了四项基本原则，其中一条就是坚持党的领导。"②

（二）彭真对党领导立法原则内涵的解读

立法权是政权的一个重要方面，是法制建设的基础和前提。就党对政权的领导的内涵，彭真多次进行过论述。早在 1951 年 10 月，彭真在华北第一次县长会议全体党员会议上就指出，"党对政权的领导，主要的是考虑全局，提出方针、政策、任务，保证方针、政策、任务的正确实现"③。1980 年 4 月，彭真在省、自治区、直辖市人大常委会负责同志第一次座谈会上指出，党对包括立法工作在内的领导，根本的是政治领导。党是管方针、政策和原则问题，而不负责各种具体问题。④

主持起草 1982 年宪法的过程中，审慎的思考、多次的讨论进一步加深了彭真对"党的领导"原则的理解。他强调：党的领导主要是思想政治领导，方针

① 邓小平．邓小平文选：第二卷［M］．北京：人民出版社，1994：146-147.
② 彭真．论新时期的社会主义民主与法制建设［M］．北京：中央文献出版社，1989：327.
③ 彭真文选：一九四一——一九九〇年［M］．北京：人民出版社，1991：226.
④ 彭真文选：一九四一——一九九〇年［M］．北京：人民出版社，1991：389.

政策领导。不能靠法律来强制，而是要靠自己的路线、方针、政策的正确，靠党的主张代表最大多数人的最大利益。①

“党领导立法”这一汉语表述中非常标准的主谓宾结构，揭示了阐明的对象是党对立法工作的领导，其理论预设就是置于党对政权机关的领导和国家权力机关立法之间的场域中。在这两个主体之间，党是领导力量；人大及其常委会属于国家的权力机关。“我们的法律是党和国家的方针、政策的定型化。法律是党领导制定的，但是，必须经过全国人民代表大会或全国人大常委会审议通过。”② 深刻地剖析了党领导立法的主体问题。党领导立法，享有领导权；立法机关实施立法，享有立法权。

（三）彭真将坚持党的领导写入宪法序言

1949 年新中国成立后，董必武、彭真履新政务院政治法律委员会正、副主任，领航新政权的立法事务。参与 1954 年宪法的制定，主持国家机构方面的规范性法律文件的出台，无不出自彭真的大手笔。“文革”结束后，在新的历史条件下，党中央决定重新制定宪法，彭真是党考虑的不可替代的人选。

对坚持党的领导原则的理解，成就了彭真将该原则写入宪法序言的设计。彭真认为，四个坚持是宪法的指导思想，要理直气壮地坚持四项基本原则，关键问题是在宪法中以何种方式表达。③

凭借远见卓识和政治觉悟以及所拥有的法制经验，运用序言和法律规制条文的区分技术，彭真智慧巧妙地解决了这一立法问题。围绕这个关键问题，彭真综合考虑各方面的意见，高屋建瓴提出两步走的路径安排，完满地履行了主持修改宪法的重任。

一方面，关于宪法的基础。彭真认为，1954 年宪法规定的基本原则比较适宜；并且可以避开不必要的争论。修改宪法不妨以 1954 年宪法为基础。就这一想法彭真请示邓小平，得到了邓小平的肯定。④

另一方面，坚持党的领导是一种历史结论。有了制定蓝本，新宪法的结构确定了，接着就是集中精力处理好以序言还是正文的方式表述党的领导的问题。制定宪法、修改宪法的依据，要考虑中国现实的实际和历史的实际，也就是古今问题。而划时代的具有重大历史意义的事件，要在宪法中表现和反映出来，这就叫尊重历史。彭真经过反复斟酌、推敲，明确了在宪法中确认坚持党的领

---

① 《彭真传》编写组．彭真传：第四卷．北京：中央文献出版社，2012：1451.

② 彭真文选：一九四一—一九九〇年［M］．北京：人民出版社，1991：389.

③ 《彭真传》编写组．彭真传：第四卷［M］．北京：中央文献出版社，2012：1446.

④ 《彭真传》编写组．彭真传：第四卷［M］．北京：中央文献出版社，2012：1440.

导的设计方案。在彭真看来，中国近代历史和坚持四项基本原则是统一的。“从叙述历史事实中把‘四个坚持’自然地表达出来，就表明‘四个坚持’不是一种主张，而是历史结论。”① 我们所看到的正式版本，就是将包括坚持党的领导在内的四项基本原则作为叙述历史，以总结经验的方式写入八二宪法的序言中。

彭真的高度政治觉悟，长期领导立法工作的多谋善断，成功解决坚持党的领导的宪法表达方式。为保障党是社会主义建设事业的领导核心，坚持党领导立法的正确论断奠定了坚实的根本法的保障。没有党的正确领导，没有彭真坚持将党的领导写入宪法序言的精心设计，中国特色法律体系不可能如期形成。

第三节 党领导人大立法的历史变迁

党对立法工作的领导方式的变迁，着重通过新中国两位法制的主要奠基人——董必武和彭真的法制实践和法制思想得到贯彻和实施。董必武作为以毛泽东为核心的党和国家领导集体的重要成员，担任过政务院副总理和最高人民法院院长，长期分管政法工作，就立法环节与中国司法实践的具体结合形成了重要的观点和理论。彭真的立法实践跨越了两个重要的时期，在新中国成立后的七年中彭真作为以毛泽东为核心的党和国家领导集体的重要成员，在董必武的领导下进行了丰富的立法实践活动；十一届三中全会后，彭真作为以邓小平为核心的党和国家领导集体的重要成员，长期主持全国人大常委会的工作，并分管政法战线的工作，系统地形成了民主和法制建设的思想。两位共和国法制的主要奠基人对马克思主义法学理论的中国化作出了卓越贡献。

一、党领导人大立法变迁的历史回望

（一）董必武与新中国立法工作的开端

1. 立法是党的方针政策的法律化

新中国成立后，迅速恢复和发展国民经济成为新政权面临的严峻任务，这一任务的实行和完成需要立法来保障。立法是发展国民经济，保障经济制度的需要。为此，董必武明确指出：“为什么把立法问题摆在前面？因为目前立法工作特别是保卫经济建设的立法工作，相应落后于客观需要，今后如果要按法制

① 《彭真传》编写组．彭真传：第四卷［M］．北京：中央文献出版社，2012：1449.

办事，就必须着重搞立法工作。”① 党的十一届三中全会的召开，实现了国家发展战略向以经济建设为中心的转变，也造就了立法的重心在于为经济建设立法，为改革开放立法。在立法工作的过程中，彭真一再强调，立法要贯彻党的路线和方针政策，立法就是实践证明正确的党的方针政策的具体化、法律化。

2. 法律是经验的总结和定型

董必武指出，制定法律不能闭门造车，凭空起草，必须以实践的经验为依据。正是基于实际情形和客观需要，他根据中国社会主义革命和建设的实际，形成了法律是经验的总结的立法观点。在一届全国人大一次会议上，董必武总结指出：“我们的法律是根据各个时期革命斗争的需要并且总结斗争经验而制定的。”② 他特别强调“经验是大家创造的，总结经验也是大家的事，要动员广大政法工作干部来做，切忌由少数人坐在屋里想，闭门造车”③。

对于我国的经验，要及时客观地总结；对于别国的经验，更要虚心学习和借鉴。董必武指出：“我们的人民民主法制，还吸取了我国历史上和国际上一切对人民有益的经验，特别是苏联的经验。”④ 1955 年，与苏联专家交流时，董必武以上述具体的法律出台为例，说明经验在立法中的作用。在此思想指导下，在制定土地法、婚姻法、刑法和经济法等方面，吸收了苏联的相关立法原则和措施，极大地推进了新中国成立初期的立法工作。

3. 立法方法的探索

为了切合中国实际立法，董必武在立法方面形成了主要的方法，确立了直到今天还具有强大生命力的立法原则。

其一，强调立法工作的群众路线。新中国成立初期，董必武担任政务院第一副总理兼政治法律委员会主任。1954 年当选为最高人民法院院长。他鞠躬尽瘁，始终从群众利益出发，坚持用法律的形式把人民的共同意志及时地表现出来。“正由于我们的法制是这样地贯彻‘从群众中来，到群众中去’的原则，所以它也就无隔阂地反映了人民的意见。”⑤ 根据主权在民的原则，立法权从根本上属于人民。立法主体民主化，不仅要求人民通过普选产生代表组成国家权力

---

① 董必武．董必武法学文集［M］．北京：法律出版社，2001：166.
② 董必武．董必武法学文集［M］．北京：法律出版社，2001：235.
③ 董必武选集［M］．北京：人民出版社，1985：477.
④ 董必武选集［M］．北京：人民出版社，1985：411.
⑤ 董必武．董必武法学文集［M］．北京：法律出版社，2001：345.

机关，而且意味着让人民参与立法，并使这种民主参与的方式常态化和制度化。[①] 在长期的立法实践过程中，强调群众路线的传统，不断得到弘扬，并被提升为立法民主原则，也造就了现行的《立法法》第六条第二款的规定："立法应当体现人民的意志，发扬社会主义民主，保障人民通过多种途径参与立法活动。"

其二，从实际出发，反映政治经济发展的客观要求。立法应该反映实际情况，"要估计到客观的条件与群众的要求"[②]。比如，关起门来立法很容易，但是草拟的文本必须跟中国的实际情况相适应。这就要求实事求是的立法，"因为法律不能凭空起草，必须以实践的经验为依据，过去还没有足够的经验可以依据"。董必武指出，"我们的人民民主法制，不能过早过死地主观地规定一套，而是必须从实际出发，根据政治经济发展的客观要求，逐步地由简而繁地发展和完备起来"[③]。首先，立法是确立人民共同意志和巩固建设新生政权的需要。法律是执政阶级意志的体现，所以，"人民取得国家权力后，应当及时地把人民的意志用必要的法律形式表示出来"[④]。中国人民在中国共产党领导下，经过几十年艰苦奋斗，终于建立起自己的新政权，这一新政权理所当然需要由包括共同纲领在内的各个方面的法律来确认和保障。其次，立法是发展国民经济，保障经济制度的需要。新中国成立后，迅速恢复和发展国民经济成为新政权面临的严峻任务，这一任务的实行和完成需要立法来保障。最后，立法是保障人民民主权利的需要。新中国成立初期，法律很不完备，法的实施过程中有些司法人员整体素质有待提高，所以实践中经常产生人民民主权利被侵犯的事件。"为克服这种现象，今后必须从立法方面，从健全人民司法、公安和检察制度方面，对人民的民主权利给予充分保护。"[⑤] 这是董必武在长期的社会主义革命和建设工作的实践中总结的经验，然后形成概念指导实践。确立了从经验到概念，再从概念到实践的方法论。

（二）改革初期彭真推动人大立法职能的发展

新中国成立后，政务院下设政治法律委员会，董必武、彭真任正、副主任，新政权的立法序幕就此掀开。彭真参加了1954年宪法的制定工作，还主持制定

① 孙琬钟，杨瑞广．董必武法学思想研究文集：第十一辑：上册［M］．北京：人民法院出版社，2012：692．

② 董必武．董必武法学文集［M］．北京：法律出版社，2001：90.

③ 董必武．董必武法学文集［M］．北京：法律出版社，2001：239，344-345.

④ 董必武．董必武法学文集［M］．北京：法律出版社，2001：206.

⑤ 董必武．董必武法学文集［M］．北京：法律出版社，2001：174.

了国家机构方面的法律。党的十一届三中全会以后，立法权行使的常态化和稳定化，确立了立法是全国人大及其常委会的一项重要职权，也是一项经常性的工作。彭真在主持全国人大常委会工作期间，不仅亲自具体领导了包括1982年宪法在内的许多重要法律的制定和修改，而且丰富和发展了我国的立法理论。

彭真在履职第五、六届全国人大常委会期间，为了与时间赛跑，降低法律与社会物质生活条件脱节的程度，快速搭建社会主义法律体系的四梁八柱，根据邓小平的指示，“法律条文开始可以粗一点，逐步完善。有的法规地方可以先试搞，然后经过总结提高，制定全国通行的法律。修改补充法律，成熟一条就修改补充一条，不要等待‘成套设备’。总之，有比没有好，快搞比慢搞好”①。于是，“法律只能解决最基本的问题，不能规定太细，太细了就难以适用全国。为了因地制宜地解决问题，一个法律制定出来以后，一般还需要制定实施细则，作出具体规定”②。

首先，从实际出发是马克思主义辩证唯物主义思想路线对立法的要求。彭真一贯主张：“社会实践是检验真理的唯一标准，从实际出发，实事求是，就是唯物论。”③ 唯物论对于立法工作的要求当然就是从实际出发。所以，立法不仅要从中国实际出发，更要“解决中国的实际问题，并且以我们的社会实践来检验”④。深刻感受到法律虚无给国家和人民带来的深重灾难和惨痛教训后，整个国家和社会“人心思法”。

其次，法律简明扼要不能规定太细。20世纪50年代初期，整个国家面临抗美援朝、土地改革和镇压反革命三大运动，在这种形势下，彭真认为立法工作从不完备到完备需要一个很长的过程，只能循序渐进、逐步完善。当法制逐步适应了社会发展的需要，才是该具体规定体系配套的时候。另外，立法要面向人民，为了让人民掌握，法律也不能太细。立法不宜细就是保障立法面向人民的一个举措。“法律，繁了不行，繁了，谁也记不住，叫人怎么执行？所以，法律还是要简明扼要。一个要完备一些，一个要简明扼要。”⑤

最后，以党的政策为指导，立法是经验的定型和总结。董必武在开展立法工作的时候，犹如平地起楼台，只能在实践中总结成功经验，不断试错，建立一个全新的法律秩序。他敏锐地意识到，制定完备的法律需要长期的工作，是

① 邓小平．邓小平文选：第二卷［M］．北京：人民出版社，1994：147.
② 彭真文选：一九四一——一九九〇年［M］．北京：人民出版社，1991：505.
③ 彭真．论新中国的政法工作［M］．北京：中央文献出版社，1992：246.
④ 彭真．论新中国的政法工作［M］．北京：中央文献出版社，1992：395.
⑤ 彭真．论新时期的社会主义民主与法制建设［M］．北京：中央文献出版社，1989：267.

一个循序渐进的过程。这一过程必须结合中国实际、立足基本国情，所以中国法制的建设不可能一蹴即至，只能逐步将经过实践检验的政策认可为国家法律。

彭真不仅在立法中身体力行，而且从理论上进行了充分的梳理和总结。彭真说："长期经验证明，对于新的重大问题、重要改革，有个从政策指导到制定法律的过渡……目前这个阶段，许多新的问题需要探索、试验。实践证明可以定下来的，才可以立法。"① 不仅如此，彭真还将这种过渡看作我国立法中将会长期存在的一种规律性现象。法律是社会实践经验的总结，是经过实践证明正确的政策的法律化、条文化。同时，彭真强调，立法追随着经验，有了经验，立法才有可能。经过社会实践检验证明了的经验，就可以及时地上升为法律。

（三）董必武和彭真主持期间人大立法职能建设的评介

正是基于实际情形和客观需要，董必武和彭真根据中国社会主义革命、建设和改革初期的实际，形成了法律是经验的总结的立法观点，这种立法思路实际上符合法律文化的渐进演化的过程，为中国特色社会主义法律体系的形成作出了不可磨灭的贡献，勾勒出面向大众，法律应当便于群众掌握的社会主义民主的底色。

首先，从群众的需要出发，建设人民法制。虽然从内容上说，强调法律保护私权的成分少，但是值得回味的是，无论是董必武还是彭真，都强调法律是一种武器，应该易于群众掌握。即使内容上把重心放在公共事务和国家权力，但是立法的出发点始终是为了人民群众的整体需要。新中国成立后，董必武分管政法工作。他一手抓民主建政，重点是建立人民当家作主的各级人民代表大会制度；一手抓法制建设，"建立为人民服务，方便人民的法律制度"。从人民的需要和利益出发，是董必武与彭真立法思路的重要理论渊源。

其次，立法产品内容粗疏，纲领性强。维持法律效力的位阶关系，保证全国法律体系的统一性和严肃性。但同时应看到，中国是一个大国，各地政治、经济、文化发展很不平衡，所以法律只能解决最基本的问题，不能规定太细……依照宪法和基本法，地方上可以因地制宜地制定实施细则、地方法规、自治条例。②

当下，学界每每谈及我国法制建设过程中法律滞后、可操作性差时，动辄归因于立法上的宜粗不宜细观念。在梳理新中国两位主要法制奠基人的立法思想及其实践中，确实看到了立法粗疏，不求精细的需求和表现。立法的纲领性

---

① 彭真．论新中国的政法工作［M］．北京：中央文献出版社，1992：375-376.

② 彭真文选：一九四一——一九九〇年［M］．北京：人民出版社，1991：505.

强，是受制于那个时代特定的政治环境。法律条文起初可以粗放一点，这样法律体系的框架可以快一点勾勒出来；法律的配套可以细致一点，慢慢来。

最后，从实际出发开展立法。不管是法律制定粗疏还是法律是经验的凝结，我们今天进行分析和注解，再一次受到理论受制于特定的社会物质生活条件的洗礼。当客观现实发生变化时，过往形成的制度和体系成为法律文化中的重要元素，我们所传承和弘扬的，无外乎从实际出发，结合实际开展立法的科学风范。

2010年中国特色社会主义法律体系已经建立起来，与新中国成立初期相比，获得立法数量和质量上的双赢，使我们深知，公式化地套用“宜粗不宜细”的指导思路早已不合时宜，取而代之的是，逐渐使规范性法律文件符合一般的法律要素，实现法律宜粗则粗，宜细则细。董必武和彭真始终坚持从实际出发来开展立法，是当下立法工作需要深刻领会和传承的精髓所在。董必武于党的八大上提出了依法办事的主张，彭真也强调，开展工作不仅要按方针、政策办事，而且要按法律办事。① 这是中国共产党人践行马克思主义法学征程中集体智慧的结晶，闪烁着真理的光芒。时隔半个多世纪，《立法法》业已颁行二十余载，依法办事，先仰赖于依照《立法法》来办事。

（四）摸着石头过河立法适应改革发展需要

从党的十一届三中全会开始的现代化建设和改革开放，虽然国家立法开始走向正常化，但是几乎没有任何过去的经验和国外的经验可资借鉴。在这种情况下，“我们的党和国家采取了在实践中探索、试验，将经实践检验证明是正确和成熟的政策，逐步上升为法律，然后再在实践中反复加以检验的做法。”② 这种制定重要方针政策和改革部署的模式人们形象地评价为“摸着石头过河”。由于执政党的工作中心已经转向以经济建设为中心，执政党要求立法机关加强立法工作，实质上可以说就是加强经济立法工作。立法机关必须以制定经济类法律法规为第一要务。从此，中国的立法工作开始着手面对立法与改革的命题。

1984年党的十二届三中全会提出建立有计划的商品经济。改革与立法的矛盾日益凸显。1992年3月党的十四大胜利召开，确定经济体制改革的目标是实行社会主义市场经济。党的十四大报告宣布“我们改革开放和现代化建设事业进入一个新的阶段”。为了实行社会主义市场经济，必须加强社会主义法制建设。党的十四届三中全会通过《中共中央关于建立社会主义市场经济体制若干

---

① 彭真．论新中国的政法工作［M］．北京：中央文献出版社，1992：375-376.

② 朱力宇．彭真民主法制思想研究［M］．北京：中国人民大学出版社，1999：156.

问题的决定》，在“加强法律制度建设”单元为立法工作布置两个重要任务。

一个是提出法制建设的目标。为了实现这一目标，立法机关应当“遵循宪法规定的原则，加快经济立法，进一步完善民商法律、刑事法律、有关国家机构和行政管理方面的法律，在本世纪末初步建立适应社会主义市场经济的法律体系”，“深入开展法制教育，提高全社会的法律意识和法制观念”。

另一个是坚持社会主义法制的统一。为此，“改革决策要与立法决策紧密结合。立法要体现改革精神，用法律引导、推进和保障改革顺利进行。要搞好立法规划，抓紧制订关于规范市场主体、维护市场秩序、加强宏观调控、完善社会保障、促进对外开放等方面的法律。要适时修改和废止与建立社会主义市场经济体制不相适应的法律和法规。加强党对立法工作领导，完善立法体制，改进立法程序，加快立法步伐，为社会主义市场经济提供法律规范。”① 于是，改革新时期，改革与立法的实践逻辑遵循的是：立法为改革服务，立法适应改革发展的需要。由此逐渐经历先改革再立法；边改革边立法的发展路径。在党的政策的带动下，人大立法开始跳出经验立法的窠臼。

（五）支持立法主动引领改革

党的历史上首次专门以法治作为主题的十八届四中全会，通过的《全面依法治国决定》中明确提出：“建设中国特色社会主义法治体系，必须坚持立法先行，发挥立法的引领和推动作用，抓住提高立法质量这个关键。”十八届四中全会从两个方面总结了党领导立法的有关问题。一是阐述了党领导立法的三种主要方式，二是发挥立法的引领和推动作用。习近平在中央全面深化改革领导小组第六次会议上指出：“要实现立法和改革决策相衔接，做到重大改革于法有据、立法主动适应改革发展需要。”② 虽然法律体系是一个逻辑严密、门类齐全的科学系统，但不是故步自封的系统，应当随着改革的发展需要不断进行更新，从而通过立法程序，及时提供合理、优质的法律规范，保障改革在法治的轨道上进行。

在新时代，将立法和改革两大主题有机地联系起来，成为党领导立法的新的政治方向。这就要求，在宏观战略上，将法治思维和法治方式融入改革的全过程，实现法治对改革的引领和推动作用，从而使重大改革于法有据，强调法治的事前效应；相应地，立法权要更加能动，既有的法律规范不能退化为羁绊

① 中共中央关于建立社会主义市场经济体制若干问题的决定［J］. 求实，1993（12）：1-13.

② 习近平 . 学习贯彻党的十八届四中全会精神　运用法治思维和法治方式推进改革［N］. 人民日报，2014-10-28（1）.

改革的掣肘，在全面深化改革的进程中，立法要主动适应改革的要求，实现立法和改革的有序衔接。

立法决策与改革决策保持一致。这是因为，从国家层面讲，党中央出台重大改革决策，立法决策对于改革决策实际上处于积极适应和主动服务的地位。但是，立法决策与改革决策一致，绝不意味着立法仅仅简单、单纯地“符合”改革要求就行了，而是要通过系统化的立法程序，使改革决策更加完善。①

二、党领导立法变迁的动力源泉与实施特点

（一）大力发展市场经济加强核心价值观入法入规的文化建设

坚持马克思主义的基本原理，科学运用经济基础决定上层建筑的客观规律，始终根据经济基础的变化调整领导方式和相应政策，这是党领导立法变迁的动力源泉。马克思主义政治经济学的观点令人加倍认同：“人们在自己生活的社会生产中发生一定的、必然的、不以他们的意志为转移的关系，即同他们的物质生产力的一定发展阶段相适合的生产关系。这些生产关系的总和构成社会的经济结构，即有法律的和政治的上层建筑竖立其上并有一定的社会意识形式与之相适应的现实基础。”②

新中国成立以来，党始终带领全国各族人民奔向国家富强，人民共同富裕的道路。历经从计划经济到有计划的商品经济的转变，确立发展社会主义市场经济。党始终围绕经济建设这个主题，发布党的路线、方针、政策和决议。因此，在党的领导下，从中央到地方的各级有立法权的人大始终围绕经济建设、保障市场经济而立法，制定、修改或废除相关法律法规形成民商法部门、经济法部门、社会法部门等。

上层建筑归根结底由一定的经济基础决定，但是它一经形成，又具有相对的独立性。当经济基础处于市场经济的阶段，人们的观念、思想、对法律的意识等上层建筑必然发生相应的变化，其中就包括涵养市场经济的社会主义文化。市场经济本质上属于法治经济，关于法治的观念和看法以及行为模式都属于法治文化的范畴。党的十六届六中全会通过的《构建和谐社会决定》指出：“建设和谐文化，是构建社会主义和谐社会的重要任务。社会主义核心价值体系是建设和谐文化的根本。”这一判断为社会主义文化建设找到了着力点。随着 2010

① 乔晓阳．处理好立法与改革的关系［J］．中国人大，2014（20）：17-18.

② 中共中央马克思恩格斯列宁斯大林著作编译局．马克思恩格斯选集：第 2 卷［M］．北京：人民出版社，2012：2.

年中国特色社会主义法律体系的初步建成，党始终支持法治文化建设，使文化建设适应市场经济发展的需要。党的十七届六中全会提出建设社会主义核心价值体系之后，经过实践探索，党的十八大以来，以习近平同志为核心的党中央高度重视培育和践行社会主义核心价值观，成为凝聚人们共识的基本价值准则。中央宣传部、中央政法委、全国人大常委会办公厅、司法部印发《关于建立社会主义核心价值观入法入规协调机制的意见（试行）》（以下简称《核心价值观入法入规的意见》），促进了核心价值观的规范化和制度化实践。

加强法治宣传教育，倡导立法机关在立法全过程中普法，提高立法机关普法能力，一方面旨在将法律交给人民群众，培育居民自治和自我管理的氛围。党的十九大报告明确指出：要加大全民普法力度，建设社会主义法治文化。[1] 立足于四个自信的战略高度，从法治文化的角度要求全民普法。另一方面旨在践行协同治理，公众参与的理念。从长远来看，有助于进一步巩固规范性文件合法性的社会基础与制度基础，使党的执政与立法治理赢得更为广泛的社会认同。

（二）从依法办事到依法治国再到全面依法治国的探索

正是在董必武和彭真的主持下进行的立法进程，形塑党领导下的政策主导，立法跟进的路径。现代政治中执政党与国家的关系至关重要。在改革开放的初期，有法可依、填补立法空白任务迫切，我党领导立法的路径采取了政策主导，立法跟进的运行模式。执政党通过出台相关政策，指明改革方向，部署阶段性目标，为推进改革加强总体布局和原则规定，进而实现社会规则调整与社会关系变革的契合、同步。顺应党长期执政的马克思主义政党的定位，正确地提出了从依靠政策转变为依靠法律的过渡的论断，彭真提出的这一重大转变，也正是中国法治进程前进的方向。

执政党的指导思想、基本理论、基本路线和方针政策是宪法制定和修改的重要依据。根据党的政策指导，在实践中形成好的做法和经验，追随这些经验将其上升为法律。

随着党执政能力的提高，党的十三大郑重提出，要善于将党的意志通过法定程序转变成国家意志的正确主张。1997 年党的十五大召开，依法治国被确立为治国方略并深入人心。党的十八届四中全会提出全面依法治国的战略，而立足党与立法机关的关系而言，党提出了“四个善于”的主张：“善于使党的主张通过法定程序成为国家意志，善于使党组织推荐的人选通过法定程序成为国家

① 习近平. 健全人民当家作主制度体系，发展社会主义民主政治：在中国共产党第十九次全国代表大会上的报告［N］. 人民日报，2017-10-28（1）.

政权机关的领导人员，善于通过国家政权机关实施党对国家和社会的领导，善于运用民主集中制原则维护党和国家权威、维护全党全国团结统一。”这“四个善于”是对党的十七大提出的正确主张的继承和弘扬，“支持人民代表大会依法履行职能，善于使党的主张通过法定程序成为国家意志”。这就意味着，党要适时抓住立法的时机，将人民群众的需要和社会生活的主要矛盾予以协调和整合，科学进行立法决策，及时出台相应的政策，从而为领导立法议题、领导立法规划的编制提供更多的依据和指导。而党的路线、方针、政策属于党的主张的范畴，因此实施的逻辑前提就是党要善于制定、出台科学化和民主化的政策，从而做到科学执政、民主执政，更好地领导人大立法。对于各级享有立法权的人大来说，需要进一步增强政治使命感，坚持和完善人民代表大会的制度功能，坚持科学立法、依法立法和民主立法，确保把党的主张通过法定程序变成国家意志。促进和保障党的领导走向规范化、法治化。

（三）通过法治与改革双轮驱动发挥立法引领作用

我国成文法历史悠久，制定的法典表明了对既往社会成就和社会秩序的肯定。仰赖理性主义的精神，充分运用演绎推理和分类方法，力图系统地划分出概念、原则和规则，借以调整人们的行为，努力构筑一个理想的法律体系。因此，在成文法的语境和实践中，任何一部法典的生成和实施，都面临法律的稳定性与变动不居的社会实际之间的矛盾，也就产生立法求稳与改革求变之间的张力。1978 年的改革开放成为中国法治建设的引擎，处理法治与改革的关系既是党领导立法的内容，又是党领导立法的背景。市场经济建立时期，党提出立法要适应改革的需要的主张。随着改革进入深水区，重大改革容易突破法治的底线，党及时提出了立法引领改革，先立法，再改革，保证改革在法治的道路上进行。

习近平发表的 2015 年新年贺词让人常读常新：“我们要全面推进依法治国，用法治保障人民权益、维护社会公平正义、促进国家发展。我们要让全面深化改革、全面推进依法治国如鸟之两翼、车之双轮，推动全面建成小康社会的目标如期实现。”随着法律体系的四梁八柱基本建成，加强重点领域立法，发挥立法的引领作用，做到重大改革于法有据的建设过程中，正是立法的基本走向和工作逻辑。立法不仅应当切实履行基本职能，科学民主地表达社会的法律需求，经由高质量地提供规范性法律文件，助力社会的协调与均衡。社会的剧烈变革使得社会关系愈加复杂，社会矛盾也随之演变，这就要求法律在此背景下提供合理的、乃至前瞻性的指引，以适应新的社会形势。“立法不应是消极地适应改革，也不仅仅是对实践经验的总结，而要对社会现实进行主动谋划、前瞻规划，要通过立法转化改革决策、引领改革进程、推动科学发展。”①

2015年修订《立法法》，第一条明确回应了党中央对立法提出的新要求：“为了规范立法活动，健全国家立法制度，提高立法质量，完善中国特色社会主义法律体系，发挥立法的引领和推动作用，保障和发展社会主义民主，全面推进依法治国，建设社会主义法治国家，根据宪法，制定本法。”发挥立法的引领和推动作用这一重要命题正式成为宪法相关法中的重要内容，完成了从党的政策到国家法律的华丽转身。2023年《立法法》获得修改，第一条完美地保留了下来。

解读党对立法与改革的顶层设计，追寻党的领导逻辑。在重大改革面前，主动及时地制定新法，同时与时俱进地修改旧法，保持法律规范体系的整体性和系统性。通过引领立法推动改革，表达的是先制定包含改革内容的法律，后严格执行法律；在法律实施的过程中将改革的措施落到实处，从而实现改革的目标。② 在党的领导下，通过在实践中履行立法职能全面深化改革和依法治国。

三、党领导立法的科学化和制度化建设

党领导立法的科学安排既是对党依法执政原则的坚守，更有与时俱进的发展。董必武和彭真等老一辈无产阶级革命家在理论和实践上打下了坚实的基础，既在实践中总结，从概念到理论，又将理论置于波澜壮阔的革命、建设和改革中进行检验。中国特色社会主义进入新时代，居于核心地位的一点是“把党的领导、人民当家作主和依法治国有机统一起来”。

我们欣喜地看到，党以党内法规的形式，逐步规范党对立法工作的领导，并成为党领导立法的重要依据。从改革初期起步，经由依法治国方略的确立，再到全面推进依法治国任务的提出，中共中央曾经颁布数份规范性文件，形成了党领导立法的规范关系的发展谱系。

（一）党领导立法的主要规范性文件

第一份文件是1991年2月中共中央印发的《关于加强对国家立法工作领导的若干意见》（以下简称《1991年意见》）。这是党的历史上首次以党内文件的形式确定党中央介入全国人大及其常委会立法的范围和程序问题。

第二份文件是2004年9月党的十六届四中全会通过《加强执政能力建设决

---

① 石佑启. 论立法与改革决策关系的演进与定位［J］. 法学评论，2016（1）：11-17.

② 林荔宾. 地方立法引领和推动改革的认识、实践与思考［J］. 福建省社会主义学院学报，2020（2）：92-100.

定》，通过具体规定党的执政能力的含义，旗帜鲜明地指出党领导制定宪法和法律是党执政能力的重要组成部分。

第三份文件是2005年制定的《发挥全国人大代表作用加强制度建设若干意见》，从制度上确立了党对全国人大立法工作的领导程序。

第四份文件是2016年2月中共中央印发的《2016年意见》。首次明确了党中央领导国家立法和有立法权地方的党委领导本地区立法的划分。

（二）党领导立法的规范性文件的特点

梳理党领导立法的专门性文件，我们发现，时间跨度虽然长达20多年，但始终如一的精神和原则却恒定而明确。随着社会生活条件的变化，规范性文件适时地加以回应，党领导立法的经验和理念构成了党领导立法的特点和发展趋势。

首先，重申党领导立法的原则。一是党领导立法必须在宪法和法律范围内活动。在改革的初期，彭真强调“党领导人民制定法律，也领导人民遵守法律”①，清醒地意识到党的领导方式要面对一个限度的问题。党的规范性文件完全肯定和吸收了彭真的观点，并基本形成了标准的表达：《1991年意见》提出“党领导人民制定宪法和法律，党领导人民遵守、执行宪法和法律”，《2016年意见》要求“党领导立法工作必须在宪法法律范围内进行，不允许随意干预甚至替代立法活动”。二十余年过去了，党领导立法必须在宪法和法律的范围内进行的要求得到一以贯之的遵守。二是坚持党对立法的领导主要是政治上的领导。《1991年意见》强调“中央对国家立法工作主要实行政治即方针政策的领导”。《加强执政能力建设决定》指出：“要坚持依法治国，领导立法，带头守法，保证执法，不断推进国家经济、政治、文化、社会生活的法制化、规范化。”党的领导与人大的关系是政治体制的基础和出发点，党领导立法是提高党的执政能力的切入点。《2016年意见》重申“主要实行政治即方针政策的领导”，明确了党对立法的领导的性质就是政治上的领导。三是坚持党领导立法，不仅要改善党的领导方式，还要支持人大的立法工作，这是一个问题的两个方面。《1991年意见》提出“支持和保证全国人大及其常委会充分地行使立法权”，《2016年意见》强调“支持和保证立法机关充分行使立法权”。

其次，党领导立法的体系和格局更加具体。党领导立法的体系从专门关注党中央领导全国人大的立法扩大到有立法权地方的党委对本地区立法的领导。跨越改革初期到党的十八大以来，最重要的一部与立法有关的宪法性法律非

① 彭真文选：一九四一——一九九〇年［M］. 北京：人民出版社，1991：389.

《立法法》莫属。这部基本法律2000年开始实施，2015年获得第一次修订，将地方立法权扩大到所有设区的市的人大及其常委会。因而，党内法规的一个重大变化是，与《立法法》的修改相契合，及时对党领导立法的领导主体和领导对象进行扩容。这一点从1991年和2016年两份重要文件的标题中就能充分地得到印证。《1991年意见》的标题是“中共中央关于加强对国家立法工作领导的若干意见”，党对立法的领导主要表现在党中央对全国人大及其常委会立法工作的领导；《2016年意见》的标题是“中共中央关于加强党领导立法工作的意见”，党对立法的领导包括对全国立法和有地方立法权的人大及其常委会立法的领导。

完善党委领导、人大主导、政府依托、各方参与的科学立法工作格局。作为党领导立法工作的指导思想，领导主体的范围进一步清晰。鉴于“党对立法工作的领导，很大程度上要依靠立法机关党组来组织实施”，所以，党领导立法工作应当是党中央和有立法权地方的党委的组织行为。深刻阐明党委领导下的人大主导立法，并非排斥政府和社会各方，而是共同形成合力，加强和改善党对立法的领导。

四、党领导立法工作思路的变迁带来的启示

对党领导立法工作规范性文件的梳理和反思，将为我们廓清完善党领导立法的工作方向和实施路径。综合分析上述规范性文件，党领导立法的工作思路是稳中求变：始终将党的领导置于执政党与立法机关这一对关系结构中，变化的是领导主体和结构逐渐明确。党领导立法，一方面需明确党的领导方式；另一方面，还要加强人大对立法的主导作用。这一个关系结构也是完善党领导立法的基本思路。坚持人大主导立法，意味着党委不仅不会排斥行政机关党组的参与，而是要按照《2016年意见》指出的那样，“人大常委会党组、政府及其工作部门党组要认真履行政治领导责任，研究决定所承担立法工作中的重要问题”。

在党领导中国特色社会主义法治建设的征程中，诞生了习近平法治思想，擘画我国法治建设的总目标是建设中国特色社会主义法治体系，建设社会主义法治国家。在习近平法治思想中，整个法治体系由五个部分有机构成：法律规范体系、法治实施体系、法治监督体系、法治保障体系和党内法规体系。在习近平法治思想中，法治的生命力就在于实施，不仅关乎立法机关、执法机关和司法机关，还是整个社会的事情。并将坚持依法治国、依法执政、依法行政共同推进，法治国家、法治政府、法治社会一体建设构成全面依法治国的工作布

局。对此，关保英教授对开放的法治实施系统的布局予以高度评价："在传统的法治理念中，法治实施似乎仅仅是法律人共同体的事。在新的法治实施理念中，法治实施由法律人共同体拓展到了整个社会系统，由原来较为封闭的状态变为相对开放的状态。这又是一个非常重要的理论超越。"[①] 支持人大回归主导立法，弘扬法治宣传教育，彰显了这一布局中对社会的关注，对公民参与法治实施的制度构建。

① 关保英．推进法治实施"联动化"［J］．上海企业，2021（3）：69.

第三章

社会转型与人大立法职能的变迁

作为社会利益的调节机制，社会不是以法律为基础，相反，法律是以社会为基础。也就是从社会现实中探求法律的来源，诚如埃利希的著名言论："在当代以及任何其他时代，法的发展重心既不在立法，亦不在法学或司法判决，而在社会本身。"① 1956 年，在中国共产党的领导下，我国完成了社会主义的改造，创造性地实现了由新民主主义到社会主义的转变，全面确立了社会主义的基本制度，我国的法律制度进入了社会主义的历史类型。这是中国社会变革和历史进步的巨大飞跃，也是新中国第一次最深刻的社会转型。

肇始于 1978 年的十一届三中全会奏响了中国改革开放的号角，从而带来了广泛而深刻的社会变迁，当代中国经历着由传统向现代的深刻转型。改革开放是一场新时代的伟大革命，引领中国人从站起来向富起来、强起来的历史转变。开启了当代中国社会的再一次深刻转型。所以在这个意义上，改革开放与社会转型是当代中国发展的两个方面。

第一节　党对社会转型的准确判断

"社会转型"是一个使用频率较高的词汇，意味着在特定的历史时期，随着社会的经济结构、生产方式等发生的变化，而伴随的文化形态、人们价值观念等带来的深刻变化。人类社会发展的历史，就是一部社会不断转型和进步的历史。这种转型往往促进社会、政治、经济、文化、生态等多方位的变化。党对社会转型的准确判断，为人大立法指明了方向，成为我们认识和把握人大发挥立法职能的重要节点。

---

① 埃利希．法律社会学基本原理［M］．叶名怡，袁震，译．北京：中国社会科学出版社，2009：1.

一、中国共产党对社会主要矛盾的判断

正确把握社会主要矛盾和中心任务，围绕主要矛盾和中心任务以点带面开展工作，是中国共产党坚持实事求是，一以贯之倡导和履行的工作理念。执政党围绕社会主要矛盾开展决策部署，为依法执政、依宪执政奠定正确的认识基础，这是党的领导工作的重中之重。对社会主要矛盾的变化予以科学判断，发挥着凝聚社会共识，统一认识的巨大作用，将全党和全国人民的认识转移到中央的决策和部署上来。

（一）党对社会主要矛盾的判断的理论基础、方法运用和价值引领

中国共产党的百年奋斗历程，所取得的光辉成就和伟大经验，我们可以从理论基础、方法运用和价值引领三个方面予以解读。

首先是理论基础维度，归因于马克思主义经典作家的社会基本矛盾学说。社会基本矛盾的运动规律，揭示社会主要矛盾转化的客观性和必然性。所谓规律，是指不以人的意志为转移的客观事物之间内在的必然联系。这一规律主要表现在两个方面。其一，社会基本矛盾运行的驱动力源自人类的生产和需要之间的关系变化。根据唯物主义历史观，生产与需要之间存在着内在矛盾，而且这一矛盾是推动人类历史发展的最基本的内生动力。① 马克思主义从现实的人的需要出发，将人的生活需要与物质资料的生产相联系。“为了生活，首先就需要吃喝住穿以及其他一些东西。因此第一个历史活动就是生产满足这些需要的资料，即生产物质生活本身。”② 人的需要是不断发展变化的，也是分层次不断提升的。马克思曾经指出：“人类的一切活动都和自身的利益有关。”③ 人们的各种需要，通过社会关系在现实生活中表现为人的各种利益诉求，因而人们所主张或追求的事务或者目标都同背后的利益相关。而利益格局，利益的调整方式正是社会关系的直接反映，体现的是生产关系。其二，社会基本矛盾的发展变化，决定了社会主要矛盾的变化。毛泽东在 1957 年《关于正确处理人民内部矛盾的问题》一文中，深刻指出“在社会主义社会中，基本的矛盾仍然是生产关

① 李国泉．新时代社会主要矛盾转化的马克思主义阐释［J］．东南学术，2021（1）：36-46，246.

② 中共中央马克思恩格斯列宁斯大林著作编译局．马克思恩格斯选集：第 1 卷［M］．北京：人民出版社，2012：158.

③ 中共中央马克思恩格斯列宁斯大林著作编译局．马克思恩格斯全集：第 1 卷［M］．北京：人民出版社，1956：82.

系和生产力之间的矛盾，上层建筑和经济基础之间的矛盾”①。可见，社会基本矛盾是各种社会矛盾的根源，并表现为社会主要矛盾。从社会基本矛盾的历史性决定社会主义中国主要矛盾的阶段性变化这一关系结构来看，其实，在社会基本矛盾对社会主要矛盾的决定逻辑中，“生产力”之所以能充当中介，离不开“需要”这一范畴的历史作用。

其次是方法运用维度，运用马克思主义方法论，客观全面地分析各种社会矛盾，从而归纳提炼出社会的主要矛盾，实现矛盾论中主要矛盾决定事物发展的方向和趋势。党的二十大报告指出：“我们要善于通过历史看现实、透过现象看本质，把握好全局和局部、当前和长远、宏观和微观、主要矛盾和次要矛盾、特殊和一般的关系，不断提高战略思维、历史思维、辩证思维、系统思维、创新思维、法治思维、底线思维能力，为前瞻性思考、全局性谋划、整体性推进党和国家各项事业提供科学思想方法。”具体而言，要在分析各种社会矛盾的基础上归纳出社会主要矛盾。表现为要善于在各类矛盾中抓住主要矛盾的重要性。对此，习近平强调：“面对复杂形势、复杂矛盾、繁重任务，没有主次，不加区别，眉毛胡子一把抓，是做不好工作的。特别是如果对社会主要矛盾判断失误，就会对党和国家事业产生严重危害，甚至是颠覆性的危害。”②

最后是价值引领维度，即以马克思主义基本立场，宣示社会主要矛盾的变化规律和转变的必然趋势中所蕴含的价值追求和文化引领。马克思主义政党的各种政策或纲要性文件，从形式上主要是体现政策性、方向性或指引性，内容上则是秉持的价值观的彰显和宣言。马克思主义认为，历史是人民群众创造的。人民群众是真正的英雄，工人阶级要想实现自己的历史使命，必须依靠人民群众的力量。中国共产党作为马克思主义的践行者，十分肯定人民群众在促进社会变革中的重要作用，人民群众创造了社会财富，为人民谋福利也应当是中国共产党执政的基本目标。党领导立法，必然指向人民性。因为对于“立法应当反映事物的内在规律”具体通过何种途径或形式予以展现的问题，马克思明确指出：“要能达到这一点，只有使法律成为人民意志的自觉表现，也就是说，它应该同人民的意志一起产生并由人民的意志所创立。”③ 在明确立法必须以一定的社会物质生活条件为基础，具有物质制约性的基础上，提出了立法的人民性

① 中共中央文献研究室．毛泽东文集：第七卷［M］．北京：人民出版社，1999：214.

② 习近平．更好把握和运用党的百年奋斗历史经验［J］．求是，2022（13）：4-19.

③ 中共中央马克思恩格斯列宁斯大林著作编译局．马克思恩格斯全集：第1卷［M］．北京：人民出版社，1956：184.

或民主性。意味着立法主体的民主性和立法内容的民主性，只有人民才是真正的立法者的意蕴力透纸背。

（二）中国共产党对社会主要矛盾的判断的历史沿革

1. 毛泽东思想中的人民内部矛盾论

20世纪50年代中期，我国正处于由社会主义革命阶段向社会主义建设阶段转变的历史时期，社会急剧变动，社会矛盾增多。特别是1956年下半年，国内的经济生活和政治生活遭遇了诸多紧张局势。许多城市粮食、肉、蛋和日用品等供应不足，一些学生、工人和复员转业军人在升学、就业、安置等方面遇到困难，进而引发了少数人闹事的事件。① 以毛泽东同志为核心的中国共产党的第一代领导人，运用辩证唯物主义和历史唯物主义的方法和观点，正确贯彻和践行了矛盾论。

毛泽东同志的二元划分矛盾理论，提出了分析问题、解决问题和对待矛盾与问题的态度和方法，对我们今天正确认识和妥善处理由人民内部矛盾引发的各种事件和纠纷仍然具有重要的指导意义。社会纠纷和矛盾是普遍存在的，因而解决纠纷和矛盾的手段也是多元化和制度化的。过去革命时期提出批评和自我批评方法，通过“团结—批评—团结”解决一般的人民内部矛盾无疑是正确的。在当下，在全面依法治国的理论与实践中，必须依法解决社会矛盾，从而将各种解决机制辅以常规和稳定的制度，使其常态化和固定化。

第一，矛盾分析法。首先，提出社会主义社会仍存在矛盾的思想，正如毛泽东所言，“无论什么世界，当然特别是阶级社会，都是充满矛盾的”。为了进一步说明问题，毛泽东在《正确处理人民内部矛盾的问题》一文中，首次引入了“社会主义的基本矛盾”的提法，并指出社会主义的基本矛盾仍然是生产关系和生产力之间的矛盾、经济基础和上层建筑之间的矛盾。“矛盾不断出现，又不断解决，就是事物发展的辩证规律。”② 其次，毛泽东提出两类不同性质的社会矛盾的思想，即敌我之间的矛盾和人民内部的矛盾。毛泽东认为：“在我国现在的条件下，所谓人民内部的矛盾，包括工人阶级内部的矛盾，农民阶级内部的矛盾，知识分子内部的矛盾，工农两个阶级之间的矛盾，工人、农民同知识分子之间的矛盾，工人阶级和其他劳动人民同民族资产阶级之间的矛盾，民族资产阶级内部的矛盾，等等。”最后，毛泽东提出用不同的方法解决不同性质矛

① 盖军．新编中共党史简明教程［M］．北京：中共中央党校出版社，2003：209.

② 中共中央文献研究室．毛泽东文集：第七卷［M］．北京：人民出版社，1999：332，216.

盾的思想。“敌我之间和人民内部这两类矛盾的性质不同，解决的方法也不同”①，这说明社会纠纷与矛盾是不能回避，也无法回避的；正确的方法只能是认真区分其不同性质，采取不同的方法去解决。

第二，统筹兼顾法。统筹兼顾解决和处理问题是毛泽东经常使用的方法。“这里所说的统筹兼顾，是指对于六亿人口的统筹兼顾。”② 也就是说不要孤立地、僵化地看待和处理某项纠纷和事件，而是要放在全局，系统地分析和解决问题。毛泽东在1956年《论十大关系》的报告中关于重工业和轻工业、农业的关系，国家、生产单位和生产者个人的关系，中央和地方的关系等十方面关系的论述，也就是要求统筹兼顾处理这些矛盾。毛泽东指出：“我们的方针是统筹兼顾、适当安排。无论粮食问题，灾荒问题，就业问题，教育问题，知识分子问题，各种爱国力量的统一战线问题，少数民族问题，以及其他各项问题，都要从对全体人民的统筹兼顾这个观点出发，就当时当地的实际可能条件，同各方面的人协商，作出各种适当的安排。”毛泽东强调：“任何矛盾不但应当解决，也是完全可以解决的。我们的方针是统筹兼顾、适当安排。”③

第三，民主处理法。社会主义条件下的纠纷与矛盾绝大部分属于人民内部矛盾，要用民主的方法来处理。毛泽东指出：“凡属于思想性质的问题，凡属于人民内部的争论问题，只能用民主的方法去解决……而不能用强制的、压服的方法去解决。”说服教育的方式对于行政命令的实施也是不可或缺的，“为着维持社会秩序的目的而发布的行政命令，也要伴之以说服教育，单靠行政命令，在许多情况下就行不通”。用民主的方法正确处理人民内部矛盾有利于避免矛盾的对抗抑或激化，“在一般情况下，人民内部的矛盾不是对抗性的，但是如果处理得不适当或者失去警觉，麻痹大意，也可能发生对抗”。毛泽东说：“马克思主义者从来就认为无产阶级的事业只能依靠人民群众，共产党人在劳动人民中间进行工作的时候必须采取民主的说服教育的方法，决不允许采取命令主义态度和强制手段。”④

必须指出的是，上述三种方法的理论与实践离不开当时特定的语境，一切民主的方法都只有与法制相结合才能形成客观而科学的制度。

---

① 中共中央文献研究室．毛泽东文集：第七卷［M］．北京：人民出版社，1999：205，206．

② 中共中央文献研究室．毛泽东文集：第七卷［M］．北京：人民出版社，1999：227．

③ 中共中央文献研究室．毛泽东文集：第七卷［M］．北京：人民出版社，1999：128．

④ 中共中央文献研究室．毛泽东文集：第七卷［M］．北京：人民出版社，1999：209，210，211，211．

1956年党的八大指出："我们国内的主要矛盾，已经是人民对于建立先进的工业国的要求同落后的农业国的现实之间的矛盾，已经是人民对于经济文化迅速发展的需要同当前经济文化不能满足人民需要的状况之间的矛盾。"这个论断，是符合当时我国实际的。随后发生的"左"的错误，社会发展背离了党的八大关于我国社会主要矛盾的正确判断。1978年十一届三中全会的召开，改革开放成为全党和全社会的共同选择，我们党在总结经验和实事求是科学分析的基础上，提出我国社会的主要矛盾是"人民日益增长的物质文化需要同落后的社会生产之间的矛盾"，对党的八大关于社会主要矛盾的概括进行了进一步的提炼和修正。党根据这一论断制定和坚持了正确的路线方针政策，包括对立法的领导，推动了中国特色社会主义事业的发展。

2. 和谐社会论

党的十六届六中全会通过的《构建和谐社会决定》提出要"适应我国社会结构和利益格局的发展变化，形成科学有效的利益协调机制、诉求表达机制、矛盾调处机制、权益保障机制"。这表明，彼时的中央领导集体具有从和谐社会建设的实际出发，正确认识和处理影响社会和谐的人民内部矛盾的自觉性。胡锦涛指出："构建社会主义和谐社会，必须健全社会主义法制，建设社会主义法治国家，充分发挥法治在促进、实现、保障社会和谐方面的重要作用。"表明法治不仅是和谐社会的重要标志，而且是规范、促进、实现、保障构建社会主义和谐社会的重要基石，体现了社会主义法在构建和谐社会中的作用。从根本上说，"法是使矛盾获得协调、使对立得以统一、使争执纳入秩序、使对抗变为互促、使相反得以相成的精巧有效手段"。而且，"法总是使对立方面在一定条件下获得统一的有效手段"①。构建和谐社会，关键就是要形成有效和科学化解社会矛盾的机制，而化解社会纠纷与矛盾是法律的重要功能，所以必须充分发挥法律在构建和谐社会中的作用。

3. 十八大以来以习近平同志为核心的党中央对社会主要矛盾的判断

党的十八大以来，党和国家事业取得历史性成就、发生历史性变革，中国共产党敏锐地把握住我国经济社会发生的阶段性变化，科学判断新时代我国社会主要矛盾已经发生转化，为擘画未来发展蓝图提供逻辑起点。

人民群众对美好生活的向往，就是共产党人的奋斗目标。反映到权利层面，是一系列构建美好生活的诉求和治理领域。比如，教育公平、充分就业、物业纠纷、劳动保障、医疗保险、拆迁补偿、环境治理等既是群众美好生活期待的

---

① 李林. 依法治国与和谐社会建设［M］. 北京：中国法制出版社，2007：10.

重点，同时也具有加强治理水平的广泛需求。党的十九届四中全会通过的决定指出，“推进全面深化改革，既要保持中国特色社会主义制度和国家治理体系的稳定性和延续性，又要抓紧制定国家治理体系和治理能力现代化急需的制度、满足人民对美好生活新期待必备的制度”。这里提到的“满足人民对美好生活新期待必备的制度”，从制度层面而言属于重要的国家制度范畴，与上述权利诉求相对应的是教育治理、促进充分就业制度、物业服务治理、劳动保障制度、公平医疗制度、拆迁安置以及生态环境制度等。较高协同治理和充分公平竞争，将会给人带来更加满意的享有和实现权利的感受。更多的公民、法人和其他组织选择依法自主行使权利，实现权利，成就更加美好的生活。

二、社会转型的特点解读

对于社会转型或社会革命，我们可以从以下三个层面来解读：

（一）强调政企分开，促进和保障企业作为市场主体

经济体制上从高度集中的计划经济向社会主义市场经济的转变，必然要求政府放手放权促进企业自主经营，加大营商秩序和营商环境的管理和服务。相应地政府的职能不能大包大揽包办一切，而是要为企业生产经营提供服务，创造良好的营商环境。具体表现在两个方面：

1. 经济上从高度集中的计划经济向市场经济转变

新中国成立初期，结合彼时的国情和世界形势，中国经济全盘学习并采取了苏联模式的“计划经济”。党的十一届三中全会后，随着国家的工作重心转移到经济建设上，立法也必然由过去的“以阶级斗争为纲”转移到为经济建设服务。“计划经济”模式对经济的制约和掣肘越来越严重，经济改革迫在眉睫。1992 年，党的十四大提出了我国建立社会主义市场经济体制的经济体制改革的目标，核心是要使市场在国家宏观调控下对资源配置起基础性作用。党的十五大提出“使市场在国家宏观调控下对资源配置起基础性作用”，党的十六大提出“在更大程度上发挥市场在资源配置中的基础性作用”，党的十七大提出“从制度上更好地发挥市场在资源配置中的基础性作用”，党的十八大提出“更大程度更广范围发挥市场在资源配置中的基础性作用”。为贯彻落实党的十八大关于全面深化改革的战略部署，2013 年 11 月，党的十八届三中全会通过了《中共中央关于全面深化改革若干重大问题的决定》，认为经济体制改革是全面深化改革的重点，其核心问题是处理好政府和市场的关系，使市场在资源配置中起决定性作用和更好地发挥政府作用。

2. 政府职能从全能型政府向有限政府转变

从宪法和法律层面对行政权的外延和实施程序进行具体的限定，似乎削弱了行政权，实则稳定和巩固了行政权，因为只有有限的权力才是有效力的权力。建立社会主义市场经济必然要求政府转变职能，放开部分权力，从全能型政府向有限政府转变。一个社会的良性有序运转，往往需要政府的宏观调控和社会的自我管理的协同配合，也就是存在政府管理领域和社会自治领域的划分。政府管理反映了政府的施政能力与治理水平，常常经由政府决策和行政行为，实现政府对于共同事务的管理和调控。社会治理则反映了社会的自我组织和自我管理的能力，往往通过社会组织的集体决策和集体行动，体现社会的自我协调和自我调整。这就需要政府集中行政资源，在促进社会和谐稳定、保障经济平稳发展等方面实现富有实效和效率的治理。与此同时，要放手并着力培育和壮大社会组织，促进社会力量的发展。健全的社会组织能够成为政府进行管理的有力助手，是政府与群众之间的桥梁和枢纽，是社会稳定的缓冲器，是安全阀，① 在社会治理中的作用不可替代。

（二）政府服务和社会自治关系的培育

转变政府职能的语境中，重点是理顺政府与市场这两个不同主体的活动场域和功能，于是重塑和平衡政府与社会之间的关系，成为社会转型的重要基础和前提。根据语义分析的一般原理，“政府职能”中的“政府”主要指国家的行政机关及其职能部门，“职能”着重强调政府在经济社会领域的职责和功能。党在不断深化对政府与社会的关系结构的认识中，走出了一条坚定不移的勇于探索、锐意进取的改革进路。1986 年，国务院政府工作报告指出，要“充分认识政府机构转变管理职能和改进工作作风的重要性”，提出“转变管理职能”的概念。2003 年，《中共中央关于完善社会主义市场经济体制若干问题的决定》指出，“转变政府经济管理职能。深化行政审批制度改革，切实把政府经济管理职能转到主要为市场主体服务和创造良好发展环境上来”②。释放出政府为市场服务，政府与市场处于一个更加平等的地位的信号。党的十八大以来，党和政府持续深化“转变政府职能”的具象化设计和制度建设，要逐步地将权力下放给市场和社会，放权、管理和服务逐渐成为热议的话题。从 1985 年至 2013 年，中国共产党领导的历次行政体制改革的顶层设计，无不将政企分开，转变政府

① 孙霄汉．把社会管理创新当作一种“革命”［J］．广东省社会主义学院学报，2012（2）：52-56.

② 中共中央关于完善社会主义市场经济体制若干问题的决定［EB/OL］．中国政府网，2003-10-14.

职能的实践经验和理论成果上升为党的纲领性文件和人大的决议，核心就是践行行政权力遵循“法无授权不可为”的有限政府原则。

一言以蔽之，中国共产党的领导下，开启了中国行政范式从传统的政府管制转型为政府治理的序幕。作为一种行政范式，政府治理的基本内涵可以概括为：“一种适应市民社会要求的行政理念；一种新时期条件下的政府行政方式和方法。作为一种行政理念，治理的基本要求是，适应市民社会运行主体多元化的要求，政府要改变传统以管制为特征、以命令为内核的管理观念，逐步树立以分担为特征、以协同为内核的治理理念。”①

“纵观从1978年到2008年30年中国治理变革的轨迹，我们可以看到这样一条清晰的路线图：从一元治理到多元治理；从集权到分权；从人治到法治；从管制政府到服务政府；从党内民主到社会民主。”② 而这些巨大的社会变迁是党领导社会革命的经验和伟大成果。

在国家主动释放出市场和公共领域两大领域后，社会在其发展的平台上出现了三个并行不悖的主体。即国家、政府和社会组织。同时，构建以党内民主带动基层民主的建设机制。十七届四中全会党提出如何加强自身建设，特别是如何推进党内民主发展的命题，中国共产党把党内民主放在事关党的生死存亡的高度来认识。“党内民主是党的生命”，这在党的十六大报告中已经提出；十七大又明确提出“尊重党员主体地位”。这表明，推进党内民主发展的原则问题、理论问题已经解决，十七届四中全会总结了近年来中国共产党推进民主的做法和经验，在此基础上对推进党内民主提出了新的要求和阐述，强调“党内民主是党的生命，集中统一是党的力量保证”。全会提出：必须坚持民主基础上的集中和集中指导下的民主相结合，以保障党员民主权利为根本；以加强党内基层民主建设为基础，切实推进党内民主。俞可平教授认为，民主的要素包括选举、参与、法治、分权、责任、透明等等。③ 通过党内民主带动基层民主，这是社会层面民主政治建设的基本逻辑。

（三）从社会主义核心价值体系到社会主义核心价值观的提出

2011年10月党的十七届六中全会提出了社会主义核心价值体系的命题，强调以爱国主义为核心的民族精神和以改革创新为核心的时代精神。经过进一步

---

① 张健．从管理走向治理：当代中国行政范式转换问题研究［J］．浙江社会科学，2006（4）：24-29.

② 俞可平．中国治理变迁30年（1978—2008）［J］．吉林大学社会科学学报，2008（3）：5-17，159.

③ 俞可平．权力与权威：政治哲学若干重要问题［M］．北京：商务印书馆，2020：42.

的提炼和概括，2012年11月，党的十八大通过提出排比句式的“三个倡导”，明确了社会主义核心价值观的基本内容。2013年12月，中共中央办公厅印发了《关于培育和践行社会主义核心价值观的意见》。2014年2月，习近平总书记在中共中央政治局第十三次集体学习时强调，要通过教育引导、舆论宣传、文化熏陶、实践养成、制度保障等，使社会主义核心价值观内化为人们的精神追求，外化为人们的自觉行动。

中国特色社会主义核心价值观的基本内容由12个价值元素组成。富强、民主、文明、和谐是国家层面的价值目标，自由、平等、公正、法治是社会层面的价值取向，爱国、敬业、诚信、友善是公民个人层面的价值准则。核心价值观是社会主义文化和基本价值的凝结。在社会利益日益多元化的今天，为社会价值共识的形成奠定了基础，构建起国家层面、社会层面和个人层面的三维框架。既显示了我国在奔向现代化建设，包括法治现代化建设的征程中，党的领导、政府规划的自上而下的主动构建路径，同时也意味着构建从国家到个人之间的社会共识的整合以及国家、社会和基层的良性互动。

第二节　社会转型与人大立法的变迁

作为宪法传统的发源地，英国在温和、不彻底的资产阶级革命胜利后，即公布权利法案，列出公民权利的清单，保障司法独立，习惯法庭接受平衡法，自此法律更现代化，也更融合于商业体制。① 由此可见，从农业社会发展到近现代以来的商业社会，社会转型带来新一轮社会分工，并把人们推至各不相同的工作领域，因而职业的价值观往往取代了普遍的价值观，甚至在这种实践中，很难找到一种普适的价值观，这就使价值的相对性越趋明显，也使实体对目的的涵摄与限定越加困难。在这种情况下，更需要程序合理的规则加以保障。显而易见，在立法中如果有什么能对法律体系的建立与完善有所作为，那么第一步就是公布法律，促使法律的现代化转型，并能符合市场经济。

对于社会转型，“意指社会从传统型向现代型的转变，或者说由传统型社会向现代型社会转型的过程，说详细一点，就是从农业的、乡村的、封闭的、半

① 黄仁宇. 资本主义与二十一世纪［M］. 北京：生活·读书·新知三联书店，2015：560.

封闭的传统型社会向工业的、城镇的、开放的现代型社会的转型”①。社会转型是社会动态发展的一个过程，伴随着制度变迁和社会变迁而来。当法律赖以生存的社会环境产生了变化，社会主体往往希望走出旧的法律世界，法律的变革也就获得了原动力。“无论如何，规则来自社会背景，随着社会的变化而变化。规则像潮水一样随着这些力量而起落，服从人们看不到的力量的牵引。”② 在这个意义上，转型社会党对立法的领导，在范畴上属于党领导立法与改革之间的关系。正像人无法离开经济场域和政治场域一样，作为立法机关及其立法者，更是与经济场域和政治场域有着各种千丝万缕的关联。转型期的立法者，既要准确而适时地捕捉到这些变化，更要经由法律语言、法律思维表达成法律规范。党启动、引领改革，同时改革一旦实行和步入不同的阶段，又会促进党思考社会转型的特点，对党领导立法的方式和方法及时加以调整。

一、改革开放前人大立法的实践

（一）新中国成立前夕创建华北人民政府的立法实践

新中国成立前夕，随着形势发展的需要，党中央将晋察冀和晋冀鲁豫两个解放区合并，通过召开华北临时人民代表大会，成立华北人民政府，选举董必武担任华北人民政府主席。华北人民政府是中央人民政府的前奏和雏形。董必武在就职仪式上朗声宣布：华北人民政府“是由游击式过渡到正规式的政府，首先要建立一套正规的制度和办法，要创立新的法律、法令、规章制度，要按照新的法律、法令、规章制度办事”③。开宗明义地提出了立法的重要性和迫切性。

1948 年 10 月 16 日，在有各地方代表参加的人民政权研究会上，董必武指出：“建立新的政权，自然要创建法律、法令、规章、制度。我们把旧的打碎了，一定要建立新的。如果没有法律、法令、规章、制度，那新的秩序怎样维持呢？因此新的建立后，就要求按照新法律规章制度办事。这样新的法令、规章、制度，就要大家根据无产阶级和广大劳动人民的意志和利益来拟定。”④ 这里，董必武再次重申了立法的重要性，法律和法制是维系秩序的依据和需要。

---

① 郑杭生．改革开放三十年：社会发展理论和社会转型理论［J］．中国社会科学，2009（2）：10-19，204.

② 弗里德曼．法律制度［M］．李琼英，林欣，译．北京：中国政法大学出版社，1994：361.

③ 董必武选集［M］．北京：人民出版社，1985：207.

④ 董必武选集［M］．北京：人民出版社，1985：218.

在这次大会上，董必武引用了“恶法胜于无法”的主张，也就是说，“我们的法虽然一时还不可能尽善尽美，但总比无法要好”。董必武把制定得不完备的法律称为“恶法”①。如何从不完备的恶法迈向完备的良法呢？“应该肯定，人民法律的内容，比任何旧时代统治者的法律，要文明与丰富，只须加以整理，即可臻于完备。”② 在这种勇于立法的精神鼓舞下，立法实践促进了立法机关主体意识的觉醒，制定法律属于华北临时人民代表大会的一项重要职权。在董必武的领导下，华北临时人民代表大会通过了一些基本的法律，其中《华北人民政府组织大纲》和《华北区村县人民政权组织条例》基本上被《中国人民政治协商会议共同纲领》所规范的政权机关部分和《中华人民共和国中央人民政府组织法》（以下简称《中央人民政府组织法》）吸收和采纳。

（二）新中国成立初期立法工作打开新局面

董必武始终“用革命精神来学习马列主义、毛泽东思想的国家观、法律观，学习新民主主义的政策、纲领、法律、法令、条例、决议，来搜集与研究人民自己的统治经验，制作出新的较完备的法律来”。③ 董必武还主持或参加了另外几个法律草案的拟定工作。它们是：《全国人民代表大会组织法草案》《国务院组织法草案》《法院组织法草案》《检察院组织法草案》《地方各级人民代表大会和地方各级人民委员会组织法草案》。④ 董必武积极投身到宪法和法律的起草实践过程中，其间他也在深入思考推动国家按法律办事的途径和步骤。在董必武主持下，先后制定了《中央人民政府惩戒违法失职人员暂行条例》《中央人民政府任免国家机关人员暂行条例》及国家机关的办公制度、程序等。这些法规经多次修改后，于1949年末分别通过，使各国家机关工作人员有规可循。《中央人民政府最高人民法院试行组织条例》《中央人民政府最高人民检察署试行组织条例》也在12月20日经中央人民政府委员会批准。这是新中国颁布的政法方面的第一批组织法规。

1950年7月26日，在第一次全国司法工作会议上，董必武为建立人民司法工作，部署了需要率先逐步获得解决的三个问题。一是要建立一系列的司法机

---

① 董必武选集［M］. 北京：人民出版社，1985：218. 1950年，在新法学研究院开学典礼上，他还根据马克思主义的基本理论阐释了“恶法胜于无法”这句西方格言。他指出：“某一时期，人民感觉没有法律，便基于他们自己的意思和要求，制定出一部法律来，虽然这种法律不是很完善的，但可以适用，决不是沿袭旧的法律。”对于“恶法胜于无法”这句格言的阐释，表达了董必武对于刑事立法必要性的基本态度。

② 董必武．董必武法学文集［M］. 北京：法律出版社，2001：15.

③ 董必武．董必武法学文集［M］. 北京：法律出版社，2001：15.

④ 杨瑞广．董必武首倡“按法律办事”［J］. 当代中国史研究，2006（2）：99-107，128.

构，如法院、检察署等；二是要准备培养各级司法工作干部，这是一项长期的工作；三是要有法律。他说，制定完备的法律需要进行长期工作，法律一下子不完备不要紧，先有一个基础，逐渐发展，逐渐充实，就会趋于完备的。① 关于人民司法的第三个工作——“要有法律”，成为董必武讲话的重要内容。大规模立法提上议事日程。

新中国成立后，他直接参与了《中华人民共和国惩治反革命条例》（以下简称《惩治反革命条例》）、《中华人民共和国惩治贪污条例》（以下简称《惩治贪污条例》）等刑事法律的制定。事后，在 1955 年 9 月 8 日董必武同苏联法学专家的谈话中，对这两部法律的制定进行了总结。他指出，《惩治反革命条例》不是在镇反前制定的，恰恰相反，是在镇反中定下来的。同样，《惩治贪污条例》也是在三反运动中制定出来的。这就说明，“我国的法律都不是事先写好，而是先做起来，然后在总结经验的基础上制成了法律”②。

（三）人大立法的停滞时期

1956—1978 年是党领导立法的曲折发展时期。在这一时期，法律虚无主义严重，立法趋于停滞。1958 年到 1978 年的 20 年间，全国人民代表大会除制定 1975 年宪法和 1978 年宪法外，鲜有其他重要立法活动，党的政策代替法律发挥作用，不仅违反了党的执政原则和具体要求，而且从根本上混淆了党领导立法的主体地位和权力机关制定法律的主体地位。经由对七五宪法、七八宪法的修改而产生的现行宪法，党中央及时总结经验、修正错误，向全国人大主席团提出修宪建议，专门领导并牵头成立了宪法修改委员会。在党的领导下，终于廓清了制定宪法的主体，解决了党与立法机关的法律关系。

二、改革开放以来人大立法职能的变迁

党启动、引领改革，同时改革一旦实行和步入不同的阶段，又促进了党根据社会转型的特点，及时调整领导立法的方式和方法，从而促进人大立法职能的转变。

其一，智慧统领政治上的领导，表现为党及时制定政策，调整工作布局。从“一个中心，两个基本点”，到“两手抓，两手都要硬”；从经济、政治、文化的工作布局逐渐变成经济、政治、文化、社会、生态文明的总体布局。这些政策的出台和更新，为立法工作及时指明了方向。党的十五大提出，要“加强

---

① 董必武．董必武法学文集［M］．北京：法律出版社，2001：39-40.

② 董必武．董必武法学文集［M］．北京：法律出版社，2001：311.

立法工作，提高立法质量，到2010年形成有中国特色社会主义法律体系。”2014年十八届四中全会作出了坚持走中国特色社会主义法治道路、建设中国特色社会主义法治体系的决定。在党的方针、政策的指引下，立法机关既对这些变化予以回应，进行了相应的改变和转型，同时又促进党和国家政策的落地和实现。

其二，逐步从党提供政策指导立法，过渡到立法发挥引领作用。社会发生了变化，国家的主要矛盾相应地发生了变化。党的十一届三中全会开始的现代化建设和改革开放，建立在法制贫弱荒芜的根基上。在这种情况下，我们的党和国家采取了在实践中探索、试验的办法。随着改革的深入，社会变迁的广度和深度前所未有。立法已经不是仅仅局限于对经验的总结，对现实社会管理的直接描述了。党或立法决策者提出要以立法为先导，用立法来引导改革，发挥法律对社会的引导和促进作用。这是因为，在特定的历史时期，立法发挥的作用有所侧重和区别。在社会主义建设和改革初期，立法为经济发展和改革服务，将经济和改革的成果用宪法和法律的形式固定下来。改革走过四十多年，时移世易，立法不仅要坚守对社会需求作出回应的本职工作，更要以规范性法律文件促进社会的均衡发展。法律体系是对稳定的社会关系的调整和确立，社会的激烈变化必然折射既有法律体系的滞后性，从而及时对法律修改成为现实的迫切需要；另一方面，社会的激烈变化带来社会关系的复杂和社会矛盾的变化，也呼唤着法律为其提供合理的甚至是超前的引领。

其三，党中央提出立法修法规划引领社会治理。党的十八大以来，以习近平同志为核心的党中央高度重视培育和践行社会主义核心价值观。2017年2月中共中央办公厅、国务院办公厅印发了《关于进一步把社会主义核心价值观融入法治建设的指导意见》，2018年5月，中共中央印发《立法修法规划》，强调力争经过5年到10年时间，推动社会主义核心价值观全面融入中国特色社会主义法律体系。

法律规则是特定的国家机关依照法定职权和法定程序制定、修改和废除规范性法律文件的活动。党作为执政党，对立法的领导主要是政治和方向上的领导。立法机关不是在发明法律，而是在表述法律，并且用法律的形式把社会关系的内在规律表现出来。这个表述法律的关键，在于采取科学的方法和技术，将最广大人民的共同意志表述和上升为法律。社会主义核心价值观正是当代中国法治建设需要表现的中华民族的共同意志。

社会主义核心价值观融入法治建设立法修法规划不仅必要，而且具有较高的可行性。培育和践行社会主义核心价值观，离不开理论建设、教育引导和实践养成，而最重要的则是核心价值观的制度建设，第一步就是融入法治建设立法修法规划。一方面，制度总是内含着价值观，甚至决定着价值观的性质与变革。可以说，任何一种社会制度体系都是围绕某种核心价值观实现的制度安排。① 价值观作为社会意识的重要组成部分，最终根源于一定的经济制度，因为“人们自觉或不自觉地，归根结底总是……从他们进行生产和交换的经济关系中，获得自己的伦理观念”②。我们承认，随着社会主义市场经济的又好又快发展，中国社会的利益和价值不断分化和多元化，不同价值观激烈交锋和活跃变革，价值观实现从量变到质变的飞跃，不是仰赖文本上和概念上的突破，而是靠实践的发展和人们的行为选择。因此，随着我国从计划经济形态向社会主义市场经济的转型，与计划经济相匹配的价值观必然要被契合市场经济的价值观所取代。

另一方面，价值观具有评价制度的功能，引导制度的变迁和创新。任何制度都面临着合法性的追问，这既是建立延续某一制度的前置性根本问题，而且直接影响制度的权威性和可接受性。“合法性意味着某种政治秩序被认可的价值。”③ 制度的合法性实际上是人们在特定价值观基础上的制度认同。特定的价值观“承担着价值评价标准的功能。不仅如此，价值观本身具有相对独立性和创新性。它本身可以直接把握并反映现实生活发展的最新可能和必然前景，从而为制度注入价值目标和方向，引导着制度的创新”④。

深耕厚植社会主义核心价值观，既是科学化理性化的过程，也是社会心理变化的过程。“一种价值观要真正发挥作用，必须融入社会生活，让人们在实践中感知它，领悟它。”⑤ 因此，社会主义核心价值观作为一种意识形态，通过社会输送给人民大众，走向更加丰富和多元的实践，通过社会主义核心价值观入法入规，勾连价值体系与制度机制，将核心价值观镶嵌于制度平台和规则载体之上，从而实现对公民行为的指引和对社会的引导。正是在这个意义上，提升社会主义核心价值观入法入规的融合程度，深入基层，助力社会治理的价值基础，提升社会治理水平。“培育和弘扬核心价值观，有效整合社会意识，是社会系统得以正常运转、社会秩序得以有效维护的重要途径，也是国家治理体系和

---

① 北京师范大学，北京市社会科学界联合会. 社科学术前沿论坛成果撷英：2014—2015［M］. 北京：北京师范大学出版社，2016：34.

② 中共中央马克思恩格斯列宁斯大林著作编译局. 马克思恩格斯选集：第3卷［M］. 北京：人民出版社，2012：470.

③ 哈贝马斯. 交往与社会进化［M］. 张博树，译. 重庆：重庆出版社，1989：184.

④ 北京师范大学，北京市社会科学界联合会. 社科学术前沿论坛成果撷英：2014—2015［M］. 北京：北京师范大学出版社，2016：34.

⑤ 习近平. 习近平谈治国理政：第一卷［M］. 北京：外文出版社，2014：165.

治理能力的重要方面。"①

党的二十大报告指出，要坚持马克思主义在意识形态领域指导地位的根本制度及推进中国式现代化发展，坚持社会主义核心价值观融入社会治理的根本任务，以此推动国家治理体系及治理能力现代化水平的显著提升。法律的基本功能在于规范人的行为，核心价值观回答了建设什么样的社会，培养什么样的公民，通过与法律规范系统的融合，一方面注重发挥道德对法治的润滑和滋养；另一方面，弘扬美德义行，法以载道，以法治传播实现道德的教化。于是，在火热的社会实践中，价值观逐渐成为人们内心的评价尺度，引领和调整人们的行为方式，促进交往理性和公共生活的规范，引领社会关系的更新和协调。从全面建成小康社会迈向加快推进中国式现代化建设的新征程，这是核心价值观融入社会治理现代化的重要背景和任务支撑。加强社会建设和社会治理的价值引领，将社会主义核心价值观融入社会治理和法治实践，成为新时代、新征程背景下的新任务和实践路径。

第三节　社会主义核心价值观融入法治建设的理论与实践

社会关系是人与人之间所形成的关系。"社会关系"这一术语，意味着每个人的行动都要考虑到其他人的行动，并以此为指向。② 相互性是社会关系的一个重要属性。法律关系是法律在调整社会关系的过程中形成的以权利义务为内容的关系。相互性贯穿于法律关系的产生、变更和消灭的诸环节之中。社会主义核心价值观对立法修法的引领，充分彰显道德机制对法治的补充协调价值。

一、道德对法律的补充和协调作用

道德和法律都是人特有的禀赋，由于道德的作用机制在于自律和内律，法律的作用机理在于他律和外律，所以两者的产生进路，表现为道德规范作为法律的理想和目标，道德为法律提供心理基础和评价标准。在这个过程中，服从法律规则意味着对一般道德规范的遵守，因此，普遍的共同的法律规则一直以践行道德规范为理想。

---

① 习近平．习近平谈治国理政：第一卷［M］．北京：外文出版社，2014：163.
② 韦伯．社会科学方法论［M］．杨富斌，译．北京：华夏出版社，1999：62.

法律作为一个在一定程度上自治的社会调控系统，可以归纳为两个主要方面，即创制法律规范阶段与法律的实施阶段。法律的道德性在这两方面淋漓尽致地展现出来。

（一）创制法律规范必须有道德基础，体现法律的道德性

在不同的时代，不同的民族，有一个问题总在被思考，那就是：人们在创造法律之际将受到限制。受到道德的限制乃是其中的应有之义。法律的创制需要道德支撑，没有道德基础，法律规范势必会蜕变为立法者的恣意与专横；没有道德基础的法律必然得不到社会和公众的认同。“注重道德信条和道德标准是制定法律的基础，或者说是法律推论的基本前提；这些道德信条和道德标准包括：对妇女儿童和动物的关照，拯救和维护生命，避免伤害他人等。”①

罗斯科·庞德就明确地指出，立法活动必须以道德为基础，因为立法活动的过程实际上就是把立法者内心的道德观念外化为法律规则的过程。② 当代分析法学的代表哈特曾经指出，大量的道德观念渗入法律，成为立法者必须考虑的因素。他说：“法律在任何时候和任何地方的发展，事实上既受特定社会集团的传统道德、理想的深远影响，也受到一些个别人所提出的开明的道德批评的影响”，“这些影响或者是通过立法突然地和公开地进入法律，或者是通过司法程序悄悄地进入法律”。③

（二）德润人心，科学总结依法治国和以德治国相结合

法律与道德的关系，尤其是法律的道德性在中国具有悠久的历史渊源和浓厚的文化传统。早在西周时期统治者就提出“明德慎罚”的思想。它标志着奴隶主阶级对法律和道德之间的关系有了自觉的意识，为泛道德化的治国模式埋下了注脚。承此传统，中国封建社会的法律思想具有鲜明的儒家道德思想的烙印，以儒家道德、礼教为主，刑法惩罚为辅的统治哲学贯穿于整个封建社会始终。作为儒学的代表，孔子是最早洞悉道德教化的优越性以及法律刑罚的局限性的思想家，在思想史上第一次对德刑关系作出了比较全面的诠释。正如他所说：“道之以政，齐之以刑，民免而无耻；道之以德，齐之以礼，有耻且格。”儒学把道德作为其学说的根本，视“仁”为道德的本体，并围绕它建构出了一个完满的道德思想和规范体系。法度仅仅是道德的一个辅助手段，因为“法能

---

① 沃克．牛津法律大辞典［M］．邓正来，等译．北京：光明日报出版社，1989：521.

② 庞德．法律、道德与正义［M］．张文伯，译．台北：台北监狱印刷厂，1959：30.

③ 哈特．法律的概念［M］．张文显，等译．北京：中国大百科全书出版社，1996：181，199.

刑人而不能使人廉，能杀人而不能使人仁”。实现道德的过程和方法经由每个人内心修养开始，由内而外，由个人而群体，终极天下。历代统治者把伦理道德与政治相结合，礼与刑融为一体的传统，无不体现了道德的基础性地位。

中国儒学的代表们认识到：“徒善不足以为政，徒法不足以自行。”法的实施不仅仰赖于守法者、行政执法人员的法律意识、道德观念的加强，更需要法官的道德水平的维系。传统文化是我们实现文化趋同的基础和源泉，历史充分表明：一方面，我们要坚定不移地实行法治，同时要加强法律的道德性培育；另一方面，我们要自信地弘扬我国的法律道德性的传统，但要警惕不能以道德逻辑代替法律逻辑。

（三）规则实践层面，坚持运用制度的内在观点和外在观点的统一

在理解法律和社会结构方面的相互关系时，如果希冀对法律制度的概念做进一步的了解，还需要区分规则存在的不同形式对人们接受法律规则的不同观点的影响。“因为就规则来说，有关的可能是：或者仅仅作为一个本人并不接受这些规则的观察者，或者作为接受这些规则并以此作为其行动指南的一个群体成员。”① 分析法学派的哈特将这些主张分别称为“外在观点”和“内在观点”。在一个社会中，根据人们遵守法律和适用法律的心态和行为，往往可以把他们分为两类，即持有内在观点的人和外在观点的人。持有内在观点的人接受法律规则并且自觉地以规则确定的行为模式作为行为的指引，他们自愿维护法律规则的权威和效力，并且把规则作为评价本人或他人行为的标准。持有外在观点的人主观上拒绝这种法律规则，因为法律规则是作为可能惩罚的调整机制，不想被谴责、受罚才去观望这些规则。所以，一旦把法律规则置于具体的社会结构这一背景之下，问题就显得极为复杂。从现代经济学的观点来看，制度的一般定义是制约人们行为、调节人与人之间利益矛盾的一些社会承认的规则。根据这些规则存在的形式，制度可分为正式的制度与非正式的制度。正式的制度主要指一些成文的并由国家强制力保证实施的规则，如成文的法律、政府法规、商业合同等。而习俗、传统、道德观念、意识形态等可以囊括被称为“文化”的一些东西，就是所谓“非正式”制度。②

分析法学派内在观点与外在观点的分野，同样适用于非正式制度对人们行为习惯的规制和塑造。文化传统、习惯对社会来讲，就是一种内在观点的视角。

① 哈特．法律的概念［M］．张文显，郑成良，杜景义，等译．北京：中国大百科全书出版社，1996：90.

② 樊纲．制度改变中国：制度变革与社会转型［M］．北京：中信出版社，2014：223.

原澳门的华洋共处，就是非正式制度顽强生命力的写照，表明非正式制度与正式制度的共处。因为“在许多情况下，非正式的规则往往比正式的法律更加根深蒂固，更难改变，因为文化传统本身是几千年历史的沉积，它已经潜移默化在人们的一言一行与思维方式之中”。①

与上述理论相一致，我国许多法律尤其在婚姻、民事立法中都不同程度地认可相关的道德规范，并赋予其法律强制性。

从1986年颁布《中华人民共和国民法通则》（以下简称《民法通则》），到2020年成功编纂《中华人民共和国民法典》（以下简称《民法典》），我国在民事立法上始终将平等、公平、诚信和公序良序等基本原则奉为圭臬，体现了道德对法律的补充和助力作用。平等原则强调在民事活动中一切当事人的法律地位平等，任何一方不得把自己的意志强加给对方。人人平等本身就是道德领域人与人交往的基本要求。《民法典》规定民事活动应当遵循公平的原则。它对民事主体从事民事活动和民事纠纷的解决起着指导作用。《民法典》规定民事活动应当遵循诚实信用原则。诚实信用原则是市场伦理道德准则在民法上的反映。公序良俗是公共秩序和善良风俗的合称。一般认为系指为社会、国家的存在和发展所必要的一般道德，是特定社会所尊重的基本的伦理要求。从《民法通则》第七条演化而来的《民法典》第八条规定：“民事主体从事民事活动，不得违反法律，不得违背公序良俗。”不难看出，善良风俗是以道德要求为核心的。为了将公序良俗原则与诚实信用原则区别开来，应将善良风俗概念限定在非交易道德的范围内，从而与作为市场交易的道德准则的诚实信用原则各司其职。由上可知，以上各原则无一不是以道德为基础而确立在法律之中。这些民事基本原则，其本身就是人类道德观念的有力组成部分，但已从单纯的道德原则转而进入私法领域，成为民法最重要的基本原则。

尊师重教、尊老爱幼的传统美德在《中华人民共和国教师法》《中华人民共和国老年人权益保障法》（以下简称《老年人权益保障法》）《中华人民共和国未成年人保护法》中得以反映；若干职业道德、公民行为规范被赋予法律意义，充分反映出法律的制定不能不以道德为基础。

二、社会主义核心价值观的社会治理功能

（一）社会层面从正确处理规则与自由的关系开启

自由是做法律所许可的一切事情的权利。从法律解释的层面，自由既是一

① 樊纲. 制度改变中国：制度变革与社会转型［M］. 北京：中信出版社，2014：223.

种价值目标，也可以是一项自由权，而法律的内容由权利和义务的双重结构组成。宝贵的自由与规则意识之间的关系，在社会层面的核心价值元素中实现平衡。自由位居社会层面价值之首，深刻地表明将自由的限度置于不影响社会中其他主体的权利和利益的道德预设，充分弘扬了自由的社会属性。对此，我们可以做两个极端的假设：① 一是从客观条件来看，一个社会状况非常简单，几乎没有或些许存在利益冲突；二是从主观条件来看，社会中的人们非常智慧，每种具体情境下都能找到相应的行动方案。显然，它们分别占据两个极端的理想状况，而现实情况却是，法律规则是维系人类社会正常秩序运转的必然要求。如果自然人、法人或非法人组织能够自主自愿服从，则显示了规则已经得到人们的认可，得到法治权威的认可和尊重。这个自主服从和尊重，就是来自主体自身能够自由体验周围人们的感受，判断遵守规则的积极感受和价值。经过不断自由选择，主体经由完全自主自愿的意志，作出正确的规则选择，规则意识业已形成。

在法治的内核中，经由普遍认可的、成文的宪法作为规则之治的根本法，具有最高的法律权威。法律至上的核心是宪法至上，宪法的根本大法的地位，来自历史的选择和国民的文化认可。经由人们自主选择，自愿接受规则治理的意识，有利于厚植社会的法治底蕴。

（二）个人层面引导铸就遵规守则的习惯

社会主义核心价值观以文化核心价值为动力，为法治教育提供精神供养的文化源泉。反映在价值观上，对应的是爱国、敬业、诚信和友善。一个人要有所作为，不仅要有丰富的科学文化知识，还要有良好的道德修养。立业德为首，修身德为先，各行各业均不同程度地涉及一个职业道德的问题。做有德行的人，才能有爱国的情感、敬业的责任心、以诚待人的人际关系和友善的处世习惯。公民的概念将人的国籍归属和一个主权国家绑定起来，更是对爱国主义是公民最朴素情感的有力注脚。爱国放在公民层面的首位，表达了中华民族的集体主义的意识和情感，没有国家的繁荣昌盛就没有“小家”“小我”的岁月静好。

诚信的维度助力自觉培育遵规守则、成就方圆的法治文化。法治教育应当彰显诚信教育，建立诚信法治。在文化的层面上，诚信是中华传统伦理文化的重要范畴，是我国传统道德中最重要的素质之一。在儒家的经典规范中，“仁、义、礼、智、信”被认为是儒家学说的关键词和核心概念。其中，“信”即诚实守信之义。在个人的发展层面，诚信不仅具有文化的属性，更具有经济上的重要效益。诚信是人类共同呼唤和缔造的美德，是个人生存和国家立足发展所必

---

① 陈常燊．美德、规则与实践智慧［M］．上海：上海三联书店，2015：114.

须具备的基本素质。面对互联互通的国际市场，我们的竞争能力不仅表现在产品和服务的质量与价格上，而且表现在遵守国际条约赋予的义务、负责任履行国际法成员的资格方面。不讲诚信，不守信用，我们在国际市场、国际舞台上将声誉扫地。所以，社会主义核心价值观的践行，始终要将主体置于国家、社会和个人这一关系结构中。法律规则不是强加给人的束缚，每一个人既是规则的遵守者，又是规则的实践者。对此有学者强有力地指出："法律的意义就是使犯罪处于不利条件（不利的环境），而道德的意义在于使真理和真情处于有利增加发展的条件。"① 因此，必须充分利用法律的特点，增加违法失信的成本，加大刑罚惩处的力度，建立社会诚信体系和倡导规则意识培育。

社会主义核心价值观是当代中华文化的核心，更是当代中国的文化标志。文化引领国家建设，当然渗透到法治教育、法治建设的各个环节和系统之中。以宪法教育、公民基本权利义务教育为重点，围绕规则意识的培育，从国家层面、社会层面和个人层面开展讨论只是一个尝试和开始。人人遵规守则的氛围和文化，有利于培育和践行社会主义核心价值观。

三、核心价值观入法入规的实践样态及评价

党的十八大以来，我国立法工作在完善中国特色社会主义法律体系，推动社会主义核心价值观入法入规层面取得重大突破。法律法规是推广社会主流价值的重要载体，从制定法律法规到司法各环节，法治实施全过程培育和践行社会主义核心价值观。为此中共中央办公厅印发的《关于培育和践行社会主义核心价值观的意见》指出："注重把社会主义核心价值观相关要求上升为具体法律规定，充分发挥法律的规范、引导、保障、促进作用，形成有利于培育和践行社会主义核心价值观的良好法治环境。"为全国人大和各级有立法权的人大常委会机关提出新的历史使命，推动社会主义核心价值观全面融入中国特色社会主义法律体系。2021年9月，四部门联合印发《核心价值观入法入规的意见》。这是认真贯彻和实施《立法修法规划》的重要举措，顶层设计再次从弘扬核心价值尊德崇德的视角，对立法机关的实践提出了新的要求。

（一）核心价值观融入法律法规的立法实践样态

1. 直接在规范性文件的第1条植入"弘扬""培育和践行"社会主义核心价值观的立法目的性条款

现行《宪法》第二十四条规定，国家倡导社会主义核心价值观。国家的根

① 赵汀阳. 论可能生活［M］. 北京：中国人民大学出版社，2010：235.

本大法采用号召、宣言式的语气，推动社会主义核心价值观融入法律规范体系，正是依宪治国的需要。虽然没有使用强制性意味的职责—义务的命令模式生成构成性规范，但仍然实现了倡导社会主义核心价值观成为国家政权机关的基本任务的工作布局。从根本法上确立了社会主义核心价值观具有最高法律地位，是推动社会主义核心价值观指导和融入法律制度建设和全面依法治国的根本保障。根据宪法，《民法典》第1条确定了“为了保护民事主体的合法权益，调整民事关系，维护社会和经济秩序，适应中国特色社会主义发展要求，弘扬社会主义核心价值观”的立法目的。值得指出的是，该条款虽然是新增加的内容，但是此次民法典的编纂，不仅吸收了原来《民法总则》的合理内核，并且在物权编、合同编中通过不同程度的制度设计和程序安排，保障了民法典第1条核心价值观的实施。

2018年5月《中华人民共和国英雄烈士保护法》（以下简称《英雄烈士保护法》）开始实施，全文共30条就有两条与社会主义核心价值观有关。其中第一条规定，加强对英雄烈士的保护，维护社会公共利益，传承和弘扬英雄烈士精神、爱国主义精神，培育和践行社会主义核心价值观，激发实现中华民族伟大复兴中国梦的强大精神力量。第三条规定“英雄烈士事迹和精神是中华民族的共同历史记忆和社会主义核心价值观的重要体现”。如表3-1所示，以法律的权威性和强制性，增强人们尊崇英雄、树立正气的自觉性，用入法入规的方式培育社会主义核心价值观。随着社会主义核心价值观融入各种立法的实践，更多法律制度中将被注入中国精神、中国价值与中国力量。

表3-1 以弘扬核心价值观为立法目的的人大立法实践

法律法规名称	立法目的条款的内容
民法典	第一条 为了保护民事主体的合法权益，调整民事关系，维护社会和经济秩序，适应中国特色社会主义发展要求，**弘扬社会主义核心价值观**，根据宪法，制定本法
英雄烈士保护法	第一条 为了加强对英雄烈士的保护，维护社会公共利益，传承和弘扬英雄烈士精神、爱国主义精神，**培育和践行社会主义核心价值观**，激发实现中华民族伟大复兴中国梦的强大精神力量，根据宪法，制定本法
中华人民共和国电影产业促进法	第一条 为了促进电影产业健康繁荣发展，**弘扬社会主义核心价值观**，规范电影市场秩序，丰富人民群众精神文化生活，制定本法
重庆市见义勇为人员奖励和保护条例	第一条 为了鼓励见义勇为行为，保障见义勇为人员的合法权益，弘扬社会正气，**培育和践行社会主义核心价值观**，根据有关法律、行政法规，结合本市实际，制定本条例

续表

法律法规名称	立法目的条款的内容
湖北省慈善条例	第一条 为了**弘扬社会主义核心价值观**，规范慈善活动，保护慈善组织、捐赠人、志愿者、受益人等慈善活动参与者的合法权益，促进慈善事业发展和社会进步，根据《中华人民共和国慈善法》等法律、法规，结合本省实际，制定本条例

2. 重点关注某一个核心价值元素的地方立法

第一，文明行为促进类的地方立法，重点关注文明这一价值观的入法。在新时代的地方立法实践中，文明行为促进立法脱颖而出，成为理论研究和地方人大工作的热点。

全国各地有多个城市制定了文明行为促进条例。以京津渝三个直辖市的立法样本为例，文明行为不仅标题一致，都采用了“行政区划名称+文明行为促进条例”的命名形式，实施日期也极为接近，① 表明了北京、天津和重庆在立法项目上的前后相继和一致性。而且，它们在立法目的、核心概念的界定和调整方式等方面极其类似。首先，诸条例开宗明义地将社会主义核心价值观作为立法的目的指向，并以国家层面的“文明”价值作为行为的规范指引。其次，对文明行为的界定内涵合法性、体现核心价值观和符合公序良俗等三个核心要素，提炼出京津冀立法机关认同的文明行为的三个典型特征。② 再次，明确采取国家、社会和个人协同治理的机制。最后，立法采取了鼓励、奖励兼惩罚的综合调整机制。列出文明行为规范，依法予以鼓励和奖励。开具不文明行为清单，明确制裁机制。让法规不仅有权威，更有温度。

第二，弘扬平等、和谐、诚信、法治等核心价值元素。《湖南省社会信用条例》于 2022 年 9 月 1 日实施，条例第 1 条明文规定“为了规范社会信用监督管理，维护信用主体合法权益，推进社会信用体系建设，提高社会诚信意识和信用水平”的立法目的，倡导个人诚信进而推进社会诚信意识的提升。此外，表 3-2 显示，平等、和谐、法治等核心价值元素都得到重视并写入规范性文件之中。

① 按照时间的先后顺序，2019 年 5 月 1 日、2020 年 6 月 1 日分别是《天津市文明行为促进条例》《北京市文明行为促进条例》的实施日期。2021 年 3 月 1 日《重庆市文明行为促进条例》生效。

② 《天津市文明行为促进条例》第 3 条将文明行为定义为“遵守宪法和法律、法规规定，体现社会主义核心价值观，符合社会主义道德和公序良俗的要求，引领社会风尚，推动社会文明进步的行为”。

表 3-2 增强平等、和谐、诚信、法治等价值元素的地方立法实践

法律法规名称	立法目的条款的内容
中华人民共和国家庭教育促进法	第一条 为了发扬中华民族重视家庭教育的优良传统，引导全社会注重家庭、家教、家风，增进家庭幸福与社会**和谐**，培养德智体美劳全面发展的社会主义建设者和接班人，制定本法
深圳经济特区性别平等促进条例	第一条 为了实施男女**平等**基本国策，促进性别**平等**，根据法律、行政法规的基本原则，结合深圳经济特区实际，制定本条例
上海市社会信用条例	第一条 为了完善社会主义市场经济体制，创新社会治理机制，提高社会信用水平，增强**诚信**意识，根据有关法律、行政法规，结合本市实际，制定本条例
新疆维吾尔自治区法治宣传教育条例	第一条 为了加强法治宣传教育，增强全民法治观念，弘扬社会主义法治精神，建设社会主义**法治**文化，提高社会治理**法治**化水平，全面推进**法治**新疆建设，根据有关法律、行政法规，结合自治区实际，制定本条例
陕西省社会信用条例	第一条 为了规范和促进社会信用体系建设，提高社会**诚信**水平，增强**诚信**意识，保护信用主体合法权益，践行社会主义核心价值观，根据有关法律、行政法规，结合本省实际，制定本条例

第三，将践行核心价值观明确作为法律关系主体的义务性条款。规范性文件中的义务性条款，意味着一定的法律关系主体应当履行作为或不作为的强制性规定，否则将承担相应的法律责任。从表 3-3 中不难看出，这些义务性条款所属的法律法规主要是行政类规范性文件，因此核心价值观的践行机制当然首先体现为行政机关的遵循、贯彻和带头示范作用。

表 3-3 践行核心价值观作为义务性条款的立法实践

法律法规名称	义务性条款的内容
中华人民共和国公务员法	第十四条 公务员应当履行下列义务：（六）带头践行社会主义核心价值观，坚守法治，遵守纪律，恪守职业道德，模范遵守社会公德、家庭美德
中华人民共和国公共图书馆法	第三条 公共图书馆应当坚持社会主义先进文化前进方向，坚持以人民为中心，坚持以社会主义核心价值观为引领，传承发展中华优秀传统文化，继承革命文化，发展社会主义先进文化
中华人民共和国广告法	第七十三条 国家鼓励、支持开展公益广告宣传活动，传播社会主义核心价值观，倡导文明风尚，大众传播媒介有义务发布公益广告

续表

法律法规名称	义务性条款的内容
行政法规制定程序条例	第十二条 起草行政法规，应当符合本条例第三条、第四条的规定，并符合下列要求：（一）弘扬社会主义核心价值观

第四，将核心价值观作为法律原则。法律原则是贯穿法律活动的标准或准则，体现了法律和道德的融合，因此，将社会主义核心价值观作为法律原则融入法律法规，自然具有了合理性和可行性，体现了价值的引领和对共识的弘扬。表 3-4 中，既有整体融入社会主义核心价值观，也有强调将某一个核心价值元素如诚信作为法律法规实施的原则。

表 3-4　践行核心价值观作为原则条款的立法实践

法律法规名称	原则条款的内容
中华人民共和国公共文化服务保障法	第二条 公共文化服务应当坚持社会主义先进文化前进方向，坚持以人民为中心，坚持以社会主义核心价值观为引领
河北省地方立法条例	第三条 本省立法应当遵循下列原则：（四）体现社会主义核心价值观
潍坊市快递条例	第五条 本市快递行业协会应当依法制定和组织实施行业规范，加强行业自律，引导企业守法、诚信、安全经营，维护企业合法权益，促进快递业健康发展
重庆市全民健身条例	第四条 全民健身应当弘扬社会主义核心价值观，坚持以人民健康为中心，普及健身知识，倡导健康理念，遵循政府主导、社会参与、单位支持、共建共享、文明和谐的原则
丽水市物业管理条例	第三条 业主和物业服务企业开展物业管理活动，应当遵循诚信友善、公平公开、有偿服务的原则

（二）社会主义核心价值观入法入规实践样态的评介

1. 文明促进型立法、社会信用条例践行诚信立法蔚为大观

文明促进型立法坚持弘扬社会主义核心价值观中的“文明”价值，成为地方立法的一大风景。各地的文明行为促进条例第一条大多采取“为了培育和践行社会主义核心价值观”的句式表明立法目的。所蕴含的核心价值观、促进社会文明进步和公序良俗将更易引起人们对法律合法性的认可。中国的核心价值

内在于中国文化中，它指引着中国人的生活，赋予中国人的生命以文明的意义。① 值得指出，天津对精神文明高度关注，专门制定三件法规，分别是《天津市公共文化服务保障与促进条例》《天津市促进精神文明建设条例》《天津市文明行为促进条例》，从而形成了立法上的配套和相互关照，增强了规范性文件的可操作性。

社会信用条例的颁行，促进了诚信价值的入心入脑，同时迈出了构筑诚信守法的制度机制的成功尝试。和谐社会的建构，既需要诚信等道德元素，更仰赖法律的制度支撑。一方面倡导和建立社会诚信体系，另一方面充分发挥法律的规范作用，增加违法失信的成本，以保护性的方式调整违法和失信的不利条件或者不利环境，从而预防和减少违法失信等现象。对此，习近平提出："要健全公民和组织守法信用记录，完善守法诚信褒奖机制和违法失信行为惩戒机制，形成守法光荣、违法可耻的社会氛围，使尊法守法成为全体人民的共同追求和自觉行动。"②

2. 立法机关积极主动，增强将道德规范转变为法律规范的能力

从国家层面到设区的市，各级享有立法权的人大积极作为，竭尽全力将道德诉求上升为法律条款。习近平明确指出："要把实践中广泛认同、较为成熟、操作性强的道德要求及时上升为法律规范，引导全社会崇德向善。"③ 对于行使国家立法权的全国人大及其常委会，则明确提出具体的要求："要在确保质量的前提下加快立法工作步伐……注重将社会主义核心价值观融入立法，健全国家治理急需、满足人民日益增长的美好生活需要必备的法律制度。"④

从传统的促进宏观调控逐步向促进社会治理、社会服务领域拓展。坚持主体间性，加强协同治理。从国家治理的层面，强调法律多元，法律的构成要素的协同治理，倡导社会主义核心价值观的立法目的，促进诚信、平等、和谐等立法常常以法律原则、义务性条款等规定呈现出来，合乎人们的认知需求和规范性调整的规律。

（三）核心价值观入法入规存在的主要问题

1. 核心价值观融入义务性规则时，仍在一定程度上重复宣言性立法窠臼，规范性不足。核心价值观作为立法目的融入法律法规时，表达了一个概念或者

---

① 江国华，童丽．反思、拨正与建构：促进型立法之法理阐释［J］．华侨大学学报（哲学社会科学版），2021（5）：102-112.

② 习近平．论坚持全面依法治国［M］．北京：中央文献出版社，2020：115.

③ 习近平．习近平谈治国理政：第二卷［M］．北京：外文出版社，2017：134.

④ 习近平．在中央人大工作会议上的讲话［J］．人民政坛，2022（2）：4-9.

原则。但是作为义务性规范时，仍在沿用作为国家政策和目标的一种表达方式的宣言性立法，导致法律条款缺乏具体行为模式或法律后果。这种立法模式被称为象征性立法①或叙述性立法②。

因此立法更多表达以口号、目标宣示为内容的国家意志，大量的法律规范过于原则、抽象，法律规范与政策或政府的“红头文件”的界限不甚明朗。这种为追求法律管辖的普遍性而牺牲法律的不确定性的做法，不可取，正如孟德斯鸠所言：“在法律已经把各种观念很明确地加以规定之后，就不应再回头使用含糊笼统的措辞。路易十四的刑事法令，在精确地列举了和国王有直接关系的讼案之后，又加上这一句‘以及一切向来都由国王的法庭审理的讼案’。人们刚刚走出专横独断的境地，可是又被这句话推回去了。”③

在此以《中华人民共和国公共图书馆法》（以下简称《公共图书馆法》）为例做一说明。《公共图书馆法》于 2018 年 1 月开始实施，是促进公共图书馆事业发展，发挥公共图书馆功能，促进全民阅读，保障公民基本文化权益的一部重要法律，其中第五章是法律责任的专门规定，共有 6 个法律条文。而该法第二章到第四章分别规定了公共图书馆的设立、运行和服务事项，广泛采用了“应当”等义务性条款中的命令式规则，充分嵌入了“平等”“和谐”“法治”等核心价值观，要求公共图书馆“按照平等、开放、共享的要求向社会公众提供服务”（第十三条）；“政府设立的公共图书馆应当通过流动服务设施、自助服务设施等为社会公众提供便捷服务”（第三十九条）。充分表明了立法者的态度，然而在规则条款中又沿袭宣告和倡导模式。也就是说，尽管这两个条款按照一般和特别的逻辑关系展开，但又缺乏针对性的可诉性条款或其他救济条款予以保障主体权利，约束政府权力。表现了“采用倡导性、原则性的软法规制模式，为公共图书馆法的过渡适用提供制度缓冲”④ 的立法初期的“阶段性成果”。

2. 奖励性条款和责任性条款的衔接不够。法律规则的逻辑结构是指法律规则在逻辑意义上的要素组成以及它们之间的相互关系。为此，存在二要素说和三要素说两种看法。二要素说认为，法律规则的结构主要由行为模式和法律后

---

① Roger Cotterell. The Sociology of Law：An Introduction [M]. London：Butterworths，1984：58.

② Jan Van Dunne. Narrative Coherence and Its Function in Judicial Decision making and Legislation [J]. The American Journal of Comparative Law，1996（44）：463-478.

③ 孟德斯鸠. 论法的精神：下 [M]. 张雁深，译. 北京：商务印书馆，1961：297.

④ 马奎丽. 我国《公共图书馆法》的立法定位与功能构建 [J]. 黑龙江省政法管理干部学院学报，2023（1）：35-41.

果构成。其中，行为模式即法律规则中规定人们具体行为方式的部分，包括可以做模式、应当做模式和禁止做模式。法律后果是法律规则中规定人们在作出符合或不符合行为模式的要求时应承担相应的结果部分，包括肯定的后果和否定的后果。三要素说则认为，由“假定、处理和制裁”三部分构成。制裁仅针对违反义务而受到的否定性后果，因此，在这个意义上，本书择其善者而从之，认为法律规则的逻辑结构由“条件、行为模式和后果”的三要素构成。

部分法律法规充分践行社会主义核心价值观，将奖励性条款置于总则部分，而将责任性条款置于法律责任部分，导致两者之间衔接不够。法律法规作为践行社会主义核心价值观的手段，还需主要依靠具有强制性的法律后果来实现。法律责任的设置可以将人们的行为限制在合法范围内，保障地方性法规和社会主义核心价值观要求的实现。

因此，在核心价值观入法入规的实践中，不妨认真对待奖励性条款，注意与法律责任条款的衔接。或专设“奖励与处罚”专章或专节以代替现行法律文本中“法律责任”专章或专节，不设专章专节的情况下，应将奖励性条款规定置于法律责任条款之前。① 而不是在总则中设置带有鼓励、支持等奖励性的原则性条款。

四、社会主义核心价值观融入法律体系前瞻

（一）立法机关应当努力增强法律法规的可操作性

宣言性立法在成文法国家或地区是极其常见的。比如我国的特别行政区澳门，回归前既有颁行纲要法的先例，第 2/91/M 号法律《环境纲要法》、第 6/94/M 号法律《家庭政策纲要法》等。澳门回归祖国后，截止到 2022 年 12 月 31 日，立法会制定并通过了 8 部带有“纲要法”字样的规范性法律文件（见表 3-5）。在商务印书馆 2016 年第 7 版的《现代汉语词典》中，“纲要”具有提纲和概要两层意思，且概要多用于书名或文件名。所以，用于规范性法律文件名称时，纲要就是概要或者框架的意思。

表 3-5　澳门特别行政区颁布的带有“纲要法”字样的法律

法律编号	名称	在全体会议通过的日期
2/1999	政府组织纲要法	1999-12-20

① 汪全胜．法律文本中的奖励性条款设置论析［J］．法治研究，2013（12）：67-75.

续表

法律编号	名称	在全体会议通过的日期
9/1999	司法组织纲要法	1999-12-20
9/2000	科学技术纲要法	2000-07-06
14/2001	电信纲要法	2001-08-09
9/2002	澳门特别行政区内部保安纲要法	2002-11-27
9/2006	非高等教育制度纲要法	2006-12-13
15/2017	预算纲要法	2017-08-09
7/2018	海域管理纲要法	2018-07-12

从法律文本的表达来看，澳门特区立法会颁布的“纲要法”系列主要以法律的原则、目的、宗旨等表现出来的具有不确定性的规范构成。如《海域管理纲要法》第一条规定：“本法律订定澳门特别行政区海域管理的一般原则和制度框架，包括海域管理的相关法律制度基础，以及统筹机关与相关主管实体之间的制度架构。”强调一般原则和制度框架。而从构成要素的层面而言，其实这就是成文法中的法律原则条款。这些法律的主要特点是体现政策性、方向性或指引性，带有宣言性立法的味道。从司法救济的层面，这些法律常常被评价为“可诉性弱”“操作性差”等。但是，澳门将政策性、指引性标准具体用于政府提出法律案、立法会进行逐层审议的各个环节，以此带动后续围绕宣言性法律进行执行性立法。通过制定执行性法规对位阶更高的法律作出必要的补充和细化，这就是澳门转化宣言性立法的成功经验。因而是值得内地立法主体借鉴的。

2016 年 10 月 7 日，政府提交的《预算纲要法》最初草案文本只有 31 条，无论是结构还是内容都极为粗陋。作为提案人的政府解释说，希望法案对预算事宜作原则性规定，详细规定留待日后的法规完成。但是，立法会认为在第 13/2009 号法律《关于订定内部规范的法律制度》生效以后，上述状况有了转变。这是因为，该法律第 4 条第 2 款明确规定：“法律应有确定、准确和充分的内容，应清楚载明私人行为应遵守的法律规范，行政活动应遵循的行为规则，以及对司法争讼作出裁判所应依据的准则。”根据上述规定的要求，法案不应采取过于笼统和概括的方式，即使采用纲要法的名称，在内容方面仍应该做到“确定、准确和充分”。为此，不仅要求法案在结构上完整，在内容上也要更详细和具体，以便具备法律应有的完整性和可操作性。

（二）持续推进文化领域行政立法社会服务功能

对民主和法制关系的正确认识，为依法行政法律制度的恢复与夯实打下了基础。这一时期再次通过了组织法和行政管理的法律，以规范行政组织和行政活动。1982 年宪法颁布后，行政立法步入快车道，规范公共权力的行使，促进依法行政成为立法机关的共识。行政法治获得长足发展。自 1989 年 4 月 4 日，第七届全国人民代表大会第二次会议通过《中华人民共和国行政诉讼法》以来，2014 年 11 月 1 日第十二届全国人民代表大会常务委员会第十一次会议和 2017 年 6 月 27 日第十二届全国人民代表大会常务委员会第二十八次会议共作出两次修正。被媒体通俗地称为“民告官”的行政诉讼制度，从立法初衷的设计来看，以司法监督和审视具体行政行为的合法性，实现对公民、法人和其他组织的权利救济，救济机制在于限制或约束权力。此后相继颁行的《中华人民共和国国家赔偿法》《中华人民共和国行政处罚法》《中华人民共和国行政复议法》《中华人民共和国行政许可法》《中华人民共和国行政强制法》，均以对具体行政行为的规制为立法重心。重拳出击之下，实现对行政处罚、行政复议、行政许可和行政强制以及国家赔偿等行政执法行为的监督，将具体行政行为予以规范，实现依法行政。

在社会实践和社会生活发生深刻变化的同时，以行政模式、行政职能、行政手段、政府角色等根本性变革为基本内核的行政转型是近年来行政机关自身变革的主要方面。① 行政立法“不仅要为行政主体与行政相对人制定共同遵守的准则、程序，更要将国家的价值理想与社会价值准则融入规范之中，使制度蕴含国家的主流价值观”②。将社会主义核心价值观融入行政立法成为基本趋势和根本遵循。掀起行政立法对国家核心价值和社会风气的引导等社会作用和示范作用的大幕。

国家的行政立法中，除了继续为行政权力的行使划定边界和开具权力清单式立法外，还加强了社会服务功能，对公共文化、电影产业、国防教育等重点社会文化领域加强了立法工作。《中华人民共和国公共文化服务保障法》《中华人民共和国电影产业促进法》《公共图书馆法》和《中华人民共和国国防教育法》等行政类法律就是这些立法成果的典型代表。希望今后有更多的行政立法，促进社会文化水平提升，加强核心价值观的引领。

---

① 江国华．行政转型与行政法学的回应型变迁［J］．中国社会科学，2016（11）：129-142.

② 肖北庚．在行政立法中全面弘扬社会主义核心价值观［J］．求索，2021（1）：151-160.

（三）充分考虑核心价值观融入法律法规时的契合度

核心价值观融入部门法率先体现在立法阶段，表现为核心价值观引导部门法的“立、改、废、释”，也可具体到部门法中某一具体制度的设计与完善。需要注意的是，核心价值观融入部门法需要考察各部门法的特性，尤其要契合各部门法的基本理念。① 例如，诚信的核心价值通常作为诚信原则融入规范性文件之中。但是，应当指出，虽然诚信原则适用范围广泛，却只有在有一定法律上关联的当事人之间，要求其依诚信标准行为才有正当性。如果当事人之间并无任何“特别关联”，这种较高的注意义务就无从建立。否则，就会构成对当事人过于沉重的、不必要的负担，最终影响行为自由。②

比如，诚信原则虽然被誉为民法的“帝王条款”，但是其在证券法中并不当然直接适用：其一，证券市场投资者不具有诚实信用的主观态度。证券交易具有投机性，交易者的主要目的在于高卖低买，乘机牟利，从而将损失转嫁给他人，是一种零和博弈。其二，证券市场不具有诚实信用的存在环境。③ 证券交易主要采取“一对多”“多对一”或者“多对多”的交易模式，交易双方无须知道交易对方的存在。由此可见，是将某一价值直接引入、修正后引入还是将其作为某一部门法既有价值的补充，或是价值填充，都值得深入思考和仔细斟酌。④

对于社会信用地方立法来说，虽然社会信用条例大多要求践行诚实信用，但这只是意味着社会诚信立法的价值取向。再者，即使确定了社会信用立法的诚信指向，法律制度的建构和体系化成长，也要符合和遵循社会信用的一般原理。

（四）社会主义核心价值观引领法律规范体系建设

我国的立法形式始终是成文法典，不外乎以特定概念为核心，进行体系建构、逻辑推导，调整同一类社会现象的法律，组成有机联系的整体。显示了逻辑自洽、追求规范的确定性、立法价值的彰显。将社会主义核心价值观融入某一类法律关系的基本法中，然后建立成龙配套的执行性立法体系。

① 张崇胜．社会主义核心价值观融入法治建设研究：现状、问题与完善：基于 2013—2020 年相关文献的解读［J］．天津滨海法学，2021（0）：119-129.

② 于飞．公序良俗原则与诚实信用原则的区分［J］．中国社会科学，2015（11）：146-162，208-209.

③ 张崇胜．社会主义核心价值观融入法治建设研究：现状、问题与完善：基于 2013—2020 年相关文献的解读［J］．天津滨海法学，2021（0）：119-129.

④ 张崇胜．社会主义核心价值观融入法治建设研究：现状、问题与完善：基于 2013—2020 年相关文献的解读［J］．天津滨海法学，2021（0）：119-129.

苏永钦先生在论及民法典的体系功能时曾经指出："民法典即使不能集大全，其全面观察的体系功能，在现代社会仍然无可取代。立法者必须先用一些精确的统摄性概念，建立必要的条件式规范，再把这些规范分门别类地放在一起。"① 将社会主义核心价值观融入促进类立法实践，形成相关法律关系领域的基本法，社会主义核心价值观就是该领域的统摄性概念，然后经由制定同一位阶或者低位阶的规范性文件予以具体化、体系化、明确化，从而带动相关法律关系的系统化和结构化。

"从一个较大的社会角度来看，一个法律系统最主要的功能就是整合。它被用来减缓可能造成冲突的因素，并且被用来当作社会互动运转的润滑剂。"② 在面对一系列由于基本权利的具体配套法律机制尚未建立，城乡二元结构导致的不均衡及差异化的现象，结合其实现的制度性依托，在市场经济的作用下，为达成和谐必须谋求具有强有力的整合机制，从而能够有效消解社会互动中存在的各种矛盾并能够整合各种资源要素为一个有机、和谐、协调的社会统一体。

"培育和弘扬社会主义核心价值观，不仅要靠思想教育、实践养成，而且要用体制机制来保障。"③ "实际运作中的法律制度是一个结构、实体和文化相互作用的复杂的有机体，要解释其一部分的背景和作用，必须调动制度中的许多组成部分。"④ 正是在这个意义上，核心价值观入法入规不是一个孤零零的社会现象，它需要一系列配套措施的协调运作；核心价值观融入法治的建设在我国的确立和实现也不是一蹴而就的事情，它是一项系统的工程，需要综合考虑各方面的因素，进行相关衔接制度、协调机制的改革。

进入新时代，中国特色社会主义法治建设迎来了新的历史时期，尤其是在党的十八届四中全会上，将法治建设的重点转移到全面推进法律的实施，全新的十六字方针应运而生："科学立法、严格执法、公正司法、全民守法。"在时间的见证下，经过理论和实践的双重探索，有理由相信，社会主义核心价值观不仅得到弘扬和传承，而且实现了从法治奠基的思想基础演进到系统构建的突破和提升。由此所构建的波澜壮阔的社会场域，为立法机关凸显主体性作用提供了资源和动力，并促进自身的转型和立法职能的发展。

---

① 苏永钦．寻找新民法［M］．北京：北京大学出版社，2012：41.

② EVAN W M. 法律社会学［M］．台北：巨流图书公司，1996：81.

③ 中共中央文献研究室．习近平关于社会主义文化建设论述摘编［M］．北京：中央文献出版社，2017：111.

④ 弗里德曼．法律制度［M］．李琼英，林欣，译．北京：中国政法大学出版社，2002：18.

第四章

立法机关自身的转型与人大立法职能的发展

1990 年 3 月，时任国家主席的江泽民在参加七届全国人大三次会议、全国政协七届三次会议的党员负责同志会议上发表讲话，强调“继续完善人大及其常委会的各项职能，特别是加强立法工作和监督工作；要进一步密切各级人大同人民群众的联系，更好地发挥人民代表的作用；加强人大及其常委会的自身建设”①。将人大的立法工作摆在突出的位置和主要职能的首位。2007 年 10 月，中国共产党第十七次代表大会提出，要扩大社会主义民主，建设社会主义法治国家，支持人民代表大会依法履行职能。人民代表大会制度建设方面，党中央作出一系列具体的安排部署。在党的领导下，全国人大及其常委会依法修改了《宪法》《地方组织法》《中华人民共和国选举法》《立法法》《中华人民共和国监督法》及《全国人民代表大会和地方各级人民代表大会代表法》（以下简称《代表法》）等与人大制度相关的规范性法律文件。党的十八大以来，人大常委会机关自觉地坚持党对立法工作的领导，努力将全面依法治国特别是新理念、新思想、新战略贯穿立法全过程，实现了立法工作的新突破。

立法权是国家权力的重要组成部分，其一，立法权的主体是特定的和专业的，只能由特定的主体来行使，其他任何机关和个人都无权行使；其二，立法权的具体权限是特定的，是指②特定主体制定、修改、补充和废止规范性文件以及认可法律规范的活动。主体特定、权限特定，意味着立法权由专门机关依法行使，依照法定职权和程序行使。随着社会转型的形成和发展，立法机关的转型和变革，影响着人大立法职能的变迁。

第一节　立法机关转型的历史沿革和特点评介

中国特色社会主义进入新时代，我国社会主要矛盾已经转化为人民日益增

① 中共中央文献研究室．十三大以来重要文献选编（中）［M］．北京：人民出版社，1991：944-946.

② 朱力宇，叶传星．立法学［M］．北京：中国人民大学出版社，2023：19.

长的美好生活需要和不平衡不充分的发展之间的矛盾。锚定不同历史时期的社会主要矛盾，检视现有发展难题，由此制定相应的方针政策，是中国共产党治国理政的实践逻辑。立法机关向社会供给规范性文件的全过程，也应当围绕这一重大转型展开。

一、人大立法转型的历史进程

全国人大及其常委会是宪法确认的国家立法机关，在整个国家立法体系中居于主导地位。我国地方立法实践始于1979年，《地方组织法》赋予省、自治区、直辖市人大及其常委会有权制定地方性法规，由于地方立法主要以执行性立法和创制性立法作为权力形态，所以讨论立法机关自身转型的历史进程以全国人大及其常委会作为考察对象。

（一）立法服务于经济社会发展大局

1978年，全国人民代表大会作为我国最高国家权力机关，恢复了日常工作。整个20世纪80年代和90年代初期，全国人大开始驶入制定法律的快车道，火力全开与时间赛跑，旨在填补法律的空白，编织有法可依的规范体系。1981年6月党的十一届六中全会提出“使各级人民代表大会及其常设机构成为有权威的人民权力机关”。1979年2月至1988年，彭真先后担任第五届全国人大常委会副委员长、第六届全国人大常委会委员长期间，不仅主持通过了现行宪法，而且领导制定了一系列基本法律，以及一批经济、行政的重要法律，立法数量上达到80多部，其中与经济建设有关的法律有40部，为改革和经济建设立法成为改革初期法制建设最鲜明的特色。① 七届人大始终以经济建设和改革开放为中心创制规范性法律文件，出台的法律总数是59件，其中经济类法律占总数的35.6%达致21件。与此同时，七届人大常委会开始把制定保障公民权利方面的法律放在重要位置。制定了落实宪法规定的基本权利的集会游行示威法、工会法；制定了行政诉讼法，“民告官”开始成为媒体关注的话题。实现宪法文本中规定的公民基本权利的具体化，促进了宪法的实施。

因应1993年通过的宪法修正案“国家实行社会主义市场经济”的命题，八届人大常委会把加快经济立法作为第一位的任务，“规范市场主体、维护市场秩序、加强宏观调控、完善社会保障等方面的主要法律项目”被列入五年立法规划的重点项目。同时，也安排了加强社会主义民主政治建设、健全国家机构组织制度以及促进科学教育文化事业发展、保护环境和加强国防建设等方面的一

① 阿计．1980年代：改革起航的方法奠基［J］．公民导刊，2011（5）：40-41.

些法律。实现这个规划，就可以大体上在搭建形成社会主义市场经济法律体系的框架下，统筹安排进一步健全其他方面的法律制度。第六、七、八届全国人大，虽然都聚焦经济类法律的制定，但是从八届人大开始，经济基础实现了质的飞跃，从计划经济开始向市场经济转型。

十届全国人大常委会仅在开局之年的2003年，出台居民身份证法、行政许可法、道路交通安全法等法律，凸显立法为民、权利保护的价值理念，昭示国家立法正在发生面向“以人为本”、保障公民权利的重大转型。2004年现行宪法迎来第四次修改，“国家尊重和保障人权”等重要内容载入宪法。这是党执政理念上以人为本的升华。尊重和保障人权被确定为一项宪法原则，在现有法律体系内将有助于增强和具体落实宪法人权条款的法律，使“以人为本”制度化、法律化。

（二）以制定新法为主到修改旧法与制定新法并重的转型

从1979年到1992年，共和国的法治建设经历了最初的奠基阶段。第五、六、七届全国人大及其常委会坚持将立法职能放在首位，为构筑以宪法为统领，门类齐全、结构严密的法律体系开启立法竞赛，有法可依格局正在铺陈开来。

第九、十届人大常委会在制定新法的同时注重现行法律的修改完善，包括物权法、义务教育法等重要立法项目相继完成。特别是九届人大期间，审议通过法律76件，其中41件是对原有法律的修改，修法的比例超过50%。这项成就归功于本届人大坚持把修改原有法律与制定新的法律放在同等重要的位置。把实践证明是成功的新经验和新认识及时用法律规定下来，使立法工作适应我国社会发生的广泛而深刻的变化，更好地发挥法律对现实生活的规范作用。①

十一届人大常委会期间，积极贯彻党的十五大提出的立法工作目标，中国特色社会主义法律体系将在2010年宣告建成。就立法工作如何应对法律体系的形成，吴邦国在报告中进行了分析并得出了结论。强调法律体系是动态的、开放的、发展的，立法工作只能加强不能削弱；强调要把更多的精力放到法律的修改完善上，放到推动法律配套法规的制定修改上，同时为适应经济社会发展需要制定一些新的法律，不断完善中国特色社会主义法律体系；强调要更加注重宪法和法律的有效实施，切实做到有法必依、执法必严、违法必究。可以说，中国的立法工作正在经历从立法为主到修法为主的变迁。②

沿着这种充满蓬勃生机的趋势，十二届全国人大及其常委会五年来共制定

---

① 李鹏．全国人民代表大会常务委员会工作报告：2003年3月10日在第十届全国人民代表大会第一次会议上［J］．中华人民共和国全国人民代表大会常务委员会公报，2003（2）：196-210.

② 吴逸．从立法为主到修法为主的变迁［N］．检察日报，2013-03-09（1）.

法律25件，修改法律127件次，修改与制定之比为508：100，修改现有法律的数量远远超过制定新法的数量。

十三届人大五年来通过宪法修正案，制定法律47件，修改法律111件次。对现行宪法和法律进行完善的数量，极大地超过新法出台的总量。其中最具有修法里程碑意义的，非民法典的编纂莫属。这是新中国成立以来第一部以“典”命名的法律。从形式上看，民法典的问世，是将曾经作为单行法的民法通则、民法总则、物权法、合同法、担保法、婚姻法、继承法、收养法、侵权责任法打包成一部法律，表面上看是顺应了便利查阅法律，简化法律的感性需求，但深层次的原因则是法律理性的作用。借用艾伦·沃森的研究，法典编纂归功于启蒙运动所确立的法律是一种理性的信念。“使人相信法律可以建立在理性的基础上，这种理性的动机导致了法律变革，导致了理性与民法传统结盟，促成了官方编纂法典。”① 法典编纂充分发挥法律的体系化和配套整合作用，这种“法律体系化效应是把大量习惯法和分散的法律编制为一体，找出内在的逻辑变成整体，使得立法上互相的矛盾和漏洞进行消除、法律形式进行固定的过程”②，体现了立法的科学性。

（三）立法工作从数量型立法向质量型立法的转变

亚里士多德对良法之于法治的重要性言犹在耳：“法治应包含两重意义：已成立的法律获得普遍的服从，而大家所服从的法律本身又应该是制定得良好的法律。”③ 第一重含义强调法律获得普遍的遵守，当然包括国家权力的依法行使。法律获得大家普遍的认同和遵守既有主体守法意识水平较高的原因，还在于法律具有权威。而第二重含义则意味法律权威的来源在于良法的统治。良好是对法律质量的要求，而这个质量最根本、最重要的标准就是能够尊重保障人权、维护人民的利益，要真正体现人民的意志，使我们的法律能够成为每个公民利益和权利的保护神。④

七届全国人大及其常委会最突出的工作是增强立法工作计划性，加快立法步伐，1988年制定了五年立法规划，1991年又修订了立法规划，确定了必须如期完成起草和抓紧调研论证的一批法律草案。

---

① 沃森．民法法系的演变及形成［M］．李静冰，姚新华，译．北京：中国法制出版社，2005：144.

② 孙宪忠．十九大科学立法要求与中国民法典编纂［J］．北京航空航天大学学报（社会科学版），2018（1）：5-7.

③ 亚里士多德．政治学［M］．吴寿彭，译．北京：商务印书馆，1965：199.

④ 李林．立法不仅要数量，更要有质量［J］．政府法制，2016（29）：1.

十届全国人大常委会明确提出任期内“以基本形成中国特色社会主义法律体系为目标、以提高立法质量为重点”的立法工作思路。一系列以提高立法质量为宗旨的改革措施开始推行，中国立法实践逐渐进入了数量与质量并重的新阶段。加强民主立法包括向社会公开法律草案全文，广泛听取民意；开启最高立法机关历史上首次立法听证会等；草案审议前组织专家召开听证会加强科学立法等。

十二届人大常委会规定，不论是初次进行审议还是继续审议的法律草案均需要向社会公布征求意见，五年来公布法律草案 81 件次。从本届常委会通过的第一部法律开始，建立并实施法律案通过前评估制度，使立法更加科学缜密。①

十三届人大常委会的关键词是对社会主义市场经济法律制度加以“完善”，对多部法律作出修改，及时解决法律规定与实践发展不相适应的问题，加强立法与改革的衔接。突出表现在电子商务法和外商投资法的出台。电子商务法的制定，有利于促进公平交易和新型市场业态的健康发展，既是法治对市场环境的保障，也彰显了法治对改革的引领作用。外商投资法高度肯定我国改革开放的新理念新思路新举措，同时对于新时代推动形成我国新一轮高水平对外开放新格局具有重要促进和保障作用。

随着我国法律体系的宣告建立，立法实现从量变到质变的飞跃。全国人大以立法实践和立法改革为车轮，驶入质量立法、行稳致远的跑道。

二、立法机关转型的特点评介

首先，人大立法职能转型的突出特点在于全国人大常委会及时回应党的各项方针、政策和决议，从而在党的政策的指导下，启动法律的制定和修改。体现了国家立法机关对于党的领导的拥护和支持，以及顾全大局的政治意识。这一任务历史地落在第八届全国人大常委会任期内。1992 年邓小平南行发表谈话，党的十二大提出经济体制改革的目标是建立和完善社会主义市场经济体制。奏响经济体制改革的主旋律，为市场经济立法，成为八届人大发挥立法职能的历史背景和核心任务。从 1993 年 3 月到 1998 年 3 月的 5 年内，通过了包括公司法、乡镇企业法、预算法、价格法、消费者权益保护法等总计 118 件法律。坚定地演绎了立法与改革的关系，改革催生了立法，立法保障了改革。改革也成为促进立法机关发挥立法职能的引擎和动力，健全立法程序的改革思路开始酝酿。

其次，全国人大常委会主动改革立法程序，审议草案统一实行“三审制”。

---

① 胡健．改革开放四十年国家立法［J］．地方立法研究，2018（6）：89-98.

如果说，从九届人大开始，修改法律的立法形式被全国人大常委会重视并进行大量修法实践，但是彼时仍然践行的是经验式立法路径，随着经济体制的改革启动既有法律的修改，从而发挥法律的规范作用。因而这种立法思路仍然是一种被动模式，努力地修修补补，以追赶变动不居的社会物质生活条件。应当指出，九届人大改进法律草案的审议程序，则是积极自主进行。1998 年 4 月 29 日下午，第九届全国人大常委会第二次会议举行闭幕会，李鹏讲话指出："今后审议法律草案一般要实行'三审制'：一审，听取提案人对法律草案的说明，进行初步审议；二审，在经过两个月或者更长的时间，委员们对法律草案进行充分的调查研究后，围绕法律草案的重点、难点和分歧意见，进行深入审议；三审，在专门委员会根据委员们的审议意见对法律草案进行修改并提出审议结果报告的基础上再作审议，如果意见比较统一，即交付表决。"① 从而让法律委员会、各专门委员会有充分的时间思考、讨论草案，真正实现审议的科学性。

最后，立法需求的综合性、复杂性、多元化，加剧了发现和记录社会需求的难度。随着五位一体的总体布局的实施，人民群众对生态环境的关注，对美好生活的向往，无不涉及经济发展与环境的问题。当代人权问题和经济问题的转型发展，绿水青山就是金山银山的通俗表达已经成为人们的共识。这些内容当然是立法转型的重要内容。而且环境保护与经济发展之间的关联性也是立法的立、改、废的过程中值得予以高度关注的问题。这也表明，立法机关在启动立法项目或拟定法律草案的过程中，对于立法事项的选取和把握，不应仅仅停留在当下的事实层面，还需考虑城乡发展和居民美好生活的未来需求。通过立法治理，既要考虑各种诉求的规范表达，还要结合价值层面的诸多因素发挥价值引领作用。

第二节　人大履行立法职能的困境与反思

一、人大履行立法职能的主要困境

（一）立法规定的内容粗陋模糊

立法文本的内容只有具体、明确，才能更好地发挥指引、评价、教育、预测等规范作用。然而国家立法和地方立法文本内容却简单粗糙，具体表现在三

① 阚珂．立法"三审制"是怎样确立的？（下）［J］．中国人大，2019（20）：52-53.

个方面。

1. 立法文本含糊不清，缺乏明确的指引

有研究总结了地方立法文本中过多过滥使用“依法”“有关/相关+部门/规定”，模糊使用“及时”“按时”“法定程序”等不明确、不具体、缺乏针对性和可执行性的模糊用语，导致出现让执法者、司法者、守法者看得见、用不上的现象。①《天津市旅游促进条例》第八条规定：“市和区人民政府及其文化和旅游部门应当对促进旅游业发展作出突出贡献的单位和个人，按照有关规定给予表彰和奖励。”这是该条例促进旅游发展立法目标的核心条款，遗憾的是，存在三个缺陷：一是“作出突出贡献的单位和个人”这一标准是否明确尚不清楚，二是“有关规定”是否已经有生效的文件或规范性法律文件予以明确规定尚不清楚，三是“表彰和奖励”属于模糊立法，除了实施奖励的机关明确之外，什么时间奖励、如何奖励都有待确定。这些缺陷导致该条例即使名为促进，但由于促进机制极不确定，限制了促进旅游目的的实现。

再以《北京市志愿服务促进条例》为例，奖励或激励性规范主要包括第三十七条、第三十九条和第四十条等三个条款，这些条款分别使用“有关规定”“有关部门”“适当”和“一定的”模糊性用语。采用模糊用语或委任性立法技术，实则导致促进型立法的实施，可操作性、可执行性大打折扣，从而具有极大的随意性。缺乏激励机制，容易挫伤有意向从事志愿服务人士的积极性。

2. 责任性条款的设置过于含糊或者确定性较弱

一是责任性条款过于含糊笼统。《河南省志愿服务条例》规定了志愿者、志愿服务组织的权利和义务，但是与之相对应的责任条款只有笼统的一个条文。该条例第四十四条规定：“违反本条例规定的行为，按照有关法律、法规的规定予以处理。”至于有关法律、法规的具体名称和内容均缺乏详细的说明。

二是责任性条款的确定性较弱。《中华人民共和国道路交通安全法》（以下简称《道路交通安全法》）于 2003 年 10 月 28 日通过，2004 年 5 月 1 日实施。后经过 2007 年、2011 年和 2021 年三次修订，在法律责任条款的设置方面，内容比较全面，但依然存在两类问题：一是委任性条款的规范性有待提升，表现为委任性条款的立法主体被转授。比如，《道路交通安全法》规定“关于设立道路交通事故社会救助基金，具体办法由国务院制定”。2006 年 7 月《机动车交通事故责任强制保险条例》（以下简称《交强险条例》）颁布施行（后于 2019 年

① 广安市人大常委会课题组．地方立法“玻璃门”现象实证研究［J］．人大研究，2021（5）：32-39.

3 月第四次修订），与《道路交通安全法》共同构筑的社会救助基金制度终于露出冰山一角。为了解决机动车交通事故责任强制保险责任的限额，《交强险条例》经由委任性规则，授权国务院相关部门联合立法作出规定。于是，2010 年 10 月实施《道路交通事故社会救助基金管理试行办法》，十余年之后，终于升级为 2022 年颁行的《道路交通事故社会救助基金管理办法》。二十多年来，国务院始终没有专门出台关于“道路交通事故社会救助基金”的行政法规，而是通过不断修订完善《交强险条例》，以此推动道路交通事故社会救助基金通过部门规章的形式落地和实现。委任性条款的设计，导致上位法的确定性较低，留待位阶更低的法规“创设性立法”。《道路交通安全法》第十七条的委任性规则的制度设计，由此产生了全国人大常委会对国务院的授权，国务院授权给国务院相关部委的行政立法实践，最终制定道路交通事故社会救助基金的主体变成了国务院的相关部委。所以，主要问题不是法律授权国务院制定行政法规的委任性立法设计，而是要规范国务院授权其职能部门，以制定部门规章的形式行使行政立法权，防止部门利益或地方利益的法律化、制度化。二是准用性责任条款始终不够具体和明确。针对车辆检验收费过高以及机动车生产企业生产不合格机动车并销售的处罚的依据分别按照价格法和产品质量法的有关规定执行。至于这两个法律有无针对性规定，具体适用何种规定则语焉不详。

表 4-1 《道路交通安全法》部分责任性条款分析

条款性质	条款内容	条款内容	条款间的关系
委任性责任条款	第十七条　国家实行机动车第三者责任强制保险制度，设立道路交通事故社会救助基金。具体办法由**国务院**规定	第九十八条　机动车所有人、管理人未按照国家规定投保机动车第三者责任强制保险的，由公安机关交通管理部门扣留车辆至依照规定投保后，并处依照规定投保最低责任限额应缴纳的保险费的二倍罚款。 依照前款缴纳的罚款全部纳入道路交通事故社会救助基金。具体办法由**国务院**规定	第十七条是一个总的框架，由国务院制定道路交通事故社会救助基金。 第九十八条则将因未投保交强险所缴纳的罚款纳入该基金

续表

条款性质	条款内容	条款内容	条款间的关系
准用性责任条款	第九十四第一款　机动车安全技术检验机构实施机动车安全技术检验超过国务院价格主管部门核定的收费标准收取费用的，退还多收取的费用，并由价格主管部门依照**《中华人民共和国价格法》**的有关规定给予处罚	第一百零三条第二款　机动车生产企业经国家机动车产品主管部门许可生产的机动车型，不执行机动车国家安全技术标准或者不严格进行机动车成品质量检验，致使质量不合格的机动车出厂销售的，由质量技术监督部门依照**《中华人民共和国产品质量法》**的有关规定给予处罚	处罚的依据分别按照价格法和产品质量法的规定执行

相对于确定性责任条款，委任性责任条款必须借助其他授权主体来具体设置相应的责任条款要素，致使法律责任实现的确定性较低。如果授权主体责任规定明确具体，那么法律责任的实施将顺畅一些。反之，如果授权立法规定含糊粗陋，甚至没有立法，那么该委任性责任条款的可操作性则根本不存在。而准用性责任条款本意是与相关调整内容具有关联的法律之间保持一致和协调，如果其他法律中的责任条款设置不完整或体系性差，仍然影响该责任条款的实施。表 4-1 中的两个准用性责任条款，一个是 1998 年颁行的价格法，截止到 2023 年，收费标准仍沿用 1998 年的标准大有滞后之嫌。置于产品质量法，对产品的界定过于笼统，而机动车作为特殊商品，却适用普通产品的质量标准，存在针对性不够、震慑性不足等弊端。

3. 不同的规范性法律文件针对同一义务性规定设置的责任条款相互抵触

比如，违反禁止性规则实施伪造机动车号牌、行驶证、驾驶证等行为的，《道路交通安全法》第九十六条规定，由公安机关交通管理部门予以收缴，扣留该机动车，处 15 日以下拘留，并处 2000 元以上 5000 元以下罚款；构成犯罪的，依法追究刑事责任。而根据《中华人民共和国治安管理处罚法》第五十二条的规定，伪造国家机关公文、证件、证明文件、印章的，处 10 日以上 15 日以下拘留，可并处 1000 元以下罚款。两相对比，道路交通安全法针对伪造机动车证件的行为，处罚的程度要严重一些。

（二）部门利益法律化

为了妥善地解决改革与立法之间的矛盾，缓解国家立法滞后的局面，从六届全国人大开始，授权国务院在经济体制改革和对外开放方面可以制定暂行的规定或者条例。这是经验式立法，抑或先出台暂行办法，等条件成熟后再制定法律的立法模式的产物。

1954年《宪法》规定国务院只能制定行政措施。1979年后，随着社会主义法制建设的发展，迫切要求把行政管理纳入法制化的轨道，而现代行政管理的多样化、复杂化，也要求强化它的职能，扩大它的权力。于是，1982年《宪法》规定国务院有权制定行政法规。在我国开始进入全面经济体制改革和对外开放的新形势下，有一系列新问题需要及时作出具有法律效力的规定。但是，有些重大问题涉及面广，情况复杂，还缺乏实践经验，制定法律尚有困难。这个问题如何很好地解决？彭真对此进行了反复认真的思考，比较了几个方案，最后确定了一个办法，就是给国务院授权立法。在他的建议下，1985年六届全国人大三次会议通过了《关于授权国务院在经济体制改革和对外开放方面可以制定暂行的规定或者条例的决定》。这是从我国当时实际情况出发加强立法的一项重要措施。这一授权立法，扩大了国务院的工作范围，满足了大规模立法的需要，为制定和补充、修改法律提供了经验，这对我国在20世纪80年代加快经济立法，推动改革开放起了重要作用。

但是凡事都有两面性，授权国务院立法一方面增援了人大常委会人手不够、经验不足的短板，解决了立法效率问题。另一方面又在一定程度上滋长了部门利益的法律化。研究指出，由于部门利益作怪，长期以来，工商行政部门与技术监督部门在“假”与“伪”的区别上较劲，农业部门与林业部门在“干果”和“鲜果”的管辖上较真，水利部门与矿管部门就河沙采用的管辖权争论不休等，制造了某些立法“撞车”和规范性文件“打架”的现象。这尽管是极其个别的现象，且存在多方面的原因，但是与立法的科学性不无关系。①

《全面依法治国决定》中所指的“立法工作中部门化倾向、争权诿责现象较为突出”就是针对立法的部门化倾向而言的。这一问题的发展直接造成法案起草权旁落，由此带来部门利益法律化的后果。

立法的核心是对社会利益的调节和分配。其前提是从法律案的起草环节就关注利益分配的公平问题，才能为公平调节和分配利益机制的审议和通过奠定基础。由此看来，在立法过程中，法律起草的主导权非常关键。倘若在起草阶段利益调整不均衡、偏向部门利益的法律案未被调整或纠正，期待提交常委会会议或全国人大法律委审议时再做修改，不仅无视问题的解决，而且所付出的

---

① 肖金明．中国立法检视与反省：侧重于行政领域的立法检讨［J］．河南省政法管理干部学院学报，2002（3）：29-39.

成本将更高。所以，在人大立法中，应当由人大专门委员会或者人大常委会工作机构来主导法律的起草。

法律起草集中了立法的主要症结，因此，要提高立法质量，应当率先提高法律草案拟订的质量；要克服和消除立法中的部门利益倾向，同样需要事先改革法律起草的组织与实施。对法律起草的完善，将成为优化整个立法过程的重要步骤。但是，法律草案的起草权问题从文本规范和实践上存在一些困境。

现行《立法法》规定行政法规由国务院有关部门或者国务院法制机构具体负责起草，但没有明确规定法律草案的起草部门。涉及法律草案起草的主要规定是《立法法》第五十七条：

> 第五十七条 全国人民代表大会有关的专门委员会、常务委员会工作机构应当提前参与有关方面的法律草案起草工作；综合性、全局性、基础性的重要法律草案，可以由有关的专门委员会或者常务委员会工作机构组织起草。
>
> 专业性较强的法律草案，可以吸收相关领域的专家参与起草工作，或者委托有关专家、教学科研单位、社会组织起草。

现行的《立法法》第五十七条沿用2015年《立法法》的规定，也就是说《立法法》第五十七条第一款并未“一刀切”地将法律草案的起草权赋予全国人大有关的专门委员会、常务委员会工作机构，而是向部门起草法案的作法“切一刀”，增加了常委会和专门委员会提前介入法律草案起草工作的一般规定，以便于更好地熟悉和了解法律法规的相关情况。而对于综合性、全局性、基础性的重要法律草案，可以由有关的全国人大专门委员会、常委会工作机构组织起草。那么，不是综合性、全局性、基础性的法律草案，有关专门委员会和工作机构可以组织起草吗？有观点认为，如果将人大有关机构起草法律案明确局限在“涉及综合性、全局性、基础性”等事项上，就意味着剥夺或限制了立法机关的法律起草权。① 其实不然。在《立法法》第五十四条明确全国人民代表大会及其常务委员会发挥立法工作中的主导作用的前提下，第五十七条有条件地赋予全国人大及其常委会部分法律草案起草权，可以解读为这正是保障人大主导立法的制度设计。因为人大起草所有的法律草案既无必要也不可能，主导体现在人大组织协调，确定立法方向，不意味着凡事亲力亲为。综合性、全局

① 陈丽平．起草法律案防止部门利益法律化［N］．法制日报，2014-11-28（3）．

性、基础性的法律案，法律委或法工委提前介入，避免事后审议时的被动。《立法法》第五十七条第二款则是吸收了第三方起草的经验，明确了专业参与起草形式和委托起草形式。

综合归纳法律法规起草的主要问题，突出地表现在三个方面。

首先，提案者或决策者的立法意图不够明确。在立法实践中，多数情况下，提案者或者负责立项的决策者并没有将立法意图传授给起草人，或者双方沟通不充分，因而法案起草人在明确立法意图方面，就承担着弄清决策者的立法意图及协助决策者形成和明确立法意图的双重任务。如果起草的法案不能契合提案者的初衷，面临大幅度修改或重新起草，势必拖延草案的形成。

其次，起草的进程，起草阶段的调研尚未制度化。不注重立法政策与内容、立法技术与形式的区分，致使起草组织力不从心，以致投入不少的人力、财力，仍不断延长立法起草时间，速度迟缓。而且，法案起草时的立法调研还未制度化。由于起草团队自身的局限性，对法律法规草案涉及的权利和义务的调研和论证往往不够深入，对一些重大问题，审议过程中还要进行调研论证，增加了立法成本。

最后，将问题意识贯穿起草环节还要继续深化。当下，具有问题意识可以说在立法中正在成为共识。但是，有意识地找出方法中存在的问题，需要甄别问题主次，以及影响一个问题的主要方面，这些深层次的思考需要继续探索和实践。全国人大常委会法工委原副主任张春生，参与或见证了重大决策和重大立法，言简意赅地指出问题意识的基本原则："问题意识中，有两个最大着眼点，一是一切法律、法规要符合宪法；二是要符合中国实际，能够行得通。"① 符合宪法这是原则，包括符合宪法的文本和宪法的精神。这对于地方立法维护法制的统一，提高立法合宪性非常具有现实意义。有研究指出，有的地方人大及其常委会在制定地方性法规时，只对本行政区域的"具体情况和实际需要"考虑得多，而对是否符合宪法、法律和行政法规等则考虑得少，或者根本就置之不理。② 如果注意到符合宪法这一原则，还有利于克服立法中的地方保护。符合中国实际，字虽短但意味深长，表明契合实际的发展需要；行得通则意味着具有可行性、可操作性，文本内容被人们认同和遵守。

① 张春生，吕万．再做30年，我们也不能合着眼睛立法：张春生访谈录［J］．地方立法研究，2019（4）：112-125.

② 李诚，万其钢．略论我国当前立法中存在的问题［J］．中外法学，1996（2）：43-46.

二、人大履行立法职能的反思

《关于<中共中央关于全面推进依法治国若干重大问题的决定>的说明》中指出了立法领域面临着一些突出问题，[①] 一个是立法质量需要进一步提高，有的法律法规全面反映客观规律和人民意愿不够，解决实际问题有效性不足，针对性、可操作性不强；立法效率需要进一步提高。还有就是立法工作中部门化倾向、争权诿责现象较为突出，有的立法实际上成了一种利益博弈，不是久拖不决，就是制定的法律法规不大管用，一些地方利用法规实行地方保护主义，对全国形成统一开放、竞争有序的市场秩序造成障碍，损害国家法治统一。这种状况值得人大履行立法职能的同时，予以深刻的反思。

（一）部门主导立法

实践中，《地方组织法》和《立法法》对哪些事项应当由权力机关以法律、法规的形式加以调整，哪些事项应当由政府以规章、办法的形式加以规范，界限不清，导致出现了某种程度的“错位”与“倒置”。长期以来，中央立法中，主要由国务院承担起草法律草案的大任。地方立法中，政府不仅负责起草地方政府规章，而且还掌握着地方性法规的主要起草权。立法的原动力与立法需求主要来自政府部门的认识与动议，而非来自社会公众的诉求与表达。很多省级人大从成立之日起就没有直接起草过一件地方性法规草案，被戏谑地评论为政府相关部门“买菜做饭”、政府法制办“端菜上桌”、人大“坐等上菜”和“被动吃饭”的立法局面，法律成了有关部门根据自己部门意志与利益偏好而出台的政绩冲动。毋庸讳言，这种政府主导立法的工作模式导致了民众对法律的陌生与隔离，造成了法律作为一种公共产品，事实上与社会不断疏远和脱节。[②]

按照语义解释，“主导”作动词时意指决定并且引导事物向某方面发展。[③] 据此，主导立法可以定义为某权力或机构决定并且引导立法过程、内容及其走向等向特定方向发展。从立法的概念来看，立法是有立法权的国家机关依照法定职权，按照法定程序制定、修改以及废止规范性文件的活动。这就意味着，主导立法的权限来源于或授权或依职权。因而，在我国的一元多级的立法体制中，全国人大和有立法权的地方人大是立法权的职权主体，在应然层面行使主

① 习近平．关于《中共中央关于全面推进依法治国若干重大问题的决定》的说明［N］. 人民日报，2014-10-29（2）.

② 田成有．人大为什么要“主导”立法［EB/OL］. 刑事法库微信公众号，2022-01-25.

③ 中国社会科学院语言研究所．现代汉语词典［M］. 北京：商务印书馆，2016：1710.

导立法职权。然而在立法过程展开的不同阶段，如果人大经由委托调研或委托起草等环节，致使主导权旁落给行政机关，行政机关融入部门的意志或利益，而且这种意志或利益将在各种因素的作用下，主宰或者决定立法的价值取向和内容选择，于是在人大立法权旁落或者缺位的情形下，行政主导立法现象也就得以产生。

其一，行政机关主导法规的立项。对于立法环节而言，立项通常是做好立法规划或年度立法计划的统称。立法建议、普遍民意等诸多形式的意志如何被采纳为规划项目或计划项目？这就需要立法调研和立项论证的加持。如果时间仓促、人手缺乏、协调力度不够，那么人大即使在形式上按照立项程序推进，在源头上也已经力不从心，主导立项的行为能力不足。诸多立法项目是由政府提出立法意向，表决通过之后再由人大常委会纳入立法计划。“这样做的结果就是，一些立法必要性、可行性不太强，宣示性、倡导性较强，部门利益色彩较重的法规可能被纳入立法计划；一些关系全局性、涉及多个部门、综合性的和法律实施类的重要法规，则由于提案机关积极性不高或人大主导性较弱等因素，难以启动或纳入立法视野。”①

其二，在法规草案的起草、调研、修改和论证过程中，人大及其常委会提前介入的及时性和主动性不足，而政府部门主导的法规草案往往出现为少数特殊群体利益服务的现象，这在很大程度上削弱了以公共利益为指向的立法宗旨。我国的绝大多数法律法规都由政府职能部门主导起草，其中夹杂着部门利益。“按八届全国人大常委会立法规划，由全国人大专门委员会、法工委负责起草的法律有 46 件，占起草的总数的 30%。而七届全国人大期间，人大自行起草的法律草案大概只有 20% 多。九届全国人大期间人大自行起草的法律上升到 42%。”② 尽管从这些逐渐上升的数据中不难看出，由全国人大机关起草法案的比例在缓慢增加，但是，这毕竟还不能说占了主导，即使按照九届人大期间的 42%来计算，其他部门包括行政部门起草的比例也高达 58%。地方性法规由地方政府部门起草的情况也大体如此。甘肃省人大 1979 年至 2009 年制定的 155 件现行有效法规中，由政府部门直接起草的占总数的 86. 5%；南京、长春等市某届制定的所有法规中，政府相关部门起草的法规占近 90%。③

此外，在法规草案的审议过程中，由于人大代表列席会议的人数偏少，代

① 张镇洲．充分发挥人大在立法中的主导作用［J］．公民导刊，2012（3）：26-27.

② 蔡定剑．20 年人大立法的发展及历史性转变［J］．国家行政学院学报，2000（5）：74-79.

③ 徐清．避免人大主导“名过于实”［N］．检察日报，2015-03-23（6）.

表的质量也存在参差不齐的问题，因此，代表发言的积极性、代表意见的采纳情况也会受到影响。①

（二）法律不能规定太细的路径依赖与立法怠惰

新中国成立后，按照《中国人民政治协商会议共同纲领》确定的原则，在董必武的主持下，先后制定了婚姻法、土地改革法、工会法、惩治反革命条例、惩治贪污条例和其他一些法律、法令。从立法的内容上看，为了维护新生的社会主义政权，法律的阶级性和政治性占据了首要位置，在立法上相应侧重于公法，轻视私法；另一方面，与旧的法制基础完全决裂，立法工作的供给远远不能满足实际生活对法律的需求，且时间紧迫，所以在短时期内所搭建起的基本法律制度，立法方针上不求精细，而强调纲领性也就势所必然了。

笔者在梳理新中国两位主要法制奠基人董必武和彭真的立法思想及其实践中，确实看到立法粗疏，不求精细的表现。立法的纲领性强，是受制于那个时代特定的政治环境。②

历史的车辙已经进入21世纪，立法机关依然刻舟求剑，以宜粗不宜细的政策作为借口，只能说这是立法缺位和怠惰的心理作祟。立法怠惰是指立法机关负有积极制定具体而明确的法律、法规的义务，但在有条件、有能力履行的情况下，未履行立法义务而导致立法粗陋不可操作或难以执行的现象。

第一种情形是法律法规的内容或体系不完备，时间紧，任务重，立法产品简单粗陋。实践中一些人大代表反映，有些项目因为种种原因难以在上半年如期上报，只能在下半年扎堆上会，从而出现了人大常委会审议法规上半年“等米下锅”，下半年集中“打老虎”的非正常现象，因此草案“扎堆”难以保证每部法规的质量。③ 因为下半年匆匆拟出草案，根据时间表最后冲刺，完成政绩和达到领导规定的时间要求即可。这时候宜粗不宜细的政策俨然成为立法怠惰的挡箭牌。

第二种情形是立法项目的期待效果高于社会生活的实际，于是附条件分阶段地出台地方性法规，但是何时再完善修法并无时间上的规划。现行《广州市控制吸烟条例》于2010年实施，修订后把“经营场所使用面积在150平方米以上或者餐位在75位以上的餐饮场所”列入限制吸烟而非禁止吸烟的室内公共场

① 姚金艳，吕普生．人大主导型立法体制：我国立法模式的转型方向及其构建路径［J］．中共福建省委党校学报，2015（2）：24-33.

② 参见本书第二章第三节“党领导人大立法的历史变迁”的相关论述。

③ 毛一竹，姚玉洁，卢国强，等．解析地方雷人立法：拍脑袋决定 论证不充足［EB/OL］．新浪网，2013-09-16.

所。这种权宜之计的后果就是，那些面积在150平方米以下或餐位在75位以下的快餐店、小饭铺，可以无须控制吸烟。颁行控制吸烟的条例旨在宣传和提倡公共场所禁止吸烟，广州市选择这样的规模标准限制吸烟，确实很细致，但是应当粗细结合，不是放任不管，而是倡导食客不要吸烟。然后确立分阶段修法计划，待居民文明吸烟意识提高后从限制吸烟过渡到全面禁止吸烟。

第三种情形是法律法规的生命周期长，修改频率低。比如，《中华人民共和国学位条例》是由全国人大常委会颁行的，在法律渊源上属于基本法律以外的法律。名称上冠名为条例，反映了时代的局限，历经40多年，于2024年获得全面修订成为《中华人民共和国学位法》。《中华人民共和国户口登记条例》颁行于1958年1月9日，实施时间超过65年。这种法律法规稳定较少修改的现象，不要说普通公民，就算立法者群体，都易把国家权力机关对是否立法、何时立法狭隘地看作立法者有权自由选择的事项。而在地方立法权和行政立法权的行使过程中，当立法义务不明晰时，同样存在将立法权划为自由裁量事项之列的模糊认识。①

（三）立法项目的启动缺乏规范化常态化标准

一是将媒体聚焦或曝光的事项作为充分理由而立项。表4-2列举了因焦点事件而被快速进入立法程序的慈善立法、反家暴立法和校车安全立法的例子，焦点事件凭借自身特点而为公众提供了推动新的法律出台的契机。因为如果没有焦点事件作为催化剂，公众舆论就难以形成，事件背后的问题也可能很难进入立法者的视野，至少短时间内不会。

表4-2　立法项目的启动缺乏规范化常态化标准列举②

立法事项	热点事件	发生时间	立项启动时间
慈善立法	中国红十字会商业总经理郭美美微博炫富	2011年6月	2011年11月全国人大常委会年度立法计划
反家暴立法	李扬家暴妻子	2011年9月	2012年2月全国人大年度立法计划

① 郝淑华．依法治教进程中的教育立法怠惰问题［J］．现代教育管理，2012（8）：78-82.

② 薛爱昌．立法中的隐蔽议程及其合作治理［D］．长春：吉林大学，2003.

续表

立法事项	热点事件	发生时间	立项启动时间
校车安全立法	甘肃庆阳校车事故	2011 年 11 月	2011 年 12 月 11 日国务院原法制办公布《校车安全条例（征求意见稿）》

二是以政府部门的立法意向为中心的协商拼盘项目立项。绝大部分法规项目是由政府部门提出立法意向，政府常务会议通过，人大常委会主任会议列入立法计划，这样形成的立法计划往往是各方意见沟通协商后形成的“拼盘”。

三是切入点过于细致，忽视立法的引领和前瞻作用。比如就养老立法问题，北京市人大常委会通过调研发现，北京市有 96%的老年人选择居家养老方式，养老领域的突出问题是居家养老服务跟不上老年群体的需求。① 为此，北京市人大常委会改变修订《北京市老年人权益保障条例》的立法方向，转向制定了《北京市居家养老服务条例》，聚焦居家养老服务需求旺盛与供给不足的矛盾，从短期来看，实现了“立法供给”与“立法需求”的契合。

“同时，以问题为导向的小切口立法对未来社会发展缺乏高瞻远瞩的预测与制度设计，缺少与未来不确定变革的衔接机制，导致局限于当下而难以引领未来发展。”② 虽然北京市人大常委会调研发现 96%的老年人选择居家养老形式，因此制定了《北京市居家养老服务条例》。但是，随之而来的问题是，一旦新的养老方式出现后，该法规将会显得过时和不合乎实际情况。诚然，从养老方式来看，有研究指出，家庭养老是实现老有所养的主导形式，是人类社会最古老，也是最基本、最重要，同时也是最富生命力的养老方式。③ 随着经济社会的发展，家庭结构的变迁，人们的观念也发生了变化，除了家庭养老之外，社区养老和社会养老等形式不断涌现。④

从文化影响来看，儒家孝文化的规定与其等级思想、等级秩序有关，即所说的“父为子纲”，由此衍生出来的家庭养老文化是一种崇老文化，即“以老为尊”“老为中心”。随着计划生育政策的实施，独生子女家庭的出现，“以老为

① 李振宁．简论地方“小切口”立法的内涵特征［J］．人大研究，2019（5）：9-12.
② 杨铜铜．地方小切口立法的形式主义困境及其破解［J］．学术界，2022（10）：149-166.
③ 穆光宗．中国传统养老方式的变革和展望［J］．中国人民大学学报，2000（5）：39-44.
④ 舒奋．从家庭养老到社会养老：新中国 70 年农村养老方式变迁［J］．浙江社会科学，2019（6）：83-91，157.

中心”的家庭文化开始受到“以子为中心”的思想的冲击，① 家庭养老的比例在降低，机构养老、社区养老、互助养老等模式在增加。② 这些问题是修改法律的时候必须考虑的，不能避重就轻草草了事。新时代的立法，还要发挥立法的前瞻性和引领作用。

（四）人大代表履行代表职权的制度及保障机制有待深化

现行《宪法》第二条明确规定：“中华人民共和国的一切权力属于人民。”《代表法》第二条第三款规定，全国人民代表大会和地方各级人民代表大会代表，代表人民的利益和意志，依照宪法和法律赋予本级人民代表大会的各项职权，参加行使国家权力。综合上述，人大代表是人民代表制度和人大工作的主体。从实践层面来看，《代表法》中分配给人大代表的权利和义务尚未转化为实有权利和义务，分析代表履职发挥主体作用的现状，有利于有的放矢地改进人大代表，尤其是基层代表的主体作用发挥的有效性和程度。

人大代表对“代表”一词蕴含的法定职责缺乏科学的认知。《代表法》依法保障代表“是人大制度和人大工作的主体”。具体而言包括两层含义，全国和地方各级人大代表既是国家权力机关的主体，更是享有代表权力、承担代表义务的主体。然而，部分代表对《代表法》及其规定的职责存在角色认识偏差：一是做“挂名代表”，徒有虚名，不办实事，不履行法定义务。二是做“会议代表”，认为人大代表的主要活动时间就是各级人民代表大会会议期间，闭会期间的活动属于分外的事。三是做“荣誉代表”，把代表看成一种政治荣誉。《代表法》第四条规定代表应当履行下列义务：（1）模范地遵守宪法和法律，保守国家秘密，在自己参加的生产、工作和社会活动中，协助宪法和法律的实施；（2）按时出席本级人民代表大会会议，认真审议各项议案、报告和其他议题，发表意见，做好会议期间的各项工作；（3）积极参加统一组织的视察、专题调研、执法检查等履职活动；（4）加强履职学习和调查研究，不断提高执行代表职务的能力；（5）与原选区选民或者原选举单位和人民群众保持密切联系，听取和反映他们的意见和要求，努力为人民服务；（6）自觉遵守社会公德，廉洁自律，公道正派，勤勉尽责；（7）法律规定的其他义务。总结分析人大代表必须遵守的上述七项义务，集中归纳起来就是两条：当选代表不是荣誉，而是一项不可

① 阮海波．“养儿防老”与“养儿啃老”的再思考：基于微观家庭经济文化的分析框架［J］．中国农村研究，2021（2）：179-196.

② 杨静慧．互助式养老：我国农村养老模式的现实选择［J］．中国农村研究，2014（2）：222-230.

推卸的职责。如果代表仅仅把当选看作荣誉，群众对代表职务就会产生误解，我们的人民代表大会制度就难以充分发挥国家根本政治制度的优势。

代表在立法工作中联系群众的制度建设比较单一。《代表法》第四条规定，代表有义务“与原选区选民或者原选举单位和人民群众保持密切联系，听取和反映他们的意见和要求，努力为人民服务”。根据《立法法》的规定，有立法权的人大常委会，根据实际需要可以设立基层立法联系点，深入听取基层群众和有关方面对法律法规草案的意见。因此，人大代表应当密切与群众保持联系，及时了解群众对法律法规草案的诉求并予以反馈。立法目的很理想，可是当前的实际状况却相去甚远。除了基层立法联系点、邀请人大代表列席会议等制度外，代表在立法工作中联系群众的工作方式单一，制度化实施缺乏具体的操作程序。人民群众养成了“有事儿找政府”的思维路径，没有养成有事找代表的意识。有相当比例的民众甚至不清楚本县市、乡镇的人大代表有哪些人，遑论通过哪些渠道向人大代表反映立法问题。①

代表在人民代表大会闭会期间履职不到位。《代表法》第二十条规定：“代表在闭会期间的活动以集体活动为主，以代表小组活动为基本形式。”目的是保障代表以代表小组为履职平台，通过多种方式听取、反映原选区选民或者原选举单位的意见和要求，进而达到人大代表在闭会期间能够履行代表职责的效果。便利与人民群众保持联系，同时收集和传达他们的诉求和意志，实现与会议期间代表履职机制形成链接和联系。然而，在实际运行过程中，基层人大代表参与代表小组活动还存在着一系列短板与不足，致使代表小组活动在很大程度上流于形式，视察调研往往蜻蜓点水、走马观花，停留于表面，过于依赖听汇报、看材料，较少主动询问、探讨深层次问题，难以保证代表小组活动的实际效果。②

代表建议办理的实效有待进一步提升。《代表法》第三十七条规定，县级以上的地方各级人民代表大会常务委员会，应当为代表执行代表职务提供必要的条件。这就要求各级人大常委会积极沟通协调，便利代表的各项建议或质询在会议期间和闭会期间无差别地有效传递到有关承办单位，并得到落实。然而，与大会期间代表建议的办理相比，一些承办单位仍存在重态度轻结果、重答复轻落实现象，

---

① 任才峰. 科学立法、民主立法、依法立法的理论与实践［J］. 人大研究，2019（1）：17-32.

② 丁明春. 论基层人大代表在践行全过程人民民主中的主体作用［J］. 岭南学刊，2023（3）：1-7.

在一定程度上影响代表参加闭会期间活动、发挥代表作用的积极性。①

（五）亟待优化人大专门委员会组成人员结构和完善立法议事规则

2000年《立法法》明确了法律草案退出全国人大常委会审议程序的条件规定，而且九届人大期间，实现了我国历史上法律草案首次终止审议的事例，“高新技术产业开发区法”和“关于人民陪审员制度的决定”草案被终止审议。确立了依法审议的科学风范，这就要求与常委会统一审议相关的专门委员会的人员构成及工作程序也应当引起重视，以应对纷繁复杂的审议工作。具体来说表现在三个方面。

首先，全国人大以及地方人大专门委员会组成人员的构成始终存在提升的空间。从性质上来说，专门委员会组成人员必须是代表，是选任的，换届后有的改选了，人员构成上就会有变动，因此要保证专业结构上和人员数量上的合理与稳定。实践中多数省级和设区的市人大没有分别设立立法、监督等业务处（科）室以及负责综合性业务的办公室。2017年10月，党的十九大报告中号召“完善人大专门委员会设置，优化人大常委会和专门委员会组成人员结构”，对人大专门委员会进一步发挥法定职能予以设计。从职能行使层面来说，人大立法的职能始终是第一位的，所以建议专门委员会成员在立法机构和监督机构中应当分开设置。不但有利于其做好调研、起草法规案，还顺畅各专门委员会与宪法和法律委员会（地方是法制委员会）在立法工作中合作配合，传达各专门委员会的意见建议等。此外，地方人大各专门委员会在议案的提出和审议工作上存在数量和质量上的差异；各专门委员会与代表和相关部门的联系不够密切；各专门委员会之间的沟通协调机制还需加强。②

其次，由于全国人大及其常委会的会期较短，造成审议的时间被压缩。“从一定意义上讲，开会时间的多少，反映着立法机关在立法过程中的地位和态度。议事时间过短，议员们来不及认真细致地研究，讨论法案，以致匆匆表决通过或否定，往往只能表明立法机关在充当橡皮图章的角色，它们的立法只是在走过场而已。”③ 目前，全国人大常委会会议每两个月举行一次，会期为一周左右，一年的开会讨论时间只有六周左右，法案审议难以做到深入细致。

最后，法律议案的表决方式单一，不利于提高立法质量和效率。从其他国

---

① 虹口区人大工作研究会．发挥闭会期间人大代表作用的实践与探索［J］．上海人大月刊，2017（4）：47-48.

② 孙莹．不断推动地方人大专门委员会的发展完善［J］．人民之声，2023（3）：58.

③ 吴大英，任允正，李林．比较立法制度［M］．北京：群众出版社，1992：356.

家议会的立法看，对法律议案实行逐条表决是常规方法，对法律议案实行整体表决则是例外。① 目前我国对于法律议案的表决方式没有作出法律规定，但实际上实行的是整体表决。在整体表决方式下，如果整部法律议案基本成熟，但对某一条款存在较大分歧时，就需要多次修改、审议才能付诸表决，否则就会违背部分代表的真实意愿。单一的整体表决方式显然造成了立法过程中人力物力的浪费，难以适应人大繁重的立法工作需要。

第三节 人大转型与立法职能的发展

人大立法职能经历了不同的历史阶段。每个阶段都标示着在不同时期的政治、经济、社会和文化条件下，我国立法指导思想和操作程式的调整和变革。

一、从行政主导转变为人大主导

（一）人大主导立法的必要性分析

针对利益部门化、部门利益法律化等问题，党的十八届四中全会通过的《全面依法治国决定》明确提出，要“健全有立法权的人大主导立法工作的体制机制，发挥人大及其常委会在立法工作中的主导作用”。

现行《立法法》第五十四条对此进行了确认：“全国人民代表大会及其常务委员会加强对立法工作的组织协调，发挥在立法工作中的主导作用。”“人大主导立法”已经从党中央提出的主张成为法定的要求，这一要求，体现了执政党对立法机关在国家机构中的作用的调整，为有立法权的人大及其常委会立法的工作目标进行了顶层设计。习近平提出：“发挥人大及其常委会在立法工作中的主导作用，健全立法起草、论证、协调、审议机制。”全国人大常委会不断健全人大主导立法工作的体制机制，把握好立项、起草、审议等几个关键环节。

（二）人大主导立法的价值导向和基本工作方向

坚持立法为改革开放提供法治保障，这是人大立法工作坚持不懈的鲜明导向。改革开放40年来，中国对外开放的大门越开越大。改革与法治好似车之双轮，鸟之双翼。一方面改革需要法治的引领，确保改革在法治的轨道上进行；

---

① 尹中卿，等．中国人大组织构成和工作制度［M］．北京：中国民主法制出版社，2010：292.

另一方面，改革的成果也需要及时上升为法律，对不适应改革要求的法律法规及时修改和废止。社会中产生的新业态、新技术，都需要人大积极立法对新业态进行规范。进入21世纪以来，电子商务的高速发展极大地刺激了市场经济的活力，同时也引发了诸多纠纷，而调整电子商务行为的规范主要是部门规章和地方性法规。新业态迫使立法者不得不着手升级该行业的立法现状，提高电子商务规范的法律位阶和实施的普遍性程度。2013年全国人大常委会正式启动电子商务法的立法工作，2016年形成草案，经过四次审议后获得通过，2019年1月1日电子商务法正式实施。作为一部开创性和新颖性兼备的规范性法律文件，以全国人大常委会制定法律的形式，第一次对电子商务这种新业态进行规范。随着互联网、大数据、人工智能的发展，也创造和催生了各种新业态，更为国家层面的立法工作提出了挑战。

坚持立法弘扬社会主义核心价值观的指导思想，这是人大立法工作的重要导向。1986年制定的《民法通则》，在完成了历史使命后，理性地注视着《民法典》的编纂过程：2017年10月正式实施的《民法总则》，在《民法通则》确立的平等、自愿、公平、诚信的基础上，增加了绿色原则和公序良俗等基本原则，确保立法引领社会良好道德风尚。2021年新年伊始开始实施的《民法典》，一以贯之的基本原则得到传承和延续。2018年5月正式实施的《英雄烈士保护法》，有力抵制了历史虚无主义，为打击各类歪曲、丑化、亵渎、诋毁英雄烈士的行为提供了法律依据。从民法典的编纂到英雄烈士保护法的实施，推动社会主义核心价值观融入立法，已成为人大立法明确的指导思想。制定刑法修正案、房地产税法等，这些法律与人民群众利益息息相关，成为通过立法工作弘扬社会主义核心价值观的新实践。

坚持立法以人民为中心，这是人大立法工作的核心导向。党的二十大报告高度概括新征程必须坚持五大原则，其中就包括以人民为中心的发展思想。报告指出："维护人民根本利益，增进民生福祉，不断实现发展为了人民、发展依靠人民、发展成果由人民共享，让现代化建设成果更多更公平惠及全体人民。"法者，天下之程式也，万事之仪表也。理念决定导向，价值引领立法。立法是国家重要政治活动，承载着将党的主张通过法定程序转化为国家意志的重要使命，具有很强的政治属性。① 这就要求立法机关在立法的全过程中坚持以人民为中心。在立法活动中要尊重、保障人民利益，从人民的现实需要出发，在起草

① 全国人大法律委、常委会法工委课题组. 党的创新理论引领立法工作创新发展［J］. 中国人大，2017（24）：10-17.

讨论和审议等环节，贯彻群众路线，科学采纳人民群众的意见或诉求，实现人民群众对立法过程的充分参与，切实确认和保障人民群众的各项权益。

坚持不断创新立法工作机制，这是人大主导立法的技术保障。2014 年 10 月，党的十八届四中全会通过的《全面推进依法治国决定》要求："加强人大对立法工作的组织协调，健全立法起草、论证、协调、审议机制，健全向下级人大征询立法意见机制，建立基层立法联系点制度，推进立法精细化。"这是在中共中央的权威文件中首次出现"基层立法联系点"的概念，开启了人大制度基层立法联系点的制度设计和实施运作。[①] 全国人大常委会法工委于 2015 年 7 月，选取上海虹桥、甘肃临洮、江西景德镇、湖北襄阳四个地方作为基层立法联系点。地方人大也纷纷尝试立法联系群众的机制创新，涌现出诸如山东淄博的"议题式接待群众"的新方式。2023 年《立法法》修订，及时确认了基层立法联系点的法律地位。

全国人大积极践行协商民主，推进立法的民主化。早在 1999 年 9 月 9 日，广东省人大常委会就《广东省建设工程招标投标管理条例（修订草案）》公开举行立法听证会，开启了我国地方人大立法听证的先河。随后，2005 年 9 月 27 日，全国人大常委会举行"个人所得税工薪所得减除费用标准听证会"，这在全国人大历史上尚属首次。[②] 党的十九大报告指出："协商民主是实现党的领导的重要方式，是我国社会主义民主政治的特有形式和独特优势。"有观点形象地比喻立法中协商民主的运用好比发挥了立法机关搜集民意的直通车的作用。所以这是立法民主的一个制度支撑，是贯彻协商民主的机制创新，体现了人大在立法协商上的努力。党的二十大报告不仅要求"全面发展协商民主"，而且从实践和体系建设的层面予以部署："协商民主是实践全过程人民民主的重要形式。完善协商民主体系，统筹推进政党协商、人大协商、政府协商、政协协商、人民团体协商、基层协商以及社会组织协商，健全各种制度化协商平台，推进协商民主广泛多层制度化发展。"

二、从粗放型立法转变为精细化立法

（一）立法精细化的提出

立法精细化的提出并非短期内提出而是一个需要认真面对的命题。不仅执

① 席文启. 基层立法联系点：立法机制的一项重要创新［J］. 新视野，2020（5）：23-29.

② 俞可平，等. 中国的治理变迁：1978—2018［M］. 北京：社会科学文献出版社，2018：110.

政党持续要求立法精细化，而且有立法权的人大也意识到这一问题。进入20世纪90年代，党的十四大报告强调，没有民主和法制就没有社会主义，就没有社会主义的现代化。为此，中国共产党对提高立法质量提出了要求。江泽民提出了“适时、细化”的立法思想和原则。乔石提出立法应当坚持“尽可能明确、具体、便于操作”①。这是对过去“成熟一个制定一个”的立法思想的重大突破，对于提高法律的适应性、可操作性，发挥了重要的指引作用。

（二）立法精细化的具体要求

老子曰：“天下大事必作于细，天下难事必成于易。”《说文解字》记载：“精，择也。”这个“择”字，本义是指挑选出不含杂质的上等米。从这个意义出发，引申为筛选提炼。细，意味着小、微，蕴含注意细节，着眼细微处发现规律的意味。随着信息科技和互联网技术的普及，人类正朝着一个精细化的社会迈进。精细社会是指社会生活各领域注重细节、过程和形式等的一种状态，社会生活的各个领域都有标准、有规则、有章法并且认真执行规则的状态。② 而为社会制定规则的立法活动，当然也要符合精细化的要求。

首先，认真履行从实际出发的原则，遵循问题意识，以问题为导向。具体说来包括两方面。一方面，分清主要矛盾和次要矛盾，从立法规划或立法计划的设置开始，针对人民群众最关切、矛盾焦点最集中的现实问题，进行立法部署或工作安排。另一方面，厘清矛盾的主要方面和次要方面，遵循循序渐进的原则，将重点问题、难点问题、突出问题、具体问题作为立法工作的切入点、着力点。

其次，针对上位法做好执行性立法，依法发挥地方立法职能。越是位阶高的法律规范，越是采取抽象的、原则的规定，从而适应宏观层面的规范性调整。承担将其内容具体化或者细则化的任务构成执行性立法，依法遵循上位法宏观指导和方向性的前提下，因地制宜对接地方立法需求，结合地方特色，将地方治理的好做法转化为立法文本，凸显灵活性和及时性，构成地方执行性立法的“小快灵”“小切口”的实践逻辑。与具有顶层设计功能的国家立法和省级立法不同，立足实际需要，补充、落实和细化上级政策和上位法是设区的市的主要任务和使命，从而实现实施性制度供给，为立法夯实地方治理提供制度支撑。

最后，践行法律责任与法律义务相关的一般理论。凯尔森从法律责任的承

① 中共中央文献研究室．十四大以来重要文献选编（上）[M]．北京：人民出版社，1996：342.

② 司汉武．知识、技术与精细社会［M］．北京：中国社会科学出版社，2014：3.

担是因为违反了法律义务的规定的层面，论证了法律责任的一般原理。他指出："法律责任是与法律义务相关的概念。一个人在法律上要对一定行为负责，或者他为此承担法律责任，意思就是，他做相反行为时，他应受制裁。"① 从法律责任设定所遵循的一般原则来看，法律责任的设定必须以法律义务存在为前提，法律责任应当是违反法律义务的必然结果。② 反向推知，如果设定了法律义务，就一定要设定法律责任。否则，该义务就因缺乏保障流于形式，成为具文。

三、区分作为立法的活动和关于立法的活动

立法是众人之事，因此关涉代议机关对多数人利益诉求的调整和分配。正是基于这一论断，立法活动除了享有立法权的主体之外，还包括参与立法的政府及其部门、公众、专家等。在由这些主体组成的众人中，立法活动、立法工作至少包含如下事项：立法需求的发现、立法决策、立法规划、立法听证、立法起草、立法公众参与、立法专家参与、立法评估等问题。适用主体间性理论，加强立法主体与行政主体之间的权力合作，凸显对权利保障和实现的分配和设置，成为立法观念更新的重要内容。

（一）适用主体间性理论

如果从立法权限的角度来理解，会发现许多事项并不必然处于"立法"这一主题的"中心"位置。例如，立法需求的发现、立法预测、立法听证、立法评估等，这几类行为属于"立法前"或者"立法后"行为，不是由立法活动自身所产生，而是属于立法相关的活动。正是在这个意义上，我们可以把法律的制定、修改、废止这种目的来源于立法自身的活动，称为"作为立法的活动"，而将其他立法相关活动称为"关于立法的活动"。两者之间具有紧密的关系，后者往往是一种服务型的活动，这些制度化的安排体现为对"作为立法的活动"的限制，因之又具有了自己的独立性。③

相应地，立法法律关系的主体包括行使"作为立法的活动"的主体，和行使"关于立法的活动"的主体。这也表明，研究人大立法职能及其变迁，行使"作为立法的活动"的主体和行使"关于立法的活动"的主体同等重要，必须共同关注这些主体，而运用主体间性理论，有利于探讨这两类主体的各自特点

---

① 凯尔森．法与国家的一般理论［M］．沈宗灵，译．北京：中国大百科全书出版社，1996：73.

② 张恒山．法理要论［M］．北京：北京大学出版社，2002：465.

③ 裴洪辉．合规律性与合目的性：科学立法原则的法理基础［J］．政治与法律，2018（10）：57-70.

及其相互关系。

所谓主体间性，指的是两个或两个以上主体之间的关系，它超出了主体与客体关系模式，进入主体与主体关系的模式。① 西方自文艺复兴以降，以人为中心考察社会生活的发展变化一直广为流传，在从关注神灵向关注人类自身的需要出发，发挥了巨大的教育作用和人作为主宰的社会共识的推进。人之外的外部世界被“降格”为客观的存在并简称为客体，随着经济社会的多元主体和利益的分化，主体性哲学中的粗略的主客二元划分的内涵和外延早已被人类实践所突破。哲学在认识领域摒弃了单一的主体性，转向多元的主体性，因而主体之间的关系及“主体间性”获得广泛关注也就顺理成章。主体间性理论力图避免由单一主体性所带来的自我中心主义，强调不同主体之间的平等，从而实现主体间的协同治理。②

从立法主体的制度理论构建切入，引入法学理论中主体的权利能力和行为能力的类型划分，以廓清立法主体制度体系的基本概念为根本，从立法主体的职权属性、立法主体制度的结构以及组织和制度之间的互动关系进行展开，区分立法主体的根本制度、基本制度、重要制度。借鉴主体间性的分析框架，正确地估计各种立法主体间性在立法运行场域的独特意义、关联方式及相互之间的互动张力。通过主体性和主体间性的理论分析框架，展现立法主体在规范意义上和立法工作者在技术意义上，作为一个结构性的整体协同合作对立法产生的作用的图景，梳理立法主体、立法权主体、立法机构、立法工作者以及立法运行主体等概念的混同运用和交织状况。这些概念和内容的关系如图4-1所示。

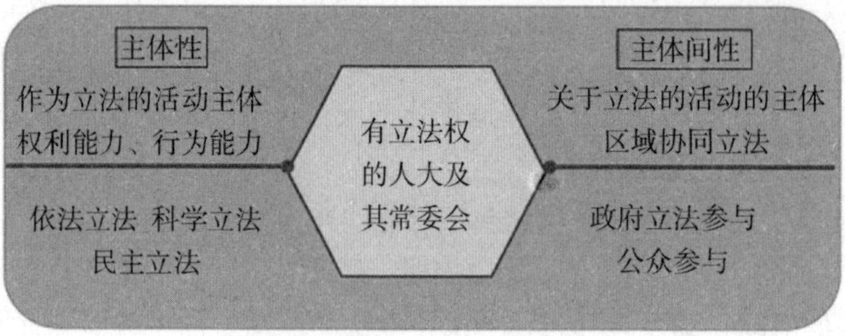

图4-1 我国立法法律关系主体之间结构关系图

① 郭湛．主体性哲学：人的存在及其意义［M］．北京：中国人民大学出版社，2010：199.

② 孙秋芬．从主体性、主体间性到他在性：现代社会治理的演进逻辑［J］．华中科技大学学报（社会科学版），2017（6）：20-26.

19世纪以来随着法理学的产生，西方学者围绕议会立法决策和政府之间权力的平衡展开研究形成了一系列学术成果，立法各主体之间的关系受到广泛关注。作为西方较早实行君主立宪的国家，在英国议会制下，现代英国立法程序主要由政府、下议院、上议院和君主四大主体共同完成。① 体现了多方的合力。英国学者戴维·M. 沃克认为，立法是指“通过具有特别法律制度赋予的有效公布法律的权力和权威的人或机构的意志制定或修改法律的过程。这一词亦指在立法过程中所产生的结果，即所制定的法本身。在这一意义上，相当于制定法”②。这一定义既强调了立法的权力属性，说明具有权威的相关主体作用的过程；同时也说明了立法的静态属性强调立法输出的规范体系。

国内的研究开始回归立法法律关系的维度，从立法运行的各环节串联起立法的主体外延，涉及人大代表的职业化改革和公众作为参与主体的研究。根据规范分析的逻辑路径，《立法法》确立的立法体制构成了立法主体中的作为立法的活动主体的法定依据，《立法法》确立的立法民主原则构成了关于立法的活动主体的合法性来源。对立法能力做二元化的区分，把属于立法权利能力的问题从立法行为能力中分离出来，因此，人大立法的主导，就要侧重建设有立法权的人大的立法主导能力，包括提升立法项目选择能力，增强法规草案起草能力等权利能力建设。

（二）立法观念上重视权力合作加强法定权利的配置和实现

这种转变第一表现为作为立法活动的主体和关于立法活动的主体之间权力的合作，第二表现为对立法主体权利观念的转变。

1. 作为立法的活动主体和关于立法的活动主体之间的合作

一般看来，公共行政的权力对人的影响极其广泛，行政权的行使关系到公民、法人和非法人组织的方方面面，关乎民生福祉，法治政府建设的目的就是保障行政相对人权利的实现。阿克顿勋爵的名言已经被世人耳熟能详：“权力导致腐败，绝对的权力导致绝对的腐败。”依法约束和规范行政权力，是依法行政，提高国家治理能力的基石。但是，公民从出生到死亡都要与行政机关发生法律上的各种关联，行政权几乎塑造了我们的文化生活和社会秩序。因此，约束、控制公共权力是一方面，另一方面还要看到规范公共权力，更能积极维护公民权利。所以，控制公共权力和维护公民权利并行不悖。

在人大主导立法的前提下，各机关尤其是人大与政府之间的合作是权力之

---

① 蒋劲松．当代英国议会的立法程序［J］．人大工作通讯，1999（8）：36-38.

② 沃克．牛津法律大辞典［M］．邓正来，等译．北京：光明日报出版社，1988：547.

间转型的重点。享有立法权的人大依据宪法、地方组织法及立法法等规范的前提下，按照法定程序，行使立法权。政府及其职能部门具有资源和技术等天然优势，因此立法工作亟须政府的支持合作。表现在立法观念上具体要求：作为立法活动的主体要制定具有可操作性的合作机制，打破部门之间各自为政的局面，实现优势互补。①

享有法案提案权的主体，公开向社会公众征集立法建议，不仅有利于加强对行政权力的制约和监督，而且提供了给予公民表达诉求的平台和机会，从而增进人们对立法项目的接受感和公信力，增强自身的参与度和成就感。“事实也表明，领导集体成员在决策时越是平等，越是民主，决策就越容易成功；反之，就越有可能出现决策分歧、决策失效、决策失败。”② 再如，法案的起草在整个立法环节发挥着承上启下的作用，起草主体越单一，合作的概率越小。而人大曾经意识到这个问题，十届全国人大常委会就提出，“要加强法律草案起草过程中的联系与沟通，人大有关专门委员会、工作委员会与国务院等有关部门要相互参与调查研究和讨论，并互派人员介入起草工作，相互参与的人员名单，要列入起草工作计划”③。可惜在复杂的现实面前，过于骨干的理想始终无法实现，我们依然还得创造条件慢慢让现实接近理想。

2. 关于立法活动的主体权利观念的转变

立法决策、立法起草中关于立法的活动的主体，首要任务是明确享受权利的主体以及实现这些权利的内容。以我国残疾人保障法律规范体系为例。《中华人民共和国残疾人保障法》（以下简称《残疾人保障法》）作为该领域的基本法，从文本上将维护残疾人合法权益，发展残疾人事业，保障残疾人平等充分参与社会生活，共享社会物质文化成果作为立法目的。立法明确赋予和宣告残障群体在康复、教育、劳动就业、文化生活、社会保障和无障碍环境等六方面所享有的权利。从这方面来说，《残疾人保障法》采取了维护残疾人权利的立法观念。此外，加强了配套分类法规的建设。新制定的《中华人民共和国无障碍环境建设法》（以下简称《无障碍环境建设法》）以及《残疾预防和残疾人康复条例》《无障碍环境建设条例》《残疾人教育条例》《残疾人就业条例》等法律和行政法规，在立法宗旨上高度一致，无不是为了保障残障群体的合法权益。

---

① 于兆波，刘银平．风险社会视角下的立法决策观念转变：以权力和权利为中心展开[J]．地方立法研究，2017（1）：80-89.

② 胡鞍钢．中国集体领导体制［M］．北京：中国人民大学出版社，2013：15.

③ 夏勇，张广兴，冯军，等．中国法治发展报告 No. 2：2004［M］．北京：社会科学文献出版社，2005：36.

这也从一个侧面证明，我国当前残障相关立法已经选择了权利模式的观念。

然而，《残疾人保障法》第二条所明确的残障群体的定义、类别和标准，却引起广泛关注。立法机关将该法第二条的第二款“残疾人是指在心理、生理、人体结构上，某种组织、功能丧失或不正常”解释为医学属性，强调的是残障者个人无法以“正常”方式从事社会活动，那么就意味着残障者是“异常”的，社会是“正常”的。① 这个概念虽然是以医学标准为主，但以社会其他群体的各种正常的指标作为标准，表现了人们内心对残疾人的异样眼光和别样心理，有违平等精神。

这种立法观念也违背了宪法的人权精神。现行《宪法》在“国家尊重和保障人权”原则之下，又在第四十五条规定，“中华人民共和国公民在年老、疾病或者丧失劳动能力的情况下，有从国家和社会获得物质帮助的权利”。宪法条款表明残疾人得到社会帮助是一项受宪法保护的基本权利，是人权而不是施舍。

按照国际人权法的分类标准，人权的二分法是公民权利、政治权利与经济、社会、文化权利，后者要求政府对于个人权利的实现要有所作为，即提供积极的支持。所以，从权利与义务的一致性来看，后者的义务主体主要是国家，履行尊重、保护和实现人权的义务。这就要求立法者对待残障人士的权利立法，不仅是确认和宣告，更重要的是科学合理地设定实施和保障条款，促进权利从法律权利向实有权利的转变，这就要求变权利宣告模式为社会保障模式。社会的“异常”与残障者的“损伤”共同构成残障。为此，社会就有义务采取措施去降低这种障碍以保障残障群体的合法权益。②《无障碍环境建设法》自 2023 年 9 月 1 日起施行。大量的义务性强制性规定和倡导性规范指向无障碍环境建设中政府、企业、社会团体各方面的作用，凸显了社会共同致力于无障碍环境建设的理念。比起 2012 年 8 月实施的《无障碍环境建设条例》在立法观念上具有了明显的进步。社会创造无障碍环境成为整个社会在消除障碍过程中所必须履行的一项法定义务。既是县级以上各级人民政府、事业单位、企业、社区和公共场所的义务，也是社会成员的义务。具体从文本上来说，《无障碍环境建设条例》明显地立足于保护残障人士个体的权利，而《无障碍环境建设法》明显地扩大了社会建设无障碍环境的参与面。这一点，尤其表现在文本的遣词造句方面。《无障碍环境建设条例》中第四章的标题为“无障碍社区服务”，《无障碍环境建设法》中第四章的标题修改为“无障碍社会服务”。义务主体的扩大，

---

① 阮晨．残障立法的观念选择［J］．残障权利研究，2018（1）：56-68，210-211.

② 阮晨．残障立法的观念选择［J］．残障权利研究，2018（1）：56-68，210-211.

促进了权利实现的可能。

四、提升人大立法行为能力

从提升国家治理效能的角度看，任何治理方式都要通过治理主体的行为来履行、实践以及参与，治理主体的规则意识、法治思维及其素养以及所处的法治环境构成了制约国家治理现代化的重要因素。全面深化改革和全面依法治国的两大目标，凸显了新时代的战略定位。人大立法机关应当不断打磨锻造，提升依法立法的行为能力，推进人大主导立法更上一层楼。

（一）深化立法职能坚持改革的优良传统和工作自觉

全国人大及其常委会是最高国家权力机关，行使国家立法权。改革开放释放了全国人大常委会的立法权能，全国人大常委会坚持平衡提高法律涵盖能力、加强自身组织建设以及出台程序规则之间的关系，从夯实人大行为能力的层面提升立法职能，形成了良好的工作更新机制和路径，从而配合党领导下的立法工作安排。

1979年叶剑英担任全国人大常委会委员长期间，对全国人大常委会尽快积极承担立法工作职能，加强法制重要性的认识多次予以强调和论述。叶剑英提出，人大常委会应立即着手研究制定各种法律，尽快完善我国的法制。他说："人大常委如果不能尽快担负起制定法律、完善社会主义法制的责任，那人大常委就是有名无实，有职无权，尸位素餐，那我这个人大常委会委员长就没有当好，我就愧对全党和全国人民。"① 表达了从立法起步，建设社会主义法制的决心和担当。

1983年六届全国人大全面推行常委会机构和程序规则的改革，进一步明确了常委会的组织机构、人员组成、议事规则、工作机制以及法定职权和政治功能，实现了常委会权力属性的真正归属。1984年全国人大常委会工作报告中就谈道，"目前，人大常委会的工作，仍处在一个大转变的过程中。几十年来，我们从革命战争时期转入社会主义建设时期，从没有掌握全国政权时主要依靠政策办事，逐步过渡到掌握全国政权后，既要依靠政策，还要依靠健全社会主义法制管理国家这样的转变"②。立法机关不仅认识到通过法律来调整社会生活的必要性，而且对立法职权的行使也应当纳入法律调整的范畴有了充分的领悟。

---

① 全国人大常委会办公厅．叶剑英同志在新时期民主法制建设中的历史功绩：纪念叶剑英同志诞辰110周年［N］．人民日报，2007-06-01（8）．

② 陈丕显．全国人民代表大会常务委员会工作报告［N］．人民日报，1984-06-06（2）．

此后的八届人大以加强立法的计划性成为人大发展的里程碑。第八届全国人大及其常委会把经济立法工作作为第一位的任务，充分发挥人大及其常委会在立法和法律监督等方面的职能，使人大立法功能进一步完善。担任第八届全国人大常委会委员长的乔石强调，在这一届人大任期内形成社会主义市场经济法律体系框架。为此，提出制定立法计划的基础上，研究五年立法规划的工作思路。① 乔石强调，要进一步加快立法步伐，提高立法质量，抓紧制定发展市场经济和集约型经济所必需的法律，尽快形成社会主义市场经济法律体系框架。②

1998 年，李鹏任九届全国人大常委会委员长。上任伊始，就从提升人大常委会自身的组织建设和机构优化着手。他说："人大工作从哪里入手？我首先选择了重温宪法，学习人大组织法、人大议事规则。这是做好人大工作的基本功。"③ 九届人大常委会在立法议事规则方面，创新性地将法律草案进行三审的规则固定下来，并使之制度化。根据 2000 年《立法法》的规定，列入常委会会议审议的法律案，因存在较大分歧搁置审议满两年的，或者因暂不付表决经过两年没有再次列入常委会会议议程审议的，由委员长会议向常委会报告，该草案终止审议。

十届全国人大常委会期间，全国人大常委会党组在认真调查研究、广泛听取各方面意见的基础上，提出了《发挥全国人大代表作用加强制度建设意见》。2005 年 5 月，中共中央以中发〔2005〕9 号文件批转了这份文件。根据《发挥全国人大代表作用加强制度建设意见》的精神，全国人大常委会制定了关于发挥代表作用、提高议事效率和议事质量、加强和改进专门委员会工作等 6 方面的 12 个配套工作文件，积极推进全国人大常委会各项工作的制度化和规范化。④ 有力地证明了人大常委会机关自身对人大的职责和使命的自觉性和担当，坚持将人大议事规则和工作程序予以制度化和法治化的发展。自 1992 年公布实施以来，全国人大常委会已经先后三次修订代表法，进一步明确了代表的权利和义务，细化了闭会期间和会议期间代表履职的方式和保障机制。

对于立法机关来说，规则和程序是保证其在现代政治实践中有序发展与协调运行的"动力源"。正是因为立法者并非法律的创立者，而只是法律的发现者，所以随着社会转型的形成和发展，社会的诉求和新鲜事物的涌现，相应地

---

① 乔石．乔石谈民主与法制（下）［M］．北京：人民出版社，2012：350.

② 乔石．乔石谈民主与法制（下）［M］．北京：人民出版社，2012：498.

③ 李鹏．立法与监督：李鹏人大日记（上）［M］．北京：新华出版社，2006：7.

④ 张宝山．打铁还要自身硬：全国人大常委会自身建设十年回眸［J］．中国人大，2013（3）：16-19.

要求立法机关及时回应和变革，也为地方人大依法履行立法权作出示范。从上述具有典型时间节点的全国人大常委会的历程来看，从加强立法的计划性，避免随意和无序，再到议事规则的改革，以及加强代表履职的修法工作，雄辩地书写人大的改革和发展。

（二）支持和加强人大代表履行法定职能

与人大主导立法原则的逐步深入和发展相适应，立法机关应当在人大代表层面不断补强短板，提升主导能力。美国法学家梅利曼在谈到立法机关的权责时明确地指出："他们必须把经济上和社会上的要求与立法活动联系起来，制定出反映人民意志和愿望的法律。"① 因此，不断加强和改进代表联系选民的组织与工作程序，是提升人大代表履职的重要途径。"代表联系人民群众最主要的形式，就是把代表大会的法律、决定的精神向选民和选举单位进行宣传；向选民或选举单位汇报自己的工作；征求人民群众的意见；接受群众来信来访；积极向代表大会和有关部门反映群众的合理要求，促进问题的解决；开展调查研究；走访人民群众和有关单位，了解掌握群众情绪和社会情况。"②

集结基层联系点平台优势和经验及时上升为法律，改善制度条件依法支持人大代表履行职能。2016 年全国人大常委会发布《关于完善人大代表联系人民群众制度的实施意见》，建立健全代表联系人民群众的线下工作平台和线上网络平台，包括实施代表联系原选区或原选举单位以及代表小组等形式，密切人大代表和人民群众的联系。体现了全国人大常委会探索代表联系群众的工作机制的成果。党的十九届四中全会通过的《中共中央关于坚持和完善中国特色社会主义制度 推进国家治理体系和治理能力现代化若干重大问题的决定》提出，坚持和完善人民代表大会制度这一根本政治制度。人民代表大会制度是坚持党的领导、人民当家作主和依法治国三者有机统一的根本制度安排。基层立法联系点的实践被写入《立法法》，体现了基层人大代表的智慧凝结和经验总结。基层立法联系点，将人大代表和基层的民众串联起来，有利于人大代表高质量履行代表职能，收集提供大量立法性意见，转化为支撑地方立法科学决策的重要依据。在这一互动中锻炼了公众参与立法的积极性，彰显人民自己的事情自己作主的宪法精神。

进一步完善人大代表提出立法项目的权利。人大代表作为公民、选民表达愿望、反映诉求的代言人，亟需提高代表履职和参与立法的能力。因此，除了

---

① 梅利曼．大陆法系［M］．顾培东，禄正平，译．北京：法律出版社，2004：85.

② 蔡定剑．中国人民代表大会制度［M］．北京：法律出版社，1998：205.

上述发挥人大代表联系普通民众的桥梁纽带作用的基层联系点制度之外，助力人大代表在立法过程中充分反映民意的常设性渠道和机制，还包括代表提出立法项目的权利。

2000年3月《立法法》获得颁行，但是正式确立全国人大代表有权提出立法项目的制度始于《立法法》的第一次修订。根据2015年《立法法》第五十二条的规定，全国人民代表大会常务委员会编制立法规划和年度立法计划时，应当认真研究代表的议案和建议。并且提出“广泛征集意见，科学论证评估，根据经济社会发展和民主法治建设的需要”三个原则确立立法项目。2023年获得第二次修订后，《立法法》第五十二条调整为第五十六条，内容更新为：“编制立法规划和立法计划，应当认真研究代表议案和建议，广泛征集意见，科学论证评估，根据经济社会发展和民主法治建设的需要，按照加强重点领域、新兴领域、涉外领域立法的要求，确定立法项目。”通过修订，立法法既肯定了代表提案权，又细化了编制立法项目的标准。两项目标置于同一个条款，提示人大代表应当围绕这些标准提出议案和建议。

从立法法的规范内容和各地实践来看，探索人大代表提出立法项目的建议逐渐常态化。探索人大代表议案转化推动机制引导立法项目的提报。着重引导常委会组成人员、人大代表、专门委员会和相关工作机构，对综合性强、立法难度大、各方面利益不好协调平衡的立法项目，实行联名或单独提报，积极推动相关项目进入立法程序。①

（三）善于运用法治思维处理立法与改革的关系

1. 立法理念上从经验主义、工具主义转变为法治主义

国家治理包含经济、政治、文化、宗教、军事、伦理等各个领域。从经济的角度来说，历史上不同的国家在自然经济、计划经济、市场经济等不同经济体制中，均需要采用相应的方式来治理国家。从政治的角度说，国家有奴隶主义国家、封建主义国家、资本主义国家和社会主义国家等形式，所以有专制政治和民主政治等治理国家的方式。而从国家治理现代化的层面而言，法治是国家治理现代化的重要环节。党的十八届三中全会指出：“全面深化改革的总目标是完善和发展中国特色社会主义制度，推进国家治理体系和治理能力现代化。”作为一种全新的政治理念，推动国家治理现代化的进程，不仅在很大程度上反

① 谭芳．坐实“人大主导”：让立法不再“任性”［EB/OL］．常德市人大常委会网站，2015-09-29.

映着社会现代化的进程，也在很大程度上反映着中国民主法治的进程。①

法治，是一个无比重要，但又很难被定义的概念。法治在英文中表达为 rule of law，其核心含义就是法律具有最高权威，或法律至上。践行法治的社会意味着作为一种行为的调控机制，法律具有至高无上的权威。如果说，司法依赖于人的信任而生存，这种权威存在于人们的理性的诉求之中，当人们在发生纠纷或争端后，能够从既定的法律规则或法律制度中找到解决纠纷的依据。那么，立法则以代表民意，平衡和协调多元利益，合理且公平地分配权利和义务，调整权力和责任为人们所接受。没有对国家权力的限制，法治就无从谈起，法律的权威也会丧失殆尽。恰如德沃金指出的那样："如果政府不给予法律获得尊重的权利，它就不能够重建人们对于法律的尊重。如果政府忽视法律同野蛮的命令的区别，它也不能够重建人们对法律的尊重。如果政府不认真地对待权利，那么它也不能够认真地对待法律。"②

在理念形态上，法治的系统化主张和价值判断对立法的要求，可以归结为法治主义的立法理念，而实现法治主义的思维和方式，就是法治思维和法治方式。③ 立法坚持法治主义，意味着依据宪法和法律作出改革决策，保证各种利益关系的调整都处于法律框架之内。

2. 坚持凡属重大改革都要于法有据的基本原则

改革既构成人大立法职能变迁的历史背景，又成为新时代立法的基本要求，同时还是人大立法发展的重要方向和主要底色。1978 年 12 月召开的党的十一届三中全会作出了两个英明的决策，将改革开放作为基本国策，同时全面恢复立法工作。可以说 40 多年来，我国的立法工作和改革开放相伴相生、如影随形，立法转型的历程就是处理法治与改革关系的过程。

2014 年 2 月 28 日，习近平在主持召开中央全面深化改革领导小组第二次会议时强调："凡属重大改革都要于法有据。在整个改革过程中，都要高度重视运用法治思维和法治方式，发挥法治的引领和推动作用，加强对相关立法工作的协调，确保在法治轨道上推进改革。"

第一，要摒弃两种错误的认识。"重大改革要于法有据" 就是要加强依法改革或提升改革的合法性和权威性，因而要反对两种错误的认识。一是改革突破

① 俞可平．推进国家治理体系和治理能力现代化［J］．前线，2014（1）：5-8，13.

② 德沃金．认真对待权利［M］．信春鹰，吴玉章，译．北京：中国大百科全书出版社，1998：270.

③ 石佑启．论立法与改革决策关系的演进与定位［J］．法学评论，2016（1）：11-17.

法律的边界。以领导或者长官的个人意志代替宪法、法律规定，导致改革措施缺乏法律依据，从而丢掉公信力与权威性。二是以法律为名人为地为改革和创新设置障碍。以法律具有稳定性，修改法律程序烦琐为名阻碍改革。

第二，正确理解并贯彻凡属重大改革都要于法有据的思想。一方面，立法主动适应改革和经济社会发展需要。这也就意味着，践行重大改革于法有据的改革观，要先立法或先授权立法，后进行改革，确保在法治轨道上推进和深化改革。尤其要注意处理好法律的立改废工作，如果改革事项和现行法律法规的规定不一致，这个时候就要及时、率先制定新法、修改旧法，然后进行改革。因此在这个意义上，立法先行，立法的主动性表现为，各级立法机关要锚准经济社会的发展实践，对经济社会发展的形势及时作出研判，分别作出三种区分：需要通过制定新法来规范的问题；需要通过授权立法先行先试的问题；同经济社会发展实践不适应的法律，要及时作出废止并启动相关程序等。① 遵循在法治下推进改革，在改革中完善法治。另一方面，加强和践行立法与改革关系的三种路径。在确立了“重大改革要于法有据”的大原则的基础上，十八届四中全会《全面依法治国决定》指出了处理改革与立法关系的三种具体路径和办法：“实践证明行之有效的，要及时上升为法律。实践条件还不成熟、需要先行先试的，要按照法定程序作出授权。对不适应改革要求的法律法规，要及时修改和废止。”有立法权的人大要将“发挥立法的引领和推动作用”自觉转化为立法工作的高要求和主动性，探索实施“凡属重大改革都要于法有据”重要思想的基本路径。

（四）葆有法律的适应性和前瞻性坚持及时修改废止法律法规

法律体系是对稳定的社会关系的调整和确立，社会的激烈变化必然折射既有法律体系的滞后性，及时修改法律成为现实的迫切需要。

将法律的立改废与保持法律的稳定性和连续性正确地结合起来，在求完善与求稳定的关系上建立起对立统一的关系。“我们能做而且应当做的，就是遵循历史发展规律，根据社会历史条件的变化，适时地配套修改、补充和完善法律，极大程度地减少法律的不完全、不协调和不明确，使法律在适时性与相对稳定性之间保持必要的张力。”② 同时，将法律法规修订工作作为立法的重点之一。法律必须保持权威和稳定，也需要及时修改。这就要求人大立法应当以社会现

---

① 刘作翔．论重大改革于法有据：改革与法治的良性互动：以相关数据和案例为切入点［J］．东方法学，2018（1）：14-21.

② 王洪．论法律中的不可操作性［J］．比较法研究，1994（1）：13-23.

实为基础，适应社会发展的要求，不能过于保守，如果滞后性突出，则容易丧失法律对社会关系调整的引领作用。美国大法官卡多佐曾将法律比作旅行，通俗地指出法律与旅行的共同点在于，两者都必须为了明天做准备。言简意赅地传递立法应当与时俱进，具有一定的前瞻性。

研究指出，立法推动行政法发展的实体性规范很少能够对行政权的行使有所作为，对政府行政系统施加压力，而更多地体现在对行政相对人权利的约束上。例如，2000年施行的行政法规《中华人民共和国电信条例》在“电信市场”一章设置了23个条文。大多数条文都在于强化对作为相对人的市场主体的管理，而不是通过负面清单等管理方式为他们提供相应的市场服务。① 虽然2014年、2016年对该条例两度轻微修改，但是上述问题依然存在。从现有内容来看，以电信业务经营者为义务主体采用命令性规范的条文，经由应当或者必须的句式多达25个，占全部80个条文的31%，这种以行政审批、部门监管的模式充满了行政主导的意味，缺少服务意识和治理气息。这部法规从制定到修改跨越16年，2014年第一次修订时涉及4个法条，最终删除1条修改3条，条文总数降为80个。2016年第二次修订时仅修改1个条文，法规修改极其谨慎也说明立法上的难度和分歧。但是该法规的核心概念“电信”的定义始终未更新，远远落后于电信业务的发展现状，更谈不上对电信业务发展趋势的引领。有研究建议，考虑到立法的引领作用，在出台电信法时，应当修改电信的定义，理由包括三方面。从微观来说，与电信运营商的运营业务保持一致。从中观来说，电信业的发展已经进入数字经济时代，“数据”成为重要的生产性要素，这一要素应当体现在电信的定义之中。从宏观来说，与国际通信立法趋势接轨的需要。② 类似这种涵盖高技术要素的产业立法更新速度稍慢，除涉及专业性强等技术难点之外，也与立法理念有关。借用博登海默的评论，是因为立法机关“倾向于敏捷地注意与直接政治利益有关的问题，而不注意去修改过时的法典或使充塞传统观念的法律现代化”③。因此，出台电信法时，将数字经济、视频、数据等为核心的新发展要素纳入电信的定义之中，同时采用立法的“例举+概括式”，既符合行业和技术的发展现状，又具有一定的灵活性和前瞻性。这是新时代立法部门的使命，体现了依法立法、科学立法的要求。

---

① 关保英．地方立法推动行政法发展的法治评价［J］．法学，2022（12）：37-51.

② 王春晖．重新定义“电信”的立法建议［J］．中国电信业，2020（1）：64-69.

③ 博登海默．法理学：法律哲学和方法［M］．张智仁，译．上海：上海人民出版社，1992：362.

（五）不断完善法律议案的审议机制

一是依法加强法律议案的审议机制。审议是立法职权的核心，是立法权的应有之义。除了加强主观上的主体意识之外，从工作机制和程序上予以改进，是提升立法能力的不二选择。为了加强立法权的主导能力，立法机关内部“法律委+法工委”的立法组合应运而生且不断加强。宪法和法律委员会成为前台界面，负责执行和落实统一审议制度；法制工作委员会作为后台程序，负责拟定部分法律草案并服务于宪法和法律委员会的统一审议。① 充分挖掘法制工作委员会在辅助法律案审议上的潜力，保持该机构的稳定性，将更多的基础工作交由其完成。从而解放宪法和法律委员会，在其余专门委员会提出意见的基础上充分行使统一审议权，着重讨论关键问题。②

二是专门委员会法案审议中适当引入辩论程序，充分发挥各专门委员会的审议职能。“专门委员会最重要和最经常履行的职责就是对立法议案进行初审。”③ 从地方立法来看，各专门委员会就有关的地方性法规草案向法制委员会提出意见，形成审议报告；省、自治区、直辖市的人大法制委员会统一审议向本级人民代表大会或者常务委员会提出地方性法规草案。各专门委员会除负责自己分管的法律案以外，对其他委员会分管的法案也要注意研究；特别是涉及与自己所属的委员会分管部分的内容，要提出意见，有利于法律之间的衔接，维护法制的统一。

考虑到各专门委员会审议环节相对受审议时长限制较小，对法律草案进行更为充分的审议就成为可能。因此，可以在专门委员会审议环节充分使用“辩论”的方式对法律案开展审议，还可以激活专门委员会的“看门人”职责，对明显不符合我国实际需求的法律案予以否决。④ 各专门委员会法案审议适当引入辩论制度，形成各种意见之间的碰撞交流，在审议阶段实现公民有序参与。考虑到改革的渐进性和稳定的立法秩序之间的张力，短期内将立法辩论制度在全国范围内全面铺开尚不具备条件，可以采取从地方人大逐步推演到全国人大的模式。在立法辩论的适用范围方面，可以考虑从人大常委会立法会议开始，待条件成熟时逐步扩展到人大立法会议；在立法辩论的内容上，考虑从一般性辩

---

① 王理万．制度性权力竞争：以立法统一审议制度为例［J］．浙江社会科学，2023（6）：38-46，157.

② 周磊．法律案审议制度研究［D］．上海：华东政法大学，2020，149.

③ 田成有．提高立法的审议质量［J］．人大研究，2018（1）：44-47.

④ 周磊．法律案审议制度研究［D］．上海：华东政法大学，2020，149.

论再到逐条辩论的顺序。① 在地方实践逐步积累完善的基础上，再统一修改立法议事规则。

三是适当延长会议时间或施行灵活会期。客观而言，在当下实行三审制的情形下，立法中的审议程序是极其耗费时间的，因此保证立法质量需要给予审议程序适当的时间作为保证。充分调动立法主体的积极性和立法各主体之间的能动性，既要立法主体逐字逐句审读、细致推敲法案条文的文义和内涵，还需要立法主体之间展开交流、辩论和协商。因此，建议实行弹性会期制。有观点提出实行全年会期制，似乎过于理想，“在全面深化改革高速发展的非常时期，应当暂停人大常委会目前实行的会期制，改为实行与行政机关一样的工作制，实行全年会期制，每天八小时坐班制，用这种非常时期的会期制度从时间上保证应对大量立法工作的需要。等到立法供需矛盾明显缓解，每年 6 次集会的会期制度可以满足改革发展需要时，再取消全年会期制”②。2021 年 1 月中共中央印发《法治中国建设规划（2020—2025 年）》（以下简称《规划》），这是新时代实施和推进全面依法治国的顶层设计。关于人大常委会的会期，《规划》提出要“研究完善人大常委会会议制度，探索增加人大常委会审议法律法规案的会次安排”。非常富有开创性，值得理论和实践进一步探索。

立法法的出台和修订，极大地促进了立法机关的转型。2000 年 3 月 15 日，九届全国人大三次会议通过了立法法，这是我国第一部全面规范立法活动的宪法性法律。涉及从中央到地方的立法权限、程序、监督等各个环节，标志着我国的法治建设从满足立法数量上增长、膨胀，到重视立法规律，坚持依法立法的尝试。2015 年 3 月 15 日，第十二届全国人民代表大会第三次会议对立法法做了多处修改，其中第四十一条新增加的第二款、第三款，规定了重要条款单独表决制度。2023 年立法法再度成功修订，展现出全新的立法理念、体制和模式，助力人大主导立法，加强人大立法，充分提供制度供给机制，高效发挥治理效能和水平。

经济社会的发展，极大地促进了立法机关的改革与发展。随着改革开放基本国策的确立，修改宪法提上议事日程。现行宪法的诞生，是党领导立法的生动实践，同时又促进了立法的转型发展。

---

① 徐佳，唐颢．浅议作为公众参与的人大立法辩论制度［EB/OL］．南京市人民代表大会官网，2018-04-10.

② 李林．全面深化改革应当加强立法能力建设［J］．探索与争鸣，2017（8）：24-28.

第五章

宪法修改的经验与前瞻

新中国成立后，第一部社会主义性质的宪法诞生于1954年，史称“五四宪法”。这部宪法因为毛泽东主持和亲自参与宪法草案的拟定，以及掀起全民广泛讨论宪法草案的热潮等显著特色，直到今天还被人们津津乐道。此后，由于历史原因，1975年、1978年对1954年宪法进行了错误修改。1978年中国共产党的十一届三中全会拨乱反正，提出了“以经济建设为中心”的发展战略，社会主义法治建设事业恢复重建。以邓小平为核心的党中央启动了修改1978年宪法的大幕，也就产生了现行宪法，即“八二宪法”。现行宪法被公认为新中国成立以来最好的一部宪法，它极大地顺应了中国进入新的历史时期的现实需要，为开启新的发展任务而提供根本法保障。一方面，拨乱反正纲举目张，解放了人们的思想；另一方面，将国家的建设切换到以经济建设为中心的正确轨道上来。可以说，1982年宪法集科学性、适应性和稳定性于一身。

一部好的宪法归因于具有旺盛的适应力。随着改革开放的深入推进和中国特色社会主义事业的不断发展，宪法的抽象规定难免与社会发展的实际相脱节，对宪法的局部修改成为宪法发展的基本路径。回溯五四宪法、现行宪法的产生和迄今为止的多次修改，有利于总结历史经验，理性地指导未来宪法的发展。

第一节　新中国第一部宪法的诞生

一、毛泽东与五四宪法的制定经过

（一）五四宪法的制定背景

《中国人民政治协商会议共同纲领》第十四条规定：凡军事行动已经完全结束、土地改革已经彻底实现、各界人民已有充分组织，即应实行普选，召开人民代表大会。新中国成立以来，党和中央人民政府完成了大陆的全面统一，结束了军事行动，完成了土地制度的改革，进行了广泛的和深入的镇压反革命运动和各种民主改革运动，恢复了国民经济，并从1953年起，开始了经济建设的第一个五年计划。共同纲领得到充分实施的事实表明，实行普选、召开人民代表大会、制定宪法的条件已经完全成熟。①

根据1949年制定的《中国人民政治协商会议组织法》第六条的规定，“中国人民政协全体会议每三年开会一次”，1952年就应该召开人民政协第二次全体会议了。而此时的全国形势已经和1949年发生了今非昔比的变化，国民经济恢复的任务已经完成，大规模的经济建设即将开始。是继续召开人民政协全体会议，还是组织和召开全国人民代表大会呢？中共中央认为，召开全国人民代表大会，制定宪法的时机已经成熟。对此毛泽东在1953年1月13日的会议上，针对召开全国人民代表大会和制定宪法所做的解释，可以作为制定宪法的背景：“就全国范围来说，大陆上的军事行动已经结束，土地改革已经基本完成，各界人民已经组织起来，因此，据中国人民政治协商会议共同纲领的规定，召开全国人民代表大会及地方各级人民代表大会的条件已经成熟了。这是中国人民流血牺牲，为民主奋斗历数十年之久才得到的伟大胜利。”关于实行人民代表大会制度的优越性，他进一步解释：“人民代表大会制的政府，仍将是全国各民族、各民主阶级、各民主党派和各人民团体统一战线的政府，它是对全国人民都有利的。”②

（二）中共中央提出制宪建议

1952年12月24日，中国人民政治协商会议全国委员会常务委员会召开扩大会议，周恩来代表中共中央向会议提议：由政协全国委员会向中央人民政府建议，于1953年召开全国人民代表大会，制定宪法。周恩来说，新中国成立初期根据共同纲领的规定，以中国人民政治协商会议全体会议代行全国人民代表大会的职权，以地方各界人民代表会议代行地方各级人民代表大会职权。这在当时是必要的。但这种过渡时期已经过去，我国的经济恢复时期已经结束，即将进入大规模的有计划经济建设的新时期。为适应新时期的到来，完成国家经济建设的任务，就必须根据共同纲领的规定，定期召开全国人民代表大会和地方各级人民代表大会，进一步巩固人民民主，充分发挥人民群众参加国家建设的积极性。为此，经中共中央提议，由中国人民政治协商会议向中央人民政府委员会建议，根据《中央人民政府组织法》第七条第十款所规定的职权，于

---

① 许崇德．中华人民共和国宪法史：上［M］．福州：福建人民出版社，2005：106-107.

② 中共中央文献研究室．毛泽东传：1949—1976（上）［M］．北京：中央文献出版社，2003：310.

1953年召开全国人民代表大会和地方各级人民代表大会，并开始进行起草选举法和宪法草案等准备工作。政协全国委员会常务委员会扩大会议经过热烈讨论，一致同意中共中央的提议，并在1953年1月13日向中央人民政府委员会提出关于召开全国人民代表大会、制定宪法的建议。①

1953年元旦，《人民日报》发表社论确定了当年的三大历史任务，除了继续加强抗美援朝的斗争，开始执行第一个五年计划外，就是“召集全国人民代表大会，通过宪法，通过国家建设计划”。社论写道：“我国既已胜利地结束了经济恢复时期而进入了大规模建设时期，按照共同纲领的规定，就应当召集全国人民代表大会和地方各级人民代表大会，选举中央和地方的人民政府。在全国人民代表大会上，将要通过宪法和国家建设计划。毫无疑问，这将要成为我国人民政治生活中的巨大事件。”②

1953年1月13日，中央人民政府委员会举行的第二十次会议，一致通过《关于召开全国人民代表大会及地方各级人民代表大会的决议》。决议规定：“于1953年召开由人民用普选方法产生的乡、县、省（市）各级人民代表大会，并在此基础上接着召开全国人民代表大会。在这次全国人民代表大会上，将制定宪法，批准国家五年建设计划纲要和选举新的中央人民政府。”③

同时，会议成立了由毛泽东任主席，朱德、宋庆龄等32人为委员的中华人民共和国宪法起草委员会。起草工作于1954年1月9日开始，毛泽东对宪法起草设定了明确的时间表，计划如下：1. 争取在1月31日完成宪法草案初稿，并随将此项初稿送中央各同志阅看。2. 准备在2月上半月将初稿复议一次，请邓小平、李维汉两位同志参加，然后提交政治局（及在京各中央委员）讨论作初步通过。3. 3月初提交宪法起草委员会讨论，在3月内讨论完毕并初步通过。4. 4月内再由宪法小组审议修正，再提政治局讨论，再交宪法起草委员会通过。5. 5月1日由宪法起草委员会将宪法草案公布，交全国人民讨论4个月，以便9月间根据人民意见作必要修正后提交全国人民代表大会作最后通过。④

（三）确立党在过渡时期的总路线并由毛泽东亲自主持宪法起草工作

确定了宪法起草委员会的人选和组织架构后，制定宪法的问题暂时搁置，

---

① 许崇德．中华人民共和国宪法史：上［M］．福州：福建人民出版社，2005：107.

② 《八十一年人生路：胡乔木生平》编写组．八十一年人生路：胡乔木生平［M］．北京：社会科学文献出版社，2017：205-206.

③ 中共中央文献研究室．建国以来重要文献选编：第4册［M］．北京：中央文献出版社，1993：16-17.

④ 中共中央文献研究室．毛泽东文集：第六卷［M］．北京：人民出版社，1999：320.

因为党中央还要处理一项重要的问题，那就是确立制定宪法的总依据和指导思想。因此，从 1953 年 6 月以来的半年时间内，最终经过毛泽东审阅、修改直至定稿，转发全党，颁布党在过渡时期的总路线，从而明确了制定宪法的基本依据和指导思想。党在过渡时期的总路线指出："中华人民共和国成立，到社会主义改造基本完成，这是一个过渡时期。党在这个过渡时期的总路线和总任务，是要在一个相当长的时期内，逐步实现国家的社会主义工业化，并逐步实现国家对农业、对手工业和对资本主义工商业的社会主义改造。"①

1953 年 12 月 24 日，胡乔木、田家英、陈伯达和罗瑞卿跟随毛泽东前往杭州起草宪法草案。1954 年 3 月 9 日拿出初稿，3 月 14 日毛泽东和起草人员离开刘庄回到北京，此后毛泽东又亲自主持了多次讨论和修改。自始至终，毛泽东领导和参加宪法起草工作，他不仅是总设计师，而且是具体修宪者；不仅确定指导思想，提出许多重要内容，组织召开各种会议，作多次重要讲话，而且对历次宪法草案稿作多次重大修改倾注了很大心力。②

1953 年 12 月中共中央政治局决定成立由 8 人构成的宪法小组，他们是董必武、彭真、邓小平、陈伯达、李维汉、胡乔木、张际春、田家英。③

截止到 1954 年 3 月 9 日，历时 2 个多月，宪法起草小组最终完成宪法草案四读稿。每完成一稿，除及时送往北京由刘少奇及中央各同志审阅外，在杭州的起草小组都在毛泽东的领导下，对宪法草案初稿边读边改。3 月 12 日开始，中央政治局连续召开扩大会议，对宪法草案初稿进行讨论，至此宪法草案初稿起草工作告一段落。最终，经过大半年的广泛讨论、修改、审议，以及全国性大讨论后，宪法草案终于定稿，1954 年 9 月 20 日，宪法草案获得全票通过。

二、五四宪法的经验与贡献

1953 年 1 月 13 日，中央人民政府委员会第二十次会议召开，根据大会决定，毛泽东担任了中华人民共和国宪法起草委员会主席职务，毛泽东承担直接领导和亲自起草宪法的工作。

第一，召开全国人民代表大会，制定宪法，旨在弘扬社会主义民主，践行民主。正是在中央人民政府委员会第二十次会议上，毛泽东指出："为了发扬民

---

① 中共中央文献研究室．毛泽东文集：第六卷［M］．北京：人民出版社，1999：316.

② 许虔东．新中国第一部宪法的总设计师：毛泽东刘庄草宪轶闻［J］．党史纵横，1994（5）：25-26.

③《八十一年人生路：胡乔木生平》编写组．八十一年人生路：胡乔木生平［M］．北京：社会科学文献出版社，2017：208.

主，为了加强经济建设，为了加强反对帝国主义的斗争，就要办选举，搞宪法。”①

除了将弘扬社会主义民主作为价值观外，发扬民主的原则作为起草宪法的基本方法和程序取得了圆满成功。一个是坚持民主原则。我国的民主是人民的民主，民主原则贯穿于宪法制定的始终。同时，宪法和法律的制定必须贯彻社会主义原则。毛泽东针对新中国成立初期的社会主义改造的任务，机敏地指出“一时办不到的事，必须允许逐步去办”；国家资本主义可以有各种形式。“逐步”和“各种”就是契合社会主义全民所有制这个原则的灵活性。考虑到权利受经济制约的特点，毛泽东指出：“比如公民权利的物质保证，将来生产发展了，比现在一定扩大，但我们现在写的还是‘逐步扩大’。这也是灵活性。”②

另一个则是领导与群众相结合是立法的基本形式。1951 年 9 月，董必武在华北第一次县长会议上引用了毛泽东群众路线的论述：“全心全意为人民服务，一刻也不能脱离人民；一切从人民的利益出发，而不是从个人或小集团的利益出发；向人民负责和向党政机关负责的高度一致性；这些就是我们党工作的出发点。”③ 五四宪法文本初稿和草案广泛征求民意，让最广大人民群众参与宪法草案的讨论，这部宪法凭借民主的气质而深入人心，毛泽东总结指出：“我看理由之一，就是起草宪法采取了领导机关的意见和广大群众的意见相结合的方法。这个宪法草案，结合了少数领导者的意见和八千多人的意见，公布以后，还要由全国人民讨论，使中央的意见和全国人民的意见相结合。这就是领导和群众相结合，领导和广大积极分子相结合的方法。”④ 正因为如此，1954 年宪法的制定堪称党的领导与群众路线配合立法的典范。

第二，提出搞宪法就是搞科学的远见。1954 年 6 月 14 日毛泽东发表《关于中华人民共和国宪法草案》的讲话中指出：“有人说，宪法草案中删掉个别条文是由于有些人特别谦虚。不能这样解释，这不是谦虚，而是因为那样写不适当，不合理，不科学。在我们这样的人民民主国家里，不应当写那样不适当的条文。不是本来应当写而因为谦虚才不写。科学没有什么谦虚不谦虚的问题。搞宪法是搞科学。我们除了科学以外，什么都不要相信，就是说，不要迷信。”⑤ 阐述

---

① 逄先知，冯蕙．毛泽东年谱（1949—1976）：第二卷［M］．北京：中央文献出版社，2013：9.
② 中共中央文献研究室．毛泽东文集：第六卷［M］．北京：人民出版社，1999：327.
③ 董必武．董必武法学文集［M］．北京：法律出版社，2001：106.
④ 中共中央文献研究室．毛泽东文集：第六卷［M］．北京：人民出版社，1999：325.
⑤ 中共中央文献研究室．毛泽东文集：第六卷［M］．北京：人民出版社，1999：330.

了宪法起草文本的客观性和科学性的标准。

总结各方经验借鉴他国立法文本。起草 1954 年宪法不仅总结了清末以来关于宪法问题的历史经验，特别是新中国成立 5 年来的革命和建设经验，而且大量研读了主要资本主义国家的宪法文本。正如毛泽东所总结的："我们这个宪法草案，主要是总结了我国的革命经验和建设经验，同时它也是本国经验和国际经验的结合。"

坚持实事求是的方法论。实事求是是毛泽东思想的精髓，践行的主要路径就是立法要从实际出发。从实际出发的理论化和体系化发展就是日后提出的科学立法的方法论源泉。实事求是的原则在立法领域，突出地表现为使宪法、法律与时俱进，随着社会实际的情况而调整。为了制定新中国的第一部社会主义类型的宪法，毛泽东及时而正确地归纳了"搞宪法是搞科学"这一立宪理念。

第三，反复打磨，精心修改。宪法起草共出台草案"四读稿"，多条线索同步进行。1953 年 12 月 24 日，毛泽东的专列前往杭州，正式主持宪法草案的文本撰写工作。1954 年 3 月宪法起草委员会的第一次会议上，参与宪法起草的工作人员高度评价毛泽东的贡献："宪法草案的内容，是根据中共中央和毛主席的指示而写成的。中共中央指定了一个宪法起草小组，这个小组，是在毛主席的亲自领导下和亲自参加下进行工作的。宪法草案的每一章、每一节、每一条，毛主席都亲自参加了讨论。"① 宪法草案经过 1954 年 3 月 23 日至 6 月 11 日历时 81 天的广泛讨论和反复修改，6 月 14 日提交中央人民政府委员会第三十次会议，毛泽东主持会议并审议通过。经过有 1.5 亿多人参加的全国性大讨论，又做了一些重要修改，即将定稿。② 大有"千淘万漉虽辛苦，吹尽狂沙始到金"之势。

第四，坚持民主基础上的集中。毛泽东认为，组织广泛的讨论，至少有两个好处。其一，有利于审视少数人商议出来的东西是否得到绝大多数人的支持和接受，从而了解宪法颁布后的可接受程度和宪法的实施程度。经过讨论，草案初稿中一切正确的东西，都保留下来了，增强了大家的信心。其二，针对讨论中搜集的 5900 多条意见（不包括疑问）可以分作三部分：不正确的、不宜采用的和完全可以采用的。各种意见进行搜集有利于进行比较。③

---

① 逄先知，冯蕙．毛泽东年谱（1949—1976）：第二卷［M］．北京：中央文献出版社，2013：222.

②《八十一年人生路：胡乔木生平》编写组．八十一年人生路：胡乔木生平［M］．北京：社会科学文献出版社，2017：213.

③ 中共中央文献研究室．毛泽东文集：第六卷［M］．北京：人民出版社，1999：324.

第二节　八二宪法的产生与修改

一、现行宪法的产生与修改

在 1980 年 8 月召开的中共中央政治局扩大会议上，邓小平作了《党和国家领导制度的改革》的讲话，他指出："中央将向五届人大三次会议提出修改宪法的建议。要使我们的宪法更加完备、周密、准确，能够切实保证人民真正享有管理国家各级组织和各项企业事业的权力，享有充分的公民权利，要使各少数民族聚居的地方真正实行民族区域自治，要改善人民代表大会制度，等等。关于不允许权力过分集中的原则，也将在宪法上表现出来。"① 不难发现，党中央的旨意在于将宪法的修改作为政治改革的突破口，并且把修改宪法作为第一项重大改革。由此看来，从具体细节的维度，党中央提出修改宪法的建议，从程序上启动了宪法的修改。从顶层设计的层面，宪法修改成为助力改革的引擎，宪法修改的实践保障了改革的逐步推进。

1980 年 8 月 30 日至 9 月 10 日，五届全国人大三次会议通过了关于修改宪法和成立宪法修改委员会的决议。在宪法修改委员会的主持下，历时两年、先后五易宪法修改草案讨论稿，终于在 1982 年 2 月，委员会出炉《中华人民共和国宪法修改草案》的讨论稿。两个月后，委员会向第五届全国人大常委会提交了《中华人民共和国宪法修改草案》，并依法确定了在全国人大审议之前，交由全国各族人民讨论的程序。讨论持续四个月之久，委员会精益求精，整合全民讨论的意见后，终于形成宪法修改草案，并于 11 月 23 日提交全国人大审议。五届全国人大五次会议于 1982 年 12 月 4 日通过了新修改的《中华人民共和国宪法》，12 月 4 日成为一个标志性的里程碑。

随着我国改革开放和社会主义建设事业的进一步发展，全国人大常委会于 1988 年、1993 年、1999 年、2004 年和 2018 年先后五次以修正案的形式，对 1982 年宪法的部分条文进行了修改。

1988 年，七届全国人大一次会议表决通过宪法修正案，在改革开放建设现代化中国的背景下，确认了私营经济的合法存在，规定土地的使用权可以依照法律的规定转让，土地的使用权成为合同法律关系的标的有权进入流通转让程

---

① 邓小平．邓小平文选：第二卷［M］．北京：人民出版社，1994：339.

序。1993年，八届全国人大一次会议表决通过宪法修正案，在宪法序言中增加“中国共产党领导的多党合作和政治协商制度将长期存在和发展”，增加规定我国正处于社会主义初级阶段等重要内容。更为重要的是，1992年，邓小平发表著名的“南方谈话”。党的十四大贯彻了邓小平南方谈话的精神，对于社会主义市场经济形成了较为统一的认识，形成了社会主义可以有市场，国家实行社会主义市场经济的共识。打消了改革开放和发展经济的疑虑，表明了改革开放的不可逆转。1999年，九届全国人大二次会议表决通过宪法修正案，在宪法序言中明确了两个里程碑式的条款。一是确立邓小平理论的宪法地位。另一个则是将“依法治国，建设社会主义法治国家”确立为治国方略。“依法治国”“法治国家”开始成为热门词汇。

2004年，十届全国人大二次会议表决通过宪法修正案，在宪法序言中将“三个代表”重要思想确立为国家的指导思想。在此期间发生的一系列事件，引起了人们对宪法人权条款的呼唤。由此，宪法规定，国家尊重和保障人权。这就是学界所说的“人权入宪”！2018年，十三届全国人大一次会议表决通过了宪法修正案，在宪法序言中确立科学发展观、习近平新时代中国特色社会主义思想在国家政治和社会生活中的指导地位。将“坚持中国共产党的领导是中国特色社会主义最本质的特征”增加到宪法第一条中。

八二宪法的5次修改的重点内容，无不是在中国共产党领导下取得的伟大成果。表明了宪法的与时俱进，彰显了实事求是的科学风范。

二、现行宪法修改的基本特点

马克思主义基本原理告诉我们，生产力和生产方式的变化是推动社会变迁的根本动力和主要原因。对于经济利益的客观性和意志权利的主观性之间的关系，马克思早就指出：“无论政治的立法或民事的立法，都不过是宣布和登记经济关系的需要而已。”① 他还指出：“法律应该是社会共同的，由一定的物质生产方式所产生的利益和需要的表现。”② 因此，一定的经济基础获得修改、革新或进步，必然首先成为立法的重要内容。

（一）为经济发展提供根本法保障，走向市场经济

从党的十一届三中全会开始，以邓小平为核心的党的第二代领导集体围绕

① 中共中央马克思恩格斯列宁斯大林著作编译局．马克思恩格斯全集：第4卷［M］．北京：人民出版社，1956：122.

② 中共中央马克思恩格斯列宁斯大林著作编译局．马克思恩格斯全集：第6卷［M］．北京：人民出版社，1961：292.

法治建设的经济基础而奠基，全党的工作重心已经定位到经济建设上来。这就要求宪法为经济发展提供法律保障。相应地，随着经济改革的深化，为经济发展铺平道路，加强财产权的保障成为修宪的中心。“八二宪法”的先后三次修改折射出改革初期财产权的创新实践和多元发展，雄辩地勾勒出制度文明的变迁与经济基础演进之间的内在关联。

1988 年两条修正案均为经济内容，增加规定“保护个体经济的合法的权利和利益”；“土地的使用权可以依照法律的规定转让”，第一次确认了土地的使用权成为法律关系的客体。

1992 年年初，邓小平发表著名的“南方谈话”。党的十四大贯彻了邓小平南方谈话的精神，对于社会主义市场经济形成了较为统一的认识。1993 年 3 月，八届全国人大一次会议通过宪法修正案，明确规定我国正处于社会主义初级阶段；计划经济的提法被市场经济的概念取代；将国营改为国有，授权“国有企业在法律规定的范围内有权自主经营”等内容。

1999 年修正案明确了“非公有制经济，是社会主义市场经济的重要组成部分”“国家保护个体经济、私营经济的合法的权利”。2004 年修正案扩大到保护“个体经济、私营经济等非公有制经济的合法的权利和利益”，明确公民的合法的私有财产不受侵犯。

（二）反映党探索治国方略的卓越历程，丰富社会主义法治理论

伴随着 20 世纪 80 年代改革开放的进一步开展，中国共产党和中国人民始终加强民主法治的实践和理论探索。可以说，探索社会主义市场经济的过程，就是推进社会主义民主、建设法治国家的过程。为经济体制改革修宪、立法，促进了法治建设与改革的不断跟进。

早在 1978 年召开的中央工作会议上，邓小平就指出：“为了保障人民民主，必须加强法制。必须使民主制度化、法律化，使这种制度和法律不因领导人的改变而改变，不因领导人的看法和注意力的改变而改变。”① 策略上体现了修宪的阶段性，先易后难。1986 年 7 月中共中央发出了《关于全党必须坚决维护社会主义法制的通知》。1987 年 10 月党的十三大确立了“我们必须一手抓建设和改革，一手抓法制”的两手抓政策。1999 年 3 月 15 日，九届全国人大产生新的宪法修正案。将“邓小平理论”的内容写进《宪法》序言，增加规定：“中华人民共和国实行依法治国，建设社会主义法治国家。”2018 年，宪法序言中“健全社会主义法制”更新为“健全社会主义法治”，从“刀”字形的“制”到“水”

---

① 邓小平．邓小平文选：第二卷［M］．北京：人民出版社，1994：146.

字形的“治”，体现了党在治国方略上对法治的体系化理解和执政理念的提升。

充满活力的法治实践，建立在具有中国特色的经济、政治和文化基础上，又为形成中国特色的法治理论奠定了基础，提供了检验的土壤。

（三）提倡人文精神，践行以人为本

马克思主义经典经济学捕捉到了财产关系不是表面上的人与物的关系，而是人与人之间的关系。① 由此推知，一切社会关系，包括法律关系，归根结底都是协调人与人之间的关系。以人为本正是宪法修改的理念支撑，更是宪法修改与传统融合的共识。

毛泽东思想是以毛泽东为代表的第一代领导集体智慧的产物，其人本观最鲜明的特色在于确立为人民服务的宗旨和肯定群众路线的实施方式。“我们的法律集中地反映人民的意志，是完全符合于人民的利益并服务于人民的利益的，国家的利益和人民的利益完全一致。”② 深刻地剖析了社会主义历史类型的法的本质。

我们对马克思关于经济基础与权利的关系理论耳熟能详：“权利永远不能超出社会的经济结构，以及由经济结构所制约的社会文化的发展。”③ 在法律权利关系与社会物质生活条件的关系上，后者是决定性的，这是马克思主义法学的基本原理。邓小平深谙其道，将经济体制的发展作为国家的中心工作来抓。这一认识也造就了改革初期经济立法成为立法的主要工作和重要内容。难能可贵的是，经济建设的根本目的是提高百姓生活条件，享有更多公民权利。经过多年经济又好又快增长，铺就了坚实的经济基础，为以人为中心的执政理念的出台列出了时间表。

2003 年党的十六大报告开启了全面建设小康社会，开创中国特色社会主义事业的新局面。“国家尊重和保障人权”，正式写入宪法。权利，从来没有像今天这样被高度尊崇。宪法，成为人权的最高“保护者”。

中国共产党坚持理论和实践相结合，不断践行以人为本的理念，及时将好的做法和经验上升为法律和制度。2018 年，全国人大第 5 次对八二宪法的个别条款和部分内容作出修正，共通过了 21 条宪法修正案。特别是完善依法治国和宪法实施举措；增加倡导社会主义核心价值观的内容；增加设区的市制定地方性法规的规定以及修改全国人大专门委员会的有关规定等内容，为支持和健全

① 季卫东，等．宪法的理念与中国实践［M］．上海：上海人民出版社，2017：255.

② 董必武．董必武法学文集［M］．北京：法律出版社，2001：222.

③ 中共中央马克思恩格斯列宁斯大林著作编译局．马克思恩格斯选集：第 3 卷［M］．北京：人民出版社，2012：364.

人民当家作主提供了宪法保障，表明了宪法发展的弹性和科学品格。“宪法作为上层建筑，必须适应经济基础的变化，体现党和人民事业的历史进步，随着党领导人民建设中国特色社会主义实践的发展而不断完善发展。只有紧跟时代要求和人民意愿，遵循法治规律，在保持宪法连续性、稳定性、权威性的前提下，推动宪法不断适应新形势、吸纳新经验、确认新成果、作出新规范，才能永葆宪法生机活力。”①

第三节 现行宪法修改的经验与前瞻

一、现行宪法修改的基本经验

（一）中共中央提出修宪建议，贯彻党对宪法修改的领导

1980年4月，彭真在省、自治区、直辖市人大常委会负责同志第一次座谈会上指出：“党对包括立法工作在内的领导，根本的是政治领导。党是管方针、政策和原则问题，而不负责各种具体问题。”② 在主持八二宪法的制定过程中，彭真正确地贯彻了以邓小平为核心的党中央的修宪精神，总结中国历史上的重大事件，基本结论就是坚持党的领导。这是历史的必然选择和基本结论。所以，成就了彭真对党领导立法原则的笃信，以及将坚持党的领导写入宪法序言的缜密思考和精心设计。

此后，中共中央印发的《1991年意见》载明，“中央对国家立法工作主要实行政治即方针政策的领导”。中共中央印发的《2016年意见》指出，“党通过确定立法工作方针、提出立法建议、明确立法工作中的重大问题、加强立法队伍建设等，确保立法工作充分体现党的主张，反映人民意志”，来“主要实行政治领导”。执政党通过向国家权力机关提出修改宪法的建议就是在行使对宪法修改的领导。共产党依法执政的一个重要表现就是提出修改宪法的立法建议，从而通过法定程序把执政党的主张上升为国家意志。

2018年3月，在《宪法》序言中确立了坚持党的领导地位的基础上，十三届人大第一次会议上，将“中国共产党领导是中国特色社会主义最本质的特征”

---

① 习近平．谱写新时代中国宪法实践新篇章：纪念现行宪法公布施行40周年［N］．人民日报，2022-12-20（1）．

② 彭真文选：一九四一——一九九〇年［M］．北京：人民出版社，1991：389.

写入《宪法》的第一条，增强了党领导的时代性和全局性。党对宪法修改在内的立法活动的领导，完成了从经验到概念再到宪法确立的升华。

（二）方法上以实事求是为统领，加强修宪的民主性和科学性

1. 中共中央提出宪法修改建议的宪法惯例

现行宪法第六十四条规定："宪法的修改，由全国人民代表大会常务委员会或者五分之一以上的全国人民代表大会代表提议，并由全国人民代表大会以全体代表的三分之二以上的多数通过。"全国人大常委会或者五分之一以上的全国人大代表享有宪法修改的提案权。但是，从1954年我国第一部社会主义宪法的制定以及历次宪法修改的实践来看，都是由中共中央向全国人大常委会提出修改宪法的建议，经过全国人大常委会审议、采纳该建议之后，最终由全国人大常委会向全国人大提出宪法修改提案，从而进入宪法修改程序。历经多次宪法修改实践，中共中央提出宪法修改的建议已经成为我国政治实践中的宪法惯例。

2. 集思广益、发扬民主，广泛形成共识，科学打磨宪法建议稿和修改稿

中国共产党提出修宪建议，均是因为执政党实现了相关理论创新并由此制定了新政策。在确认国家指导思想层面，宪法修正案不断地确认历届党中央的治国经验和理念政策，从而在宪法序言中予以确认。这不得不归功于执政党实事求是的原则和方法的运用。在党的历届领导人中通俗地将实事求是解读为从实际出发，突出地表现为使宪法与时俱进，随着社会实际的情况而调整。中国共产党从我国的实际出发，不断制定出各项方针和政策，直接推动了宪法的修改，并被上升为国家意志，成为宪法内容的一部分。

早在新中国成立初期，为了制定属于中国的第一部社会主义类型的宪法，以毛泽东为核心的党中央，及时而正确地阐发了"搞宪法是搞科学"① 这一立宪理念。进入新的历史时期，党的十七大提出要"坚持科学立法"，意味着立法者应自觉地探索和总结立法本身的规律，不断根据实际和国情立法，从而契合现代化建设和改革开放的需要。立法者通过一定途径和手段寻求普遍的共同的认识的实践过程，就是在坚持科学立法。② 一方面，由于宪法规定国家的根本问题，宪法必须为党领导人民进行社会主义建设的实践服务，将实践中形成的根本理论和成果上升为国家意志而不断完善发展，把党和人民在实践中取得的重大理论创新、实践创新、制度创新成果上升为宪法规定，从而保持宪法的与时

① 中共中央文献研究室．毛泽东文集：第六卷［M］．北京：人民出版社，1999：330.
② 彭君．党领导立法的规范分析与完善路径［J］．法学杂志，2018（5）：79-85.

俱进。对此，彭真有一个很形象很通俗的比喻，实际是母亲，法律是儿子。如何以科学的程序来反映社会生活和实际状况的变化，关系到宪法实施的直接成效。另一方面，至于修宪的民主性，不如表现为一条秉持民主原则吸纳公众参与修改的程序和路径。某种观念，抑或指导宪法修改的观念，可能是超前的，是领导人或者专家学者因长期思考而迸发的灵感，但现实丰富多彩甚至纷繁庞杂。所以在这个意义上，社会生活条件往往滞后于某一特定的观念；而作为社会现象的调节器，立法的产品——法律则因为是社会共同意志的表达，所以立法往往又滞后于现实生活。可见，若为了更客观、更大范围地反映民意，实现更深层次的民主，立法就是要扩大公民参与，形成不同观念的碰撞、整合与协调，从而通过修宪形成共识。这是立法民主化要求的题中应有之义。进一步来说，党领导下修改宪法的民主化，就是要打破专业垄断，形成代议机关和公民参与的合力，以实现经由宪法达致的广泛共识。

（三）从经验到概念再到理论的修宪思路

现行宪法的产生，是党的十一届三中全会的伟大成果。在邓小平的领导下，党的第二代中央领导集体解放思想，从中国的国情出发，对局部地区出现的私营经济等新鲜事物，采取先局部试验，形成经验后再全面推广，最后系统总结整合成理论。20 世纪 80 年代的这些社会共识，使得“为经济建设修宪、立法”成为法制建设最醒目的板块，成为宪法修改的重要部分。

1992 年党的十四大提出了“社会主义市场经济”的新概念，取代了传统马克思主义“商品经济”的概念，并把建设社会主义市场经济确立为执政党的基本路线。①

改革开放事业的总设计师邓小平坚持实事求是的毛泽东思想精髓，以“社会主义市场经济”的新概念为支点，科学地提出了什么是社会主义这一命题，围绕怎样建设社会主义寻求推动中国经济这一杠杆的各种动力源泉，创立了邓小平理论，开创了建设有中国特色的社会主义理论体系。

党的十五大后，新中国的发展进入新的历史时期，从法制到法治的一字之变，反映了执政党治国战略的提升。无论是“三个代表”“科学发展观”直至习近平新时代中国特色社会主义思想的顶层设计；还是具体路径上的摸着石头过河、重大改革要于法有据，党领导下的改革呈现一种渐进式的路径。与其说理论是灰色的，生命之树常青，毋宁说理论的更新和创造，是对波澜壮阔的实践成果和经验的整合与提炼。对现行宪法的修改正是党对法治实践成果的理论

① 郑永年．不确定的未来：如何将改革进行下去［M］．北京：中信出版社，2014：5.

总结，践行了从实践到经验再到理论的发展路径。

“经验告诉我们，中国的改革往往首先是从地方开始的，先在各个地方开始实践，然后通过适当的顶层设计，把地方经验提升为国家政策，继而推广到全国。”① 渐进式改革是需要勇气和智慧的，且摆脱了一次性解决的冲动和急功近利，使改革具有了从容的气质。为改革积聚了时间上的缓冲带，以获得在规则框架内，通过试验、试错和经验的提炼，寻求卓有成效的纠错机制。

二、现行宪法修改的前景展望

回首过往，社会变迁催生了现行宪法。放眼当下，现行宪法又在一定程度上引领社会生活的变迁方向，这就需要宪法具有一定的前瞻性。社会生活变化的速率永远大于宪法变动的速率，因而宪法修改是不可避免更是必需的。但在宪法修改的前瞻性与科学性方面要保持适度的张力，从而避免频繁修宪。

（一）宪法修改的文本趋势：细化对公民基本权利的规定

八二宪法诞生至今已经进行了五次部分修改，这固然是由我国的现实国情决定的，但是频繁出台宪法修正案反映出我国宪法变迁的方式单一，宪法修改的文本呈现结构性不均衡现象。

在中国法学研究的语境中，宪法一词至少有三个含义：其一是指作为法律渊源层面具有最高法律效力的法律，强调宪法的制定、修改的特殊性及严格程序；其二是指从文本意义上调整国家政治生活和公民基本权利的法律关系；其三是作为学科意义上意指宪法这一门学科。在廓清党领导下的五次宪法修正案中，主要在前两种意义上使用和探讨修宪的特点和经验，在对修宪进行前瞻的视野下，尚需要在作为学科的层面上使用，加强和重视宪法学研究对象的规律研究。

叶笃初在《党章的修改与完善》一文中指出，中国共产党章程的与时俱进，主要表现为以下三种形态②：一是以新的论断（或表述）和新的规定来取代原来的，或是已经过时，或是并非准确、完善（含错误或根本错误）的论断和规定。二是针对新的、变化了的情况，在总结新的经验、形成新的认识的基础上作出相应的新规定或是提出新要求。三是原来没有确认或没有规定，现在增加或补充。就宪法文本变迁的方式来说，宪法修改主要是文本的部分修改，上述三种方式可以类推出宪法文本的变化。

---

① 郑永年．不确定的未来：如何将改革进行下去［M］．北京：中信出版社，2014：48.

② 叶笃初．党章的修改与完善［J］．瞭望新闻周刊，2002（30）：20-23.

但是，抛开文本变化的形式和程度，追寻宪法文本的变迁和内容的构成，不难发现具有明显的两个基本特征：其一，宪法序言不仅对中国历史进行了叙述表达，而且成为国家的政治宣言和发展纲领。宪法与政治的天然联系，在此获得了联结。随着经济、社会和文化的发展，党适时地提出了不同历史时期的政治路线和施政纲领，都能在序言中找到这种变迁的历史踪迹。序言确定了我国社会主义建设的根本指导思想和指导原则。其二，从前述对修宪特点和修宪经验的提炼中，中国宪法在总纲中不遗余力地重视对经济制度的调整。截止到2004年修宪，都是在确认市场经济的语境下，扩大市场主体，将公共财产和私有财产作为经济改革的共识成果一并写入总纲，作为国家经济制度的组成部分。可能在立法技术问题方面实现了逻辑自洽，但这两个特点，也凸显出宪法文本变迁的一大短板，那就是历次修宪的具体内容，主要集中在“序言”和“总纲”，对公民基本权利鲜有修改。也就导致宪法私有财产权，并没有规定在宪法第二章“公民的基本权利和义务”中，而是规定在第一章“总纲”中，但它仍属于基本权利。

1982年宪法在章节安排上，将公民基本权利置于国家机构之前明确规定，这在立法理念上具有重要的前瞻意义。然而，随着时代的发展，基本权利并没有在部门法律中得到进一步的规范实施和救济保障。2001年尘埃落定的齐玉苓案，引起学界对基本权利实现的广泛关注。宪法保护的受教育权的细化和救济，推动了人们对教育权作为宪法保障的基本权利的共识。遗憾的是，从法律文本自身的内容来看，彼时的《中华人民共和国教育法》（以下简称《教育法》）第八十三条规定：“违反本法规定，侵犯教师、受教育者、学校或者其他教育机构的合法权益，造成损失、损害的，应当依法承担民事责任。”这一规定充分表明，教育法虽然在法律文本上实现了与民法的对接，确立了对教育者、受教育者和教育机构等法律关系主体的权益保障，但并未将《教育法》置于宪法确认的受教育权的配套法中来理解，以致法院最终绕开教育法而援引民事规范性法律文件就不足为奇了。作为成文法国家，根据宪法细化基本权利立法，这是宪法发展的一个基本规律。加强基本权利救济的配套立法，不仅使受教育权深入人心，还将促进人们对教育法的尊重和遵守。

增强法律的可诉性在立法上的直接表现便是要加强基本权利的立法。要打破传统的宜粗不宜细的立法指导模式，改革基本权利的粗线条式表述，建立明细的宪法权利保护。作为最早建立现代意义上的宪制国家，英国宪法对公民基本权利的规范具有的鲜明特征就是：议会直接规定宪法性法律对公民自由的保护和限制，尤其是通过禁止性规范限制部分自由。美国的宪法规定则更细致，主要表现在权利法案和内战修正案中。再如，意大利曾经遭受到法西斯统治，该国本土缺乏宪制传统。二战后通过的现行宪法的一个重要特色是将基本权利和义务分成公民方面、社会伦理方面、经济方面和政治方面等四大类，每一方面又包含若干条款。① 这样的体例编排打破了铁板一块的笼统之嫌，而且非常详尽。相比之下，我国宪法对公民的基本权利和义务做了专章的确认，基本权利达 18 条之多。在民法典实施之后，民事权利的行使在一定程度上都要因应民法典的相关规制而进行必要调整。比如出版自由的基本权利，现有立法关于网络出版权限，存在民法典与著作权法等法律法规之间的适用顺序的问题。将更多宏观性的原则规范，通过执行性立法，提供明确且更具操作性的制度规范，促进有效的制度约束力的形成。

（二）宪法的宣言性条款与加强宪法的实施

从技术层面，围绕司法适用的有效运作，有一种主张是希望立法供给的产品具有可操作性，具有可诉性。这就意味着指向司法救济的层面，法律规则具有获得向法院寻求司法救济的可能性。如果跳出这一框架，指向法律规则的指引和鼓励层面，借用国家法律和民间规范的二元结构，对社团和公民进行引导和激励，给民间自治和民间软法规范的发挥留下足够的空间，② 从而改进宣言性条款或促进型立法的可操作性。根据立法技术的要求和基本规律，宪法的宣言性条款，从构成要素的层面而言，主要是法律原则条款。法律原则、宣言性条款在我国宪法文中占有大量的比重，宣示或者体现政策性、方向性或指引性。此外，不是集体打包，而是通过零售批发，通过执行宪法性立法对法律作出必要的补充和细化，也是一种普遍性的做法。根据基本法律的框架、原则等颁布后续的、有关联的、形成众多法律事实集群的部门法。以环境保护法执行宪法性规范为例，检视环境保护法的宣言性条款是否在效力位阶更低的法律法规中得以实现。围绕宪法、基本法律的目的、原则予以立法，实现了纲要指导和调整同类法律规范的目的。

现行宪法中调整环境保护的规定主要包括三类：第一类，宣示环境保护的国家政策，划定国家层面的环境保护职责。《宪法》第二十六条规定："国家保护和改善生活环境和生态环境，防治污染和其他公害。"根据学者的研究，环境宣言性宪法规范具有一定的特殊效力：第一，宣示环境保护的基本原则。第二，为政府与民间的持续互动留有空间。《宪法》第二十六条作为引导性鼓励性的法

---

① 沈宗灵．比较宪法［M］．北京：北京大学出版社，2002：99.

② 雷明昊．澳门法律体系中的软法规范研究［J］．陕西行政学院学报，2018（2）：66-72.

律规范，更侧重导向作用而不是强制约束和监督，这在客观上就为政府和民间的持续良好互动留下了充分的空间。①

第二类，保护自然资源和相关环境要素的规定。《宪法》第九条规定：“矿藏、水流、森林、山岭、草原、荒地、滩涂等自然资源，都属于国家所有，即全民所有；由法律规定属于集体所有的森林和山岭、草原、荒地、滩涂除外。国家保障自然资源的合理利用，保护珍贵的动物和植物。禁止任何组织或者个人用任何手段侵占或者破坏自然资源。”《宪法》第十条第一款规定：“城市的土地属于国家所有。”第二款规定：“农村和城市郊区的土地，除由法律规定属于国家所有的以外，属于集体所有；宅基地和自留地、自留山，也属于集体所有。”《宪法》第二十二条第二款规定：“国家保护名胜古迹、珍贵文物和其他重要历史文化遗产。”这些规定，成为制定相关法律的直接依据，这些法律包括《民法典》《中华人民共和国森林法》《中华人民共和国草原法》《中华人民共和国水法》《中华人民共和国土地管理法》等。

第三类，公民的环境权利等规定。《宪法》第五十一条规定：“中华人民共和国公民在行使自由和权利的时候，不得损害国家的、社会的、集体的利益和其他公民的合法的自由和权利。”吕忠梅教授认为，② 这一规定提供了宪法依据，有利于从学理解释上主张公民环境权入宪。而且对第五十一条也可以予以系统解释，把公民不得滥用权利、造成环境污染和生态破坏的义务纳入“不得损害国家的、社会的、集体的利益和其他公民的合法的自由和权利”的范畴。

上述三类执行宪法规范的实效如何，与三类法律调整的社会关系的性质有关。第二类属于环境的诸要素，效力位阶低于宪法的其他法律在确认各环境要素时，只能如实反映各环境要素的归属和性质，不容许改变。所以在第二类环境要素的立法方面，执行性立法遵守宪法的规定取得了很好的效果，保障了宪法的实施。相比之下，第一类和第三类则相形见绌了许多。这种状况其实与第一类规范的国家权力和第三类规范的公民权利义务不无关系。宪法的核心在于规范国家权力，保障公民权利。所以，规范国家权力，在效力位阶较低的规范性法律文件中，则要兼顾行政权的依法行使和兼顾自由裁量权。反之，如果继续沿袭宪法的宣言性和倡导性立法，则无啻于远离宪法精神，间接侵犯了公民的基本权利。

这里我们不妨介绍一下澳门特区的立法实例。防止政府滥用职权的宣言性

① 雷明昊．澳门法律体系中的软法规范研究［J］．陕西行政学院学报，2018（2）：66-72.
② 吕忠梅．环境法学概要［M］．北京：法律出版社，2016：60.

法律在发挥导向和激励作用的同时，在一定程度上也树立了政府工作的底线，防止职权滥用。比如，澳门《经济房屋法》第四条规定了政府在经济房屋的建造与出售时应当遵守8个原则。包括遵守平等原则；在房屋面积上及类型上符合澳门特别行政区居民的实际住房需要；善用土地资源；确保成本的控制；符合城市发展和城市整治规划；提供具备卫生及安全条件的房屋；鼓励使用促进环保的技术和材料；鼓励落实能促进小区关系的建造方案及社会设施。这里虽未有关于违反相应规范所受的惩处措施，但从原则和方向上对政府的具体行政行为进行了把控和约束，防止政府滥用相应权力，而且有利于位阶更低的相关法规进一步明确细化规定。①

从国家治理的层面，强调法律多元，法律的构成要素的协同治理，那么法律规范体系中，宣言性、倡导性法律常常以法律原则、立法目的的面目呈现出来也是合乎人们的认知需求和规范调整的规律的。出台宣言性立法并不等于立法质量不高，关键是及时跟进、推动执行性立法。澳门特区政府和立法会不仅较为完满地履行了这一结构性搭配，而且实现了根据纲要法中的框架、原则等颁布后续的、高度衔接的、形成众多法律事实集群的部门法的功能。为了落实2006年颁布的《非高等教育制度纲要法》，从制度上为教学人员提供切实保障和有效支援，2012年立法会颁布《非高等教育私立学校教学人员制度框架》。针对社会普遍关注的课程框架和教学能力要求出发，终于在2014年颁布第15/2014号行政法规《本地学制正规教育课程框架》，分别对幼儿、小学、初中和高中四个教育阶段的课程培养体系进行了规范。2015年实施第10/2015号行政法规《本地学制正规教育基本学力要求》、第118/2015号社会文化司司长批示《核准幼儿教育基本学力要求》。2016年颁布第19/2016号社会文化司司长批示《核准小学教育阶段基本学力要求的具体内容》，层层夯实各层次的教学能力培养要求。可以说，围绕法律的目的、原则，澳门特区真正把《非高等教育制度纲要法》作为相关制度的核心，推进多层次立法，实现了纲要指导和调整同类法律规范的目的。2019年及时修改上述两部行政法规，2022年立法会修改《非高等教育制度纲要法》，成为第2/2022号法律的重要内容，确定由教育范畴的自治基金支持非高等教育的发展。

（三）前瞻性：迈向具体法治加强制度建设

宪法是成文法典国家的根本大法，规定了国家和社会最根本的问题，改革开放不能没有宪法。1982年宪法确定了改革开放的基本国策，为实行改革开放

① 雷明昊．澳门法律体系中的软法规范研究［J］．陕西行政学院学报，2018（2）：66-72.

政策提供了法律保障。因此，加强宪法的细节设计，避免频繁修改宪法，应当注意宪法自身保障机制作用的发挥。

1. 加强宪法的实施

新中国成立初期，毛泽东亲自领导和主持了1954年宪法的起草工作，并从宪法实施的角度分析了宪法的未来，他说："这个宪法草案是完全可以实行，是必须实行的。当然，今天它还只是草案，过几个月，由全国人民代表大会通过，就是正式的宪法了。今天我们就要准备实行。通过以后，全国人民每一个人都要实行，特别是国家机关工作人员要带头实行，首先在座各位要实行。不实行就是违反宪法。"① 这段话不仅说明宪法被违反的可能性，而且蕴含了违宪审查的意义。我国现行宪法在序言中肯定宪法是"国家的根本法，具有最高的法律效力"。这就意味着，宪法首先是法律，具有法律的基本特征。现行宪法在正文中的诸多明确规定为建立违宪审查和追究法律实践中的违宪事件提供了宪法依据。这些依据可以概括为五方面：一是宪法第五条和第五十三条确立的一切公民、法人以及其他组织必须遵守宪法的原则；二是第二条一切权力属于人民的规定；三是第三条第二款关于各级人民代表大会向人民负责的规定；四是第二十三条关于"国家尊重和保障人权"的规定；五是宪法第四十一条关于公民享有广泛监督权的规定。特别是宪法第五条规定："一切国家机关和武装力量、各政党和各社会团体、各企业事业组织都必须遵守宪法和法律。一切违反宪法和法律的行为，必须予以追究。""任何组织或者个人都不得有超越宪法和法律的特权"，奠定了建立违宪审查制度的坚实基础。

宪法的核心内容在于保护公民基本权利，规范国家权力。在制度设计的层面，1982年《宪法》关于违宪审查制度存在两个主要缺陷：一个是缺乏专门的违宪审查组织机构。全国人大及其常委会被宪法授权监督宪法的实施，但两者承担的职权众多，难有专门精力和时间处理违宪事宜。另一个是缺乏违宪审查的程序设计。目前我国实行立法审查程序，但是无法与专门的违宪审查程序相提并论，也不利于付诸实践。理性的态度是经由本土的司法实践推动相关程序的建立，认真对待法律生活中的每一个契机，逐步形成中国特色的违宪审查制度。孙志刚案和物权法"违宪"争议案，这些推动宪法权利救济制度的案件，从权利救济的维度，启发我们思考宪法确认的基本权利的实施和落地。公民自下而上地根据《宪法》和《立法法》要求废除或修改不合理的法律规范，有力地推动了法律法规的违宪审查机制，奠定了宝贵的违宪审查的实践基础。法律

① 建国以来毛泽东文稿：第四册［M］. 北京：中央文献出版社，1990：504.

的生命在于实施，宪法是根本法，具有最高法律效力，所以宪法的生命在于宪法的实施。加强和提升宪法、法律的实施能力，终将提高宪法、法律的权威。

2. 培育协商文化，划定公共部门行为底线，促进权利有效实现

宪法和法律不仅要致力于普及人人平等的价值导向，更要对特定人群的权益保障予以关注。法律的生命力主要仰赖于民众对法律的熟悉和信任，使人们能够便捷地运用法律维权，经由立法理念、立法技术的提升补强法律的可诉性，填补法律实施机制漏洞，科学地消弭当事人实现权利接近正义等障碍。只有受到草根公民的支持，这种支持既包括自觉自愿地遵守，也包括认为权益受到侵害而提起诉讼并获得救济，法律的权威才得以产生，法律的实效才得以增强。

其一，通过法律的修订，划定公共部门的行为底线实施宪法。《宪法》第四十五条规定："中华人民共和国公民在年老、疾病或者丧失劳动能力的情况下，有从国家获得物质帮助的权利，国家发展为公民享受这些权利所需要的社会保险、社会救济和医疗卫生事业。" 1996 年颁布并实施的《老年人权益保障法》第二十三条第二款规定："农村的老年人，无劳动能力、无生活来源、无赡养人和扶养人的，或者其赡养人和扶养人确无赡养能力或者扶养能力的，由农村集体经济组织负担保吃、保穿、保住、保医、保葬的五保供养，乡、民族乡、镇人民政府负责组织实施"，等于将农村"三无"老人获得政府物质帮助权的实现推给了当地的农村集体经济组织，将社会保障方面机会的平等权让渡于结果上的不平等；因为在中西部地区的绝大部分农村，集体经济组织基本上无经济实力，无财政支助来源，导致这些地方的"三无"老人老无所养。将本应由国家财政予以支持的"三无"老人的获得帮助权，由地方农村集体经济组织履行该项义务，实际上是剥夺了农村"三无"老人的获得政府物质帮助权。可见，立法上对法律实施机制的缺陷直接影响了特定群体权利的实现。该法后来经 2012 年修订，2009 年、2015 年、2018 年三次修正，上述相关内容被删减整合作为第三十一条："国家对经济困难的老年人给予基本生活、医疗、居住或者其他救助。老年人无劳动能力、无生活来源、无赡养人和扶养人，或者其赡养人和扶养人确无赡养能力或者扶养能力的，由地方各级人民政府依照有关规定给予供养或者救助。" 其中"国家给予基本救助"的条款更符合各地实际，既明确了政府应该尽到的基本生活救助，又避免要求过高，有利于法律规范的履行。虽然没有翔实地规范各级政府履行帮助职责的程序或步骤，但是明确了政府履行帮助的基本要求和行为底线，较好地实施了宪法第四十五条的规定。

其二，根据宪法精神培育沟通协商的法治文化。从一般的意义上说，法律是顺应人们生产、生活的需要而产生的，体现了人们对和平、安全的秩序的追

求。在民主和共和的话语下法律规则的内容在一定程度上无不通过谈判、协商这些沟通机制得以形成。因此，为了维系公共的安全、和平的秩序，主体之间的商谈、妥协不能不是一个重要的必要条件。习近平多次转述卢梭的名言，“一切法律中最重要的法律，既不是刻在大理石上，也不是刻在铜表上，而是铭刻在公民的内心里”①。因此这样的立法，必须充分契合民意表达民意，并且回归到民族的精神和文明的传统上来，也就更需要社会的诚信、协商和自治。

我们过于偏重于将迄今为止的司法仅仅作为争执的裁判，而未主要作为争执的预防来认识，过多寻求法律外科手术式的治疗，而较少注重法律自身健康的防护。② 争执的预防，还在于重视立法中的协商，因为立法中的相互沟通、协商妥协的过程，也是公民自治能力的锻炼，培养公民法治思维的过程。近现代意义上的自治产生于中世纪欧洲的城市争取自治权的斗争。在伯尔曼看来，欧洲自治城市的兴起，归结于商业转型和农业转型，归结于商人阶层和包括手工业者在内的工业生产者阶层。从根本上说，现代民主自由理念的传播是自治产生的思想原因。“人民主权”和“天赋人权”是自法国大革命以来现代民主自由思想理念的核心。随着 17、18 世纪资产阶级革命的风起云涌，“天赋人权”“自然权利”观念已深入人心，以至于每个人都被视为有权拥有独立自觉的自治领域。秉承了自然法思想的英国人洛克、美国的潘恩和以卢梭为代表的法国启蒙思想家将这些胜利成果予以理论化。针对“天赋王权”的观点，他们针锋相对地提出了“天赋人权”论。洛克指出，人权是天赋的，而非某个团体或个人赐予。因为“人类天生都是自由、平等和独立的”③。所谓“天赋权利就是人在生存方面所具有的权利，其中包括所有智能上的权利或是思想上的权利，还包括所有那些不妨害别人的天赋权利而为个人自己谋求安乐的权利”④。对此，昂格尔指出，现代西方社会思想的主导传统一直主张，人并不具备天生的、经过培育就可以保证公正社会秩序的善，但是人值得作为个人而受到尊重，而且他们有能力在相互尊重的基础上，达成关于正确与错误的共识。⑤

依照宪法的理论基础，应该通过自治权体现公民参与对国家公共事务和社

---

① 习近平．论坚持全面依法治国［M］．北京：中央文献出版社，2020：50.

② 拉德布鲁赫．法学导论［M］．米健，译．北京：法律出版社，2012：158.

③ 伯尔曼．法律与革命［M］．贺卫方，高鸿钧，夏勇，等译．北京：中国大百科全书出版社，1993：437.

④ 潘恩．潘恩选集［M］．马清槐，等译．北京：商务印书馆，1981：142.

⑤ 昂格尔．现代社会中的法律［M］．吴玉章，周汉华，译．南京：译林出版社，2001：104.

会事务的管理。自治的本质在于，让具有自身目的的每一个较小的有机体，作为有益社会的一分子，以循序渐进的方式将自己并入一个更广泛的有机组织和其目的之中。① 协商主要是两个或两个以上的主体就权利与义务的分配形成合意的过程，立法中的协商完全契合立法关于众人的权利与义务的分配的任务设计。现代立法机关强调法定权限和法定程序，从而将代表、社会公众和专家聚集起来，发挥专业优势和民主的正当性，充分讨论实现立法中的民主协商。1954 年宪法的制定堪称党的领导与群众路线结合立法的典范。文本初稿和草案广泛征求民意，让广大人民群众参与宪法草案的讨论，这部宪法凭借民主的气质而深入人心。因为从北京到全国，五四宪法草案得到代表们的广泛参与和推敲。重温 1954 年 6 月 14 日，毛泽东在中央人民政府委员会上发表的关于宪法草案的讲话，所谈到的多个数字就能感受到人民协商参与的热忱和力量。他说："这个宪法草案，看样子是得人心的。宪法草案的初稿，在北京 500 多人讨论中，在各省市各方面积极分子的讨论中，也就是在全国代表性的 8000 多人的广泛讨论中，可以看出是比较好的，是得到大家同意和拥护的。"组织如此广泛的讨论，得到的一大好处就是"搜集了 5900 多条意见。"② 可见，中国现代化视域下的协商民主，努力在更广泛的人群中展开，以领导吸收群众意见的方式实现公共理性。③

如果把法律看作特定历史条件下用以解决现实问题的工作，往往率先想到司法实践，以此来检视立法产品的质量。而如果把法律看作国家治理的艺术，必然从"源头"关注立法理念和立法实践。公民参与、民主协商这些都是扎根于我国优秀传统文化中的本土资源，对其法律化和程序化予以研究和实践，促进观念上的更新是进行制度建设的前提和基础。

在人大修改宪法和法律的过程中，政策和法律的关系不是非此即彼，而是辩证地反映党的领导和人大的立法职能的有机联系。好的政策要发挥实效必须转化为配套的制度。这就仰赖法治的规则治理。我们深知"法治建设非常重要，因为依法治国可以将宏观政策转化为具体的制度，可以为下一步政策落地提供有效的法律保障"④。这一点，充分彰显了人大发挥立法职能中政策与法律互动的治理逻辑。

---

① 拉德布鲁赫．法学导论［M］．米健，译．北京：法律出版社，2012：158.

② 中共中央文献研究室．毛泽东文集：第六卷［M］．北京：人民出版社，1999：324.

③ 张扩振．协商民主视野下的 1954 年制宪：基于 1912 年与 1954 年制宪的比较分析［J］．理论建设，2016（3）：62-70.

④ 郑永年．未来三十年：改革新常态下的关键问题［M］．北京：中信出版集团，2016：136.

第六章

人大立法职能中政策与法律互动的治理逻辑

党的领导、人民当家作主在根本政治制度安排下的有机统一，最为关键的是党同人民代表大会制度之间的关系。理解这一问题，涉及对政策和法律之间关系的认识。现代政治学研究表明，“在所有的政治秩序中，法的来源是国家”，“在政治的原动力中，政策优先于法律。只有在公共政策确定以后，法律家才引用政策起草法案并构想出实施它们的一系列行政条例。”① 政策的产生和作用机制仰赖于社会现象之间的因果联系，以及具体问题与既定目标之间的手段和目的关系，进而在逻辑结构上形成“目的—手段”型的结构关系。这种关系结构中，问题意识明显，结果指向清晰，并依据因果联系甄选相应的手段。党的领导和执政，既需要政策，更无法远离法律。

从国家治理体系的层面来看，在实现依法治理的过程中立法机关制定的规范性文件构成了国家治理体系中的法律规范体系，党的立法的政策执行不是单项从国家向社会的资源流动，而是在相互调适过程中实现社会善治的探索。在国家治理能力的层面，中国共产党发挥“统揽全局、协调各方”的领导核心作用，公众对良法善治的现实需求是党的政策以及改善执政方式提高执政能力的强大动力，党在政策治理和法律治理中是关键的引领者。因此，人大发挥立法职能中政策与法律互动的治理逻辑，反映了中国共产党的领导能力和执政方式的成长和改进。

第一节　政党政策与国家法律的关系

执政党通常利用自己的执政地位通过法律程序将自己的总政策和基本政策转变为法律，进而实现自己的政治主张，这也是政党执政的基本形态和主要方式。在我国，宪法的修改和法律的制定，是以中国共产党的政策为依据的，这

① 戈登．控制国家［M］．应奇，等译．南京：江苏人民出版社，2005：4.

是一个将党的重要政策通过法定程序转化为法律的过程。所以，宪法和法律是人民意志和党的主张的统一体现，正如《全面依法治国决定》指出，“保证宪法法律实施就是保证党和人民共同意志的实现”。

恩格斯在《大陆上社会改革运动的进展》中对英国宪法的赞颂，对中国特色社会主义的依法治国不无借鉴意义，“英国的宪法差不多一百五十年来就一直是国家法律；国内任何一种变革都要通过法律手段、通过合乎宪法的形式进行”①。正确处理政党与宪法、法律的关系，有利于政党执政，这是一条经由中外历史和实践反复证明了的基本经验和客观规律。任何一个政党的执政过程，都是根据其理论指导和社会实践需要，坚持科学和民主程序对政策的制定、执行、评估和调整的过程。

一、执政党与政策的密切关系

政策，特别是执政党的政策与法律有着密切的关系。任何执政党，都要通过国家政权机关，利用法律手段贯彻自己的政策。政党政策，是政党在一定的历史时期，为调整特定的社会关系和实现特定的任务而制定的路线、方针、规范和措施等行动准则的统称。② 根据所调整的内容和层次的不同，可将政党政策分为总政策、基本政策和具体政策。其中，总政策规定特定历史时期的总任务和总路线，是制定公共政策和法律的指导思想，比如，人们耳熟能详的党在过渡时期的总路线成为“五四宪法”的立法根据。基本政策旨在为实现总政策而采用的基本原则和基本措施。为了贯彻总政策，在某一方面的具体措施就是具体政策。贯彻执行党的各项具体政策，最基本的就是坚持党的领导，坚持立法先行。

任何一项法律的创制都具有一定的政策背景，都要受到执政党的政策影响。可以说，执政党的政策是国家法律、法规最核心的内容。德国比较法学家茨威格特和克茨在讨论社会主义国家政策对法律的影响后指出：“这绝不是说西方法律体系中法律不受政策的影响。恰恰相反，即使在西方国家，每一项法律规则也都具有或明确或模糊的政策背景，否则便几乎不可能理解法律是如何产生或在实践中是如何适用的。实际上，许多制定法都有意地寻求推进重建社会生活

① 中共中央马克思恩格斯列宁斯大林著作编译局．马克思恩格斯选集：第3卷［M］．北京：人民出版社，2012：481-482.

② 张文显．法理学［M］．北京：高等教育出版社，2018：397.

的某些经济的或社会的政策。”①

应当指出，在充分强调政策的巨大作用时，政策的局限性也不容忽视。虽然政策与法律有着密切的关系，在社会生活中能够产生巨大的影响，但政策这种社会调整措施，也有一定的局限性。第一，政策调整往往缺乏明确性和系统性。政策规范的内容倾向于原则、抽象，权利与义务的规定不明确、不具体，相比之下，法律则倾向于明确、具体，要求具有严格的逻辑结构、统一的体系。第二，政策缺少法律规范所具有的普遍性和国家强制性，不能像法律直接凭借国家强制力来保障实行。第三，政策缺少法律规范所具有的稳定性。政策有很大的灵活性，它可以根据形势的变化而改变。较之法律的修改，政策的变化所受的限制和约束要小得多。

二、执政党政策与国家法律的关系

在我国，党的政策与法律在本质上呈现一致性，具有共同的经济基础；代表着广大人民群众的共同意志；基本指导思想和价值取向是一致的，所追求的社会目的从根本上说也是一致的。因此，维护法律的权威就是维护党的政策的权威。党的政策在国家治理中从来都处于十分重要的地位，治国理政依靠党有正确的政策。“政策和策略是党的生命和灵魂。”作为执政党，为了实现对国家事务和社会事务的领导，要善于充分运用法律来贯彻和实现党的政策。

（一）执政党政策与国家法律的区别

从调整对象来说，法律是调整人的行为的社会规范，具有普遍性。根据《中国共产党党内法规制定条例》第二条的明确规定，党内法规是指党的中央组织以及中央纪律检查委员会、中央各部门和省、自治区、直辖市党委制定的规范党组织的工作、活动和党员行为的党内规章制度的总称。《党内法规与规范性文件备案规定》第二条所称的规范性文件，是指党组织在履行职责过程中形成的具有普遍约束力、在一定时期内可以反复适用的文件。可见，党的政策属于党内法规以外的党内规范性文件。由于中国共产党是领导党和执政党，党的政策的内容同党内法规有所不同，它不限于党内，而是关乎党和国家事务。因此，凡属于党的事务的政策，在党内施行；凡属于国家事务的，则遵循“坚持党的

① 茨威格特，克茨．比较法总论［M］．潘汉典，等译．贵阳：贵州人民出版社，1992：519-520.

领导、人民当家作主、依法治国有机统一”，通过国家行为的转化来实施。①

从强制性来说，法律具有政党政策不具备的国家强制性，这种强制性通常由军队、警察和监狱等国家暴力机关来保证实施。

从表现形式上看，政策通常表现为各项方针、路线、决定或决议等。最典型的就是每次党代表大会的决议、决定，每次中央全会的决议、决定，中共中央以及各部门发布的意见、通知等，这些文件共同构成党的政策体系。法律则表现为宪法、全国人大及其常委会制定的法律、国务院制定的行政法规、设区的市的人大及其常委会制定的地方性法规以及自治条例和单行条例等具有不同效力位阶的规范性文件。政策关注目标的有效实现，启动的是“目标—手段”模式。法律的功能先是分配法律主体之间的行为，启动的是“权利—义务”“权力—职责”方式。

（二）执政党政策与国家法律的联系

第一，党的政策是法律的核心内容。党所提出的主张和措施从根本上说体现了人民群众的共同意志和利益。党通过把自己的政策上升为法律，并且通过政策的法律化来实现自己的政治领导。

第二，法律是通过国家政权在社会生活中贯彻党的政策的基本手段。党的政策被制定为法律，上升为国家意志，能够获得有力的实施保障。2014 年 1 月 7 日在中央政法工作会议上，习近平讲话指出：“我们党的政策和国家法律都是人民根本意志的反映，在本质上是一致的。党的政策是国家法律的先导和指引，是立法的依据和执法司法的重要指导。要善于通过法定程序使党的主张成为国家意志、形成法律，通过法律保障党的政策有效实施，确保党发挥总揽全局、协调各方的领导核心作用。党的政策成为国家法律后，实施法律就是贯彻党的意志，依法办事就是执行党的政策。”② 政策的法律化，使政策借助法律的形式合理性得到更好地贯彻。

第三，党的政策能够促进法律的实现，树立法治的权威。此外，由于法律与党的政策具有价值取向上的一致性，国家立法、司法和执法机关只有理解政策才能体认法律的精神，更好地在生活中实现法律的调控。

第四，正确认识党的政策与法律的关系。从协同治理的层面上讲，党领导立法的变迁过程，体现了党的政策和国家法律的互动和博弈，依规治党加强党

---

① 刘作翔．当代中国的规范体系：理论与制度结构［J］．中国社会科学，2019（7）：85-108，206.

② 习近平．论坚持全面依法治国［M］．北京：中央文献出版社，2020：43.

的执政能力建设，推动国家治理支持人大主导立法的顶层设计，在这个关系结构中不断被优化。党的政策与国家法律作为两个系统，具有特有的形式和功能，但并没有价值上的优劣之分，它们虽然具有一定的独立性，但是在时序上的相继性以及功能上的互补性，既不能混淆、相互替代，也不应割裂和对立。①

《全面依法治国决定》中明确指出："完善党委依法决策机制，发挥政策和法律的各自优势，促进党的政策和国家法律互联互动。"既从理论的高度回答了政策和法律作为两种手段，具有独立的属性、地位与作用，更从实践的层面为正确对待党的政策和法律的相互关系提供了根本遵循。

第二节 党的政策与国家法律关系互动博弈的历史变迁

一、党的政策与国家法律的关系变迁

在法理学上，党的政策与国家法律的关系是法的渊源中的重要命题。党领导立法的实践，背后正是党的政策的权威性和法律的规范性之间的各自作用。回溯两者的互动历程，我们不难得出一个基本结论。党的政策和国家法律的各自运转中，随着国家进入社会主义革命、建设和改革，经济基础从计划经济转向市场经济，治国方略从按政策办事走向依法办事，在国家治理现代化的背景下，经历了从政策是我国的正式法律渊源转变为政策不是我国的正式法律渊源的发展变迁。

（一）制定法明文规定党和国家政策可以弥补法律的不足

1979 年 2 月，彭真履新上任全国人大常委会法制委员会主任。为了快速搭建社会主义建设所需要的制度框架，在彭真的领跑下，全国人大及其常委会开始了在立法数量和立法效率上的努力与实践。在三个多月的时间里，拟订了七部重要的法律案，五届全国人大二次会议审议并通过了包括我国第一部刑法和《地方组织法》在内的七部重要的规范性法律文件，书写一日通过七法的传奇。这一历史时期的立法的突出特点在于，将党和国家政策纳入正式的法律渊源。比如，1979 年制定的《中华人民共和国刑法》第九条规定："本法自一九八〇年一月一日起生效。中华人民共和国成立以后本法施行以前的行为，如果当时

① 靳澜涛．在政策与法律之间：教育治理工具的博弈与平衡［J］．现代教育管理，2022（9）：65-73.

的法律、法令、政策不认为是犯罪的，适用当时的法律、法令、政策。如果当时的法律、法令、政策认为是犯罪的，依照本法总则第四章第八节的规定应当追诉的，按照当时的法律、法令、政策追究刑事责任。但是，如果本法不认为是犯罪或者处刑较轻的，适用本法。”根据彭真在五届全国人大二次会议上的报告中关于刑法草案所作的说明来看，“刑法颁布实行以前历史上遗留的问题和案件，按照党和国家过去一贯的方针、政策、法律、法令处理”①。因此在特定的时期在新法生效前没有法律规定的情况下，司法机关可以按照党的政策处理案件。随着 1997 年党的十五大、1999 年宪法修正案确定依法治国的方略后，1997 年刑法修订时第九条终被删除。从今天的眼光来看，七九刑法赋予政策条款的生命周期长达 17 年，既说明了我国政策的适用占主导的阶段性特点，同时逆向反映出法律修改的滞后性和法律体系建立的耗时性和艰巨性。

同样的境遇还出现在 1979 年制定的《地方组织法》中。该法第二十七条规定：“省、自治区、直辖市的人民代表大会常务委员会在本级人民代表大会闭会期间，根据本行政区域的具体情况和实际需要，在和国家宪法、法律、政策、法令、政令不抵触的前提下，可以制定和颁布地方性法规，并报全国人民代表大会常务委员会和国务院备案。”明确地方性法规不得同政策相抵触。但到了 1986 年第一次修订该法时，上述条款被删除，修改后的新法第三十八条规定，将旧法中的“在和国家宪法、法律、政策……不抵触”的语句结构转变为“在不同宪法、法律、行政法规相抵触的前提下”。

这一现象具有特定的历史条件和阶段性特征。我们党通过革命夺取全国政权而发展壮大起来，新中国成立初期一穷二白的局面，当然包括经济发展、社会生活全方位的法律规范的缺失和空白。所以，在新中国成立初期和改革开放初期，没有法律作为依据的情况下，可以适用党的政策。因此，党的政策通常放置于宪法、法律之后，成为人们办事的依据。这一时期就是学界总结的政策主导，法律跟进模式的阶段。

（二）建立市场经济实行依法治国时期的政策和法律的互动

当一部分法律中凡是涉及政策作为正式的法律渊源的相关条文或被废止或被删除时，立法实践中又有一部分调整市场经济、产业发展关系领域的法律中出现的政策一词，不是正式法律渊源上的含义，而是政府调整宏观经济的手段和方式，本质上是党的政策上升为国家的政策，特别是指宏观调控的政策。

现行的《中华人民共和国旅游法》第二十三条规定了“国务院和县级以上

---

① 彭真文选：一九四一——一九九〇年［M］. 北京：人民出版社，1991：374.

地方人民政府应当制定并组织实施有利于旅游业持续健康发展的产业政策”，这样的明显标识产业政策的立法还有就业促进法、能源法等规范性文件，不再一一列举。随着依法治国法治方略的确立，WTO 的加入，依法办事的理念和思维深入人心。作为法律渊源的国家政策和作为国家事务以及行政管理手段的政策的二元区分进入研究的视野。正是因为行政权力具有较大的运作空间，政府是一个能动性强、制约因素相对较少、活动空间较大的行政权力主体，因而能够影响立法过程，在现实生活中能够强力干涉经济活动。通过政策干预社会，是行政权力运作的主要方式。① 因此，有关市场经济、产业发展的规范性法律文件明文使用产业政策字眼的特别多，表明在市场经济领域，政策调整发挥了宏观调控的作用，直接影响了立法的表达。

二、党的政策与国家法律之间的互动逻辑

党的领导和法律的关系的前置性问题是党和政策的关系。彭真正确地指出，党和国家要做的事，从形式上看，不仅有党的形式，还有国家的形式。党的形式指的是政策，国家的形式指的就是法律。然后才是党和法律的问题，其中涉及中国共产党执政方式的重大转化，从战争年代依靠政策转而在改革初期依靠政策和依靠法律并用的阶段。社会主义建设和改革开放初期，立法实践经历了政策调整到将经验上升为法律的转变。

（一）依靠党的政策办事的阶段

毛泽东十分强调政策的重要性：“政策和策略是党的生命，各级领导同志务必充分注意，万万不可粗心大意。”② 毛泽东指出：“政策是革命政党一切实际行动的出发点，并且表现于行动的过程和归宿。一个革命政党的任何行动都是实行政策，不是实行正确的政策，就是实行错误的政策；不是自觉地，就是盲目地实行某种政策。”③ 道出了政策对政党的不可或缺性。彭真在 1984 年曾谈道：“在革命战争时期，党、军队和群众，大家注意的是党的政策。一件事情来了，老百姓总是问，这是不是党的政策？”④

（二）从依靠政策到依法办事

我们常常说，国家与法律是一个问题的两方面。而从法律渊源的层面来说，

---

① 彭中礼．政策概念的法规范分析：基于 1979—2016 年现行有效法律文本的解读［J］．安徽大学学报（哲学社会科学版），2016（3）：113-122.

② 毛泽东选集：第四卷［M］．北京：人民出版社，1991：1298.

③ 毛泽东选集：第四卷［M］．北京：人民出版社，1991：1286.

④ 彭真．论新中国的政法工作［M］．北京：中央文献出版社，1992：361.

则对应的是国家的法律和党的政策的关系。执政党根据中国改革开放的实际需要，成功地作出了以阶级斗争为纲转变为以经济建设为中心的转型；改革成为党和全社会的基本共识和一致选择。共产党义不容辞地肩负起领导改革的使命。领导，意味着经由思想和政策来指引方向。执政，意味着通过党的各级机关去执行和实施党的路线、方针和政策。

通过对历史的反思，随着领导立法实践的深入，中国共产党对这个问题有了全新的认识。彭真认为，党从浴血奋战中踔厉奋发，成长为领导国家政权的执政党后，不仅角色发生了变化，从战略上还要有两种形式的意识。一个是党的领导的形式，也就是党的领导主要依靠政策。另一个则是国家政权的形式，也就是治国方略上要遵守法律。在此基础上，彭真辩证地剖析了党的领导的形式向国家形式运动的两条路径。“党的政策要经过国家的形式而成为国家的政策，并且要把在实践中证明是正确的政策用法律的形式固定下来。”至于两种形式之间的关系，彭真认为：“党的领导与依法办事是一致的、统一的。党领导人民制定宪法和法律，党也领导人民遵守、执行宪法和法律。”①

（三）执政党加强对政策制定过程的管控和对人大立法的重视

无论理论界对科学化和民主化进行多少解释和阐述，科学化的基本要义就是从实际出发，实事求是地概括客观现象的面貌。远离科学化至少包括太高于或太低于社会实际或者不切实际。民主化就是强调有效的个体参与、合理的组织参与的基础上，按照多数人的共同意志并依照法定程序作出判断或决策。季卫东教授认为：“现代程序的基本特征是：处于平等地位的个人参加决定过程，发挥各自的角色作用，具有充分而对等的自由发言的机会，从而使决定更加集思广益、更容易获得人们的共鸣和支持。”② 彭真经常论及一个词，这就是“多谋善断”，通俗地说明我国政策制定程序至少可以划分为“谋”与“断”两个步骤。

现行的《中国共产党党组工作条例》（以下简称《党组工作条例》）明确规定：“党组是党在中央和地方国家机关、人民团体、经济组织、文化组织和其他非党组织的领导机关中设立的领导机构，在本单位发挥领导作用，是党对非党组织实施领导的重要组织形式。”为了实现科学决策、民主决策、依法决策，《党组工作条例》第三十条明确规定，党组决策应当坚持“集体领导、民主集中、个别酝酿、会议决定”四个原则。其中，“民主集中、个别酝酿、会议决

① 彭真文选：一九四一—一九九〇年［M］. 北京：人民出版社，1991：493.

② 季卫东. 法治秩序的建构［M］. 北京：商务印书馆，2019：79.

定”充分显示了党组决策的鲜明特色。通过信息公开、专家论辩、专家听证会、意见征询与集体投票等手段，证明这是科学化与民主化主张下多元主体共同作出决策，① 从而有利于“民主集中”。“个别酝酿”是党组会议前的沟通协调过程，经过充分酝酿，形成重大决策的前置程序，以便达成最大限度的共识。② 用制度保障“谋”发生在“断”之前。

政策是执政党执政的关键环节，通过政策的制定和实施，执政党由此领导公共权力，引领社会发展。中国共产党领导立法，经由颁行立法政策，推动人大更好地发挥职能作用。进一步推动党的政策制定的法治化、程序化，这是党善于将党的主张上升为法律的执政能力建设的有效路径。

十六届四中全会通过的《加强执政能力建设决定》，有意让人大、政协走向前台。2005 年，中共中央又转发文件，发挥全国人大代表作用，加强全国人大常委会建设。从这些文件可以看出，人大的功能正逐步加强，党与人大的关系也在朝着规范化的方向稳步推进。党不断探索加强和改进执政能力的命题，借以提高政策指导的科学性和民主基础。

三、党的政策上升为法律的制度保障

董必武于党的八大上提出了依法办事的主张，彭真也强调，开展工作不仅要按方针、政策办事，而且要按法律办事。③ 这是中国共产党人践行马克思主义法学的征程中集体智慧的结晶，闪烁着真理的光芒。科学的政策成为立法的指导，更要善于将党的政策通过法定程序上升为国家政策和法律。

党的政策上升为法律的过程，体现了科学立法的具体要求和现实表现。根据学者的研究，政策的法律化一般需要三个构成要件：一是时间要件，该政策需要经过较长时间的检验；二是效力要件，该政策可实施性强，能够调整规范社会关系，能够发挥普遍的治理效能；三是程度要件，该政策已较为成熟，达到可以进行法律化的程度标准。④

党领导人民制定宪法和法律，党必须在宪法和法律范围内活动，国家治理

---

① 刘然．政策失灵与避责机制：决策科学化和民主化进程中的责任悖论［J］．浙江社会科学，2020（11）：34-41，156.

② 王建芹，左淙文．坚持党的领导与依法执政的有机统一：行政机关党组制与首长制关系辨析［J］．中共天津市委党校学报，2023（4）：22-31.

③ 彭真．论新中国的政法工作［M］．北京：中央文献出版社，1992：375-376.

④ 杨丽娟，于一帆．从政策高地到法治平原：东北科技创新政策法律化研究［J］．东北大学学报（社会科学版），2019（6）：616-622.

和社会治理的整个政治过程，就成为执政党及国家机关特别是立法机关运用政策与法律两个前后相序的过程。正是在这个意义上，围绕政策和法律的连接点和一致性，起草团队与相关主体需要持续对话，将事关执行和适用等重要议题确定下来，从而通过起草程序，将政策文本上升为法律的形式。这也体现了政策是法律的指导和基础的地位。

立法职能在立法政策与法律规范关系的讨论中包括两个面向，即对国家或地方的立法政策与调整立法的法律法规的双向审视。从调整立法的法律法规的视角，审视立法政策是否符合现有法律规范、是否有必要转化为法律、是否能够配合立法职能的实现；从国家或地方的立法政策的角度，审视调整立法的法律法规，如何顺利实现政策擘画的目标，将立法治理视为达成国家或地方政策预期的工具系统。

从广义上来说“合法性”可以理解为根据法律、具体规则、习惯、标准或逻辑，某一事物所具有的被承认、被认可、被接受的属性或能力。①

党的政策依法上升为法律是提升国家治理效能的内在要求。在党的政策和国家法律的关系中，党的政策从制定到实施都要接受合法性的检视，合法性支持是其顺利实施的前提与基础。因此，党的政策最终走向与国家法律的统一，不能把两者对立起来。党的政策所规范的事项与国家法律调整对象之间存在交叉重叠或冲突时，党的政策应在既定的宪法架构下充分发挥政策在国家治理中的作用。②

对于全国人大及其常委会来说，应当加强探索因应党的执政能力的规范化建设，及时修改议事规则和法律，形成与时俱进的法律意义的决定或规范性法律文件。习近平在中央全面依法治国工作会议上指出：“推进党的领导制度化、法治化，通过法治保障党的路线方针政策有效实施。”③ 通过法治保障党的路线、方针、政策的实施，表明这是党提出的政策，为立法机关提出了新要求。全国人大常委会于2021年、2022年、2023年连续三年明确部署党的领导入法。其中，2023年度立法计划载明“落实宪法关于党的领导的规定，在重要法律中明确规定党领导相关工作的法律地位”。2023年《立法法》将“立法应当坚持

① 苏力，葛云松，张守文，等．规制与发展：第三部门的法律环境［M］．杭州：浙江人民出版社，1999：311-312.

② 齐恩平，吕姝洁．党的政策、党内法规与国家治理现代化：内在逻辑与协同作用［J］．理论与现代化，2023（1）：39-49.

③ 习近平．坚定不移走中国特色社会主义法治道路 为全面建设社会主义现代化国家提供有力法治保障［J］．求是，2021（5）：6.

中国共产党的领导”干脆利落地写入第三条，但是全国人大常委会在对党的领导入法的技术标准构建方面仍滞后于实践需求。全国人大常委会就立法工作中经常遇到的、带有共性和普遍性的有关法律结构、文字等立法技术层面的问题，分别于2009年、2011年颁行《立法技术规范（试行）（一）》《立法技术规范（试行）（二）》，但是其中并没有关于党的领导入法的结构技术、表达技术等方面的基本内容，很难为当下党的领导入法的表达技术提供规范指引。① 2018年宪法修正案将坚持中国共产党领导写入宪法，党的领导入宪、入法，是全面加强党的领导的需要，而这两个试行规范明显滞后于立法实践和修法需求。

进入新时代，随着法律体系的日益完备，改革的触角延伸到社会生活的各方面，改革的深化可能带来党和国家政策的变化，以及法律的立改废。中国共产党加强管党、治党的科学化、规范化，本质上是党加强执政能力建设的体现。2012年党中央先后通过了《中国共产党党内法规制定条例》和《党内法规与规范性文件备案规定》，开始党内法规的制度化建设。据此，以决定、决议、通知等形式呈现的党的政策划入党的规范性文件之列，显示出对党的规范性文件制度化、科学化的思考。2019年，这两个文件获得修订，2023年，中共中央印发《中央党内法规制定工作规划纲要（2023—2027年）》，顶层设计今后五年党内法规的制定工作。应当指出，政策具有灵活性和应变性的特点和优点，同时规范性、可预见性和稳定性不足。为了使党的意志更好地上升为国家意志，必须加强政策制定程序和内容的规范性。② 关于党内法规和规范性文件的一系列顶层设计，显示了执政党在规范性和科学性层面的探索和努力。党的政策制定的高质量，是立法高质量，人大更好发挥立法职能的政治保证。与此同时，党不断创造政策条件支持人大常委会积极将党的主张及时地上升为法律或决定。

2014年，党的十八届四中全会通过的《全面依法治国决定》首次提出坚持立法先行的政策，为全国人大及其常委会和设区的市以上的地方人大及其常委会依法发挥立法职能赋予新的使命。

---

① 向嘉晨．党的领导入法的文本表达：实践样态与完善进路［J］．吉首大学学报（社会科学版），2023（1）：56-64.

② 肖中华．关于党领导立法的思考［J］．毛泽东邓小平理论研究，2004（12）：34-35.

第三节 以“立法先行”政策切入人大立法职能的实证分析

无论是党的十五大提出的依法治国，还是党的十八大以来的全面依法治国，既需要法律，还需要政策、道德等社会调控手段。在这一系列的社会控制机制中，依法治理、依法立法抑或依法制定政策，决定了诸手段之间的序列格局，法律虽然不是万能的，但是法律是主导和底线，这是探讨党的政策与国家法律关系的起点。

一、立法先行政策的提出及其内涵

党的十一届三中全会的胜利召开，不仅使改革成为全社会的共识，而且使改革上升为基本国策，于是法治与改革成为中国式现代化这一问题的两方面。2014 年 12 月 31 日，习近平在 2015 年新年贺词中指出，要让全面深化改革、全面推进依法治国如鸟之两翼、车之双轮。形象而贴切地阐述了改革与法治如影随形和相生相长的互动关系。

（一）立法先行政策的提出

十一届三中全会上，党提出改革开放的战略决策。面对大量的立法空白，法律体系四梁八柱的阙如，都需要为全社会建规立矩。所以，党中央适时提出将立法工作摆在首位实乃人心所向，社会共识。并将立法工作作为国家机构改革和法治建设的切入点和排头兵。

改革开放走进 20 世纪 80 年代，中央提出了两手抓的发展战略，一手抓改革，一手抓法制，极大地推动了改革与法制的齐头并进。社会主义市场经济初步确立，中国特色社会主义法律体系初步建成。随着改革进入深水区，改革遇到的瓶颈和绊马索频繁发生，协调法治建设与改革的关系不可回避地摆在执政党面前。进入新时代，习近平指出：各级领导机关和领导干部要提高运用法治思维和法治方式的能力，努力以法治凝聚改革共识、规范发展行为、促进矛盾化解、保障社会和谐。① 这是对法治与改革关系的重新定位，法治与改革必须同

① 习近平主持中共中央政治局第四次集体学习［EB/OL］. 中国共产党新闻网，2013-02-25.

时展开。① 体现了法治思维的新内涵。

《全面依法治国决定》是党的历史上首次专门以法治作为主题的中央全会。大会从两方面总结了党领导立法的有关问题。一是阐述了党领导立法的主要方式，即党中央讨论决定立法过程中涉及的重大体制和重大政策调整问题，党中央向全国人大提出宪法修改建议，党中央听取法律制定和修改的重大问题这三种主要方式领导立法。二是坚持立法先行。《全面依法治国决定》明确提出："建设中国特色社会主义法治体系，必须坚持立法先行，发挥立法的引领和推动作用，抓住提高立法质量这个关键。"这也反映出党对立法规律的成竹在胸，以及中国社会的不断变革和发展，要求立法必须与时俱进。更进一步来说，中国特色社会主义法律体系建成以后，其完善的过程不仅艰巨，而且具有持续性。

（二）立法先行政策内涵的发展

党的十八届四中全会上明确提出"立法先行"的政策，指导立法和法治建设。时移世易，"立法先行"的内涵与外延都发生了深刻的变化。

首先，改革初期把立法工作摆在前列，奠定了立法先行的基础。历史的发展呼唤完备的法律、健全的法制保障社会主义建设的伟大事业。改革开放以来，我国的法治建设率先从立法环节开始，党的十一届三中全会公报宣布，"从现在起，应当把立法工作摆到全国人民代表大会及其常务委员会的重要议程上来"。立法权行使的常态化和稳定化，确立了立法是全国人大及其常委会的一项重要职权，也是一项经常性的工作。彭真在主持全国人大常委会工作期间，不仅亲自领导了包括 1982 年宪法在内的许多重要法律的制定和修改，而且丰富和发展了我国的立法理论，促进了党领导立法改革的实施。他多次强调，"必须加强法制，完备我们的法律，才能保障社会主义建设的顺利进行"②。

其次，立法先行突出强调立法要与时俱进。这是就立法与社会生活实际的相互关系而言的，法律是社会生活需求的规范化表达，要求及时地对新的立法需要、新领域新问题回应反馈，并不断改进规范性法律文件的形式化和技术化要求。具体来说，突出地表现在三方面：一是立法形式的变化，包括规范性文件的立、改、废；二是党领导立法相关的党内法规的立、改、废；三是始终处理好立法的数与量的辩证统一。意味着，不仅关注立法数量的更新，更要让立法数量接近立法需求。凡是为美好生活所必备、改革所必需，就要及时将这些需求和需要转变为立法成果。党的十八大以来，加强重点领域的立法，以及新

① 陈金钊．对"以法治方式推进改革"的解读［J］．河北法学，2014（2）：16-32.

② 彭真．论新中国的政法工作［M］．北京：中央文献出版社，1992：110.

类型、新领域的不断涌现，都需要先行立法。

最后，立法先行还意味着要正确认识和协调改革和立法的关系，事关改革和法治建设的前置问题。究竟是改革先行还是修法先行，一直都在进行理论和实践的双重探索。全面分析这一问题，要站在历史的角度，辩证地分析。1997年，江泽民在党的十五大报告中指出："要把改革和发展的重大决策同立法结合起来。"可以说，在立法与改革的关系结构中，彼时改革放在第一位，立法放在第二位。立法必须为改革和发展服务，同改革和发展的重大决策相一致。李鹏也指出："要把人大常委会的立法工作与党中央、国务院对改革、发展和稳定的重大决策结合起来。改革的重点也是立法的重点。"① 这是全国人大常委会在立法工作中的工作原则和重心。随着改革的深化，立法的发展，两者的关系进入一个新的发展阶段。"从科学性上看，改革先行并探索出成熟的经验，才能制定、修改和废止法律；但从法治角度看，如果改革先行，要么缺乏法律依据和支撑，要么违反现行法律法规，导致改革与法治相悖，缺乏合法性。为此，应当确立法治与改革并行的理念。"② 因此，为了全面深化改革，必须立法先行。做到重大改革于法有据，所以改革遇阻的时候，及时进行规范性文件的制定、修改和废止。

改革与立法关联密切，通过不断先行先试、改革试点，为立法积累经验；而不断完善立法，有助于保障改革的进一步实施。这是因为，改革与立法具有内在的一致性，比如，经济领域的改革，不仅要体现相关的经济原理或经济逻辑，还要遵循相应的法治逻辑，才能保证改革的深化和立法的优化具有一致性和统一性。就某一领域的改革所涉及的法治问题，必须遵循一般的法治逻辑，这就包括符合法制统一原则、公平原则、协调原则的要求，从而增进相关领域改革和立法的合理性、合法性；在此基础上，基于相关领域改革的基本原理与法治原则的有机融合，该领域的立法则应遵循特殊的法治逻辑，包括审视相应的立法模式、立法架构以及立法内容，不断提升相关领域的立法质量。

（三）立法先行政策的具体要求

"立法先行"意味着从"政策思维"转向"法治思维"，从而引领和保障改革。应该指出，随着政策的广泛应用，人们感受到的是政策管用，政策好用，逐渐形成了看待问题和解决问题首先想到的是有没有政策，用什么政策的政策思维。特别是改革初期先破后立的观念，在市场经济建立的过程中，很多改革

① 李鹏．立法与监督：李鹏人大日记（上）［M］．北京：新华出版社，2006：295.

② 马怀德．立法先行 质量为本［J］．中国司法，2015（1）：23-24.

往往突破了宪法法律的依据，使学术界不得不讨论这种现象，认为这种违宪违法是良性的、有利于社会发展的。当然，在满足有法可依的立法需求的大背景下，不能否认政策推动型法治的积极作用。政策快速应对社会需求和新情况新问题的能力、灵活性、实效性等诸多特点，都有力地补强法律调整的稳定性和滞后性的短板。在中国进行改革开放的时候，政治体制改革是以修改 1978 年宪法从而形成现行宪法开始的。① 进而在实践层面形成改革和法治建设同频共振的新阶段，而两者在法律渊源理论上的关系就是党的政策和国家法律的关系。因此，当改革进入深水区，以问题为导向，不再避重就轻地解决问题时，以政策为导向的政府推进型法治进路遇到瓶颈被搁浅。随着依法治国发展成全面依法治国，建设和谐社会也被纳入富强民主文明和谐美丽的全面发展目标。正是在这个意义上，新时代探讨政策与法律的相互关系时，大局意识、全局意识构成了讨论视野的方法观。立法先行政策的提出，突出地表现在将改革与立法置于四个全面的战略布局中。

“立法先行”要求提升立法运行的能力。梳理法治思维，逐渐摒弃“会议先行”“政策先行”等传统思维窠臼，让法律更好发挥事前引领、事中规范、事后监督作用。具体来说，立法先行要处理好下列关系。一方面，“立法先行”要求进一步强化人大的主导地位。应加强人大对立法工作的组织协调能力，完善起草、咨询、论证、审议等各项机制；应增加具备法学素养与法律实践的代表数量，更多引入法学家、律师代表组建立法顾问团；应拓宽公民参与立法途径，健全公民意见反馈机制，推进民主立法进程。② 另一方面，“立法先行”强调立法质量与精细化，提升立法的前瞻性和预见性。国家法律应通过修订剔除不合时宜的条文，对笼统部分进行细化，提高操作性。地方立法应注重对上位法具体化、条理化，根据本地特殊情况“查漏补缺”，以助力法律有效落实。同时，应定期评估法律实效，及时收集相关数据，完善法律实效反馈机制。

“国家治理现代化对科学完备的法律规范体系的要求越来越迫切。我们要在坚持好、完善好已经建立起来并经过实践检验有效的根本制度、基本制度、重要制度的前提下，聚焦法律制度的空白点和冲突点，统筹谋划和整体推进立改废释各项工作”③。强调立法要契合国家治理现代化的要求。通过立法完善规范体系，发挥立法的引领作用，加强立法的普法作用都是加强国家治理现代化的

---

① 详细内容可参见本书第五章“党领导宪法修改的历史变迁”的相关论述。

② 莫林．改革须坚持“立法先行”［J］．公民导刊，2014（12）：20.

③ 习近平．论坚持全面依法治国［M］．北京：中央文献出版社，2020：275.

重要引擎。

二、直辖市促进型立法践行立法先行政策的实践样态

民生是最大的政治，民生问题既是以人民为中心立法理念的风向标，也是新时代践行立法先行政策，正确处理立法与改革的关系，对既有法律及时进行立改废释的重要领域。在新时代的地方立法实践中，促进型立法脱颖而出，成为理论研究和地方人大工作的热点。直辖市促进型立法的实践，虽然与省会市、其他设区的市在经济、政治和文化等资源方面各有千秋，但是京津沪渝又发挥着区域治理一体化的领头羊和排头兵的作用，立法先行示范价值不可忽视。

北京、上海、天津、重庆享有立法权的人大通过的地方性法规中有多部法律文件名称中带有“促进”字样，呈现出法律质量的阶段性提升和推动地方治理的求实创新的局面。在数字经济勃兴，人们对美好生活向往的共同作用下，时间维度和市场需求催生了促进型法律规范体系的成长能力。

京津沪渝促进型立法，一方面持续在经济领域深耕厚植，另一方面依法治理的活动半径不断扩大，覆盖商业发展、旅游、养老、环境教育等服务业和社会治理领域。四个直辖市促进型立法的实践样态，调整的对象涉及五类社会关系。

（一）直辖市促进型立法的实践样态

第一，聚焦第一产业，通过制定新法促进农村、农业和农民发展与改革。除上海外，北京、天津和重庆都已制定并实施农业机械化促进条例；除北京外，上海、天津和重庆都已颁行乡村振兴条例，此外还有《天津市农民专业合作社促进条例》等。在内容上，既坚守政府对发展“三农”的促进义务，还支持农村基层组织和村民自治。关于乡村振兴，各主体因地制宜，提出了促进乡村振兴的人才、资金、组织等保障机制，体现了公共权力对农民兴办产业、人才返乡进乡的鼓励、促进和引导的规范性。

第二，瞄准新兴产业，为促进数字经济发展而立法先行。数字经济是继农业经济、工业经济之后，以互联网为载体的新型经济发展形态。四地的数字经济立法呈现两种典型方式：一是以北京市、天津市为代表的“促进条例”，其中《北京市数字经济促进条例》从数字基础设施、数据资源、数字产业化、产业数字化、智慧城市建设、数字经济安全和保障措施等方面对北京市的数字经济工作进行制度设计。《天津市促进大数据发展应用条例》侧重于促进数据的应用和保护，促进大数据与制造业的融合、大数据与服务业的融合。二是以上海市、

重庆市为代表的“数据条例”，其中上海市数据立法第一条明文规定“规范数据处理活动，促进数据依法有序自由流动”，呈现出“规范和促进”并存的立法理念。直辖市立足于各自的定位，在立法的侧重点上各有特色。比如，上海，与中国的经济中心相匹配，及时回应经济领域的新鲜事物，为经济创新不断提供制度供给。2022 年 10 月 1 日实施的《上海市促进人工智能产业发展条例》，在谋篇布局上呈现“一般规定+重点促进”，详细展现人工智能的广泛应用领域，体现政府鼓励为主，宏观监管两手抓的治理新模式。

第三，促进社会治理、社会服务及服务业发展。四个直辖市中，与提升城市治理能力接轨，上海市率先出台《上海市促进多元化解矛盾纠纷条例》，2021 年 5 月 1 日施行。《上海市公共文化服务保障与促进条例》，已于 2021 年 1 月 1 日起施行，从打造本地的公共文化服务的角度出发，提出一系列保障与促进机制，提升公共服务的供给质量和治理效能。志愿服务是一项新兴的社会服务类型，从事志愿服务的人数和管理水平是衡量一个国家或地区社会现代化的标志之一。《北京市志愿服务促进条例》旨在规范志愿从事社会服务的行为，力争促进精神文明建设和社会治理的创新。《天津市促进商业发展若干规定》于 2013 年 9 月 1 日开始实施，最终舍弃“条例”，选择“若干规定”的体例，主要考虑到这次立法，针对天津商业发展所积累的病灶，所开具的药方只是促进商业发展的主要措施和关键措施。① 体现了促进型法规的灵活性和针对性。此外，2022 年 9 月 1 日实施的《天津市旅游促进条例》，专门对旅游服务业予以法规保障。四个直辖市中，关于教育领域，有《上海市高等教育促进条例》《天津市民办教育促进条例》等。

第四，促进社会文明行为立法。四个直辖市中北京、天津、重庆都颁行了文明行为促进条例，在立法目的、核心概念的界定和调整方式等方面具有相似性。首先，诸条例开宗明义地将弘扬社会主义核心价值观作为立法目的，以国家层面的“文明”价值作为规范指引。条例第一条均采取“为了培育和践行社会主义核心价值观”的句式表明立法目的。其次，对文明行为的含义界定角度相似，内涵合法性、体现核心价值观和符合公序良俗等三个核心要素。再次，明确文明行为促进工作的主体多元，形成党委领导下的政府、社会以及居民个人协同治理的机制。最后，采取促进兼惩罚的综合调整机制。列出文明行为规范的基础上，开具不文明行为清单，实现文明行为和不文明行为的对比；此外，

① 韩捷．从《天津市促进商业发展若干规定》的制定谈地方立法问题［J］．山西省政法管理干部学院学报，2018（3）：88-91.

在实施促进和保障机制的基础上，针对不文明行为规定处罚机制，立法方法上采取促进与惩罚并用的方式，体现了法治和德治的结合。

第五，促进生态环境教育立法。四个直辖市肩负区域性协同发展的重任和示范引领。上海作为长三角区域一体化的重要城市，率先开启防治大气污染的协同立法。而将防治抑或保护大气等环境要素的促进型立法，对接区域协同立法的当数京津冀的立法建设。生态环境教育的促进立法建设，不仅与京津冀协同立法的要求和实施路径相契合，而且产生了河北省设区的市的立法成果——《衡水市生态环境教育促进条例》。该条例于2020年1月1日起正式实施，这是河北省内的第一部环境教育促进条例。条例包含32个条文，体量虽然不大，但是特点显著。经由4个条文加大了排污企业的普及环境知识的义务和责任承担机制。① 该环境教育促进条例以普及环境知识为起点，又以接受环境教育培训作为企业的违法责任承担方式，夯实了条例的可操作性和可接受性。

（二）直辖市促进型立法的“先行”效果审视

一个国家建立的法律体系，常常以门类齐全、结构严密、和谐统一为要求，所以对社会共识的宣示、民族精神的弘扬，促进型法律发挥着不可或缺的作用。但是，着眼于法律体系完善的层面，颁布促进型法律法规还只是万里长征的第一步，更需要和现有法律互相衔接，以及制定低位阶的法律予以配套实施，也就是要有体系化的思维。既要考虑在本区域内的衔接，还要注意是否对接了协同立法的基本要求。对此，习近平法治思想提出，要提升法治促进国家治理体系和治理能力现代化的效能，“要统筹考虑国际国内形势、法治建设进程和人民群众法治需求，同推进国家治理体系和治理能力现代化的要求相协同”②。

正是在这个意义上，要将立法环节科学融入国家治理实践，为推进国家治理体系和治理能力现代化提供重要依托，谋划法治建设的阶段性目标。法定权利和法律制度的确立和实现更是一项系统的工程，需要有效搭建与现有制度的衔接。如果要使促进型立法的催生作用得以有效发挥，立法规划和立法者就要从促进型法律文件与既有规范之间的衔接作为通过立法促进社会治理的小切口。也就是说，促进型立法好似框架，它从内容上，还需要配套的法规或规章，从而形成一个有一定规模的调整同类社会现象的一级法律部门。

从经济发展和促进就业的规律来看，优化数字资源布局，有利于更新就业

---

① 具体规定了重点排污单位每年应当组织员工接受至少4学时的生态环境教育培训。符合条件的排污单位的负责人、环保管理人员以及防治污染设施运行管理部门的责任人，每年应当接受至少8学时的生态环境教育培训。

② 习近平．论坚持全面依法治国［M］．北京：中央文献出版社，2020：275.

结构并提高就业参与程度。餐饮住宿、旅游等服务性行业，易受如疫情防控等因素影响而被限制营业，导致大量人员待岗。与此相反，电商、快递等行业订单大幅攀升，甚至出现用工大缺口。在数字技术的加持下，提高劳动者灵活就业，从而促进就业。因此，各级政府在促进数字经济方面，有义务加强数字技术的布局、扩容和送技术到乡村等基础性工作。有研究指出，政府加强“新基建应注重区域协调发展，加快弥补欠发达地区的数字技术空白，改善落后地区的网络基础设施环境，提高低收入群体的网络接入可及性”①。由此可见，促进数字经济类立法与促进就业类立法之间的衔接程度，成为衡量地方立法质量高低的一项基本指标。这里就有一个体系化发展的思路，多部法律和法规围绕一个中心，形成向心力和凝聚力，更好地促进经济和社会发展。

社会立法、民生立法是在国家干预社会生活过程中逐渐发展起来的法律门类，调整的是政府与社会之间、社会不同部分之间的法律关系。这一领域的立法与保护公民合法权益密切相关，决定了立法内容正经历着发展政治、经济到民生立法的转型。在“有形的法律”方面，要遵循《宪法》《立法法》等内容。而作为“无形的法律”，则是把人民的利益视为最高的法律。换言之，立法在坚持将基本权利转变为法律权利，坚持民生立法方向。

因此，即使是促进型立法，也要坚守维护公权、规范公权、保护私权、保障人权并重的任务。在促进型立法调整的各项事务中，既要继续发挥各级行政机关的职能，更要积极创造条件扩大公民参与权、知情权、表达权等基本权利。以人民为中心的立法，势必要求加强民生立法，加强基本权利类的立法。就业问题、教育问题和医疗问题都是重大的民生问题，而这些问题很难毕其功于一役，只能逐步规范、指引。这就需要促进型立法中规范权力与保障权利的平衡，抑或促进类规则与管理类规则的协调。促进型立法跳出了政府主导论的思维惯性，政府的主要作用只是为国家治理提供相应的政策保障、组织保障、信息保障、执行保障等，对社会活动并无过多干涉。② 因此，在这个意义上，促进型立法先行，有利于为社会立法、民生立法方面的改革提供规范性指引。

三、文化遗产保护立法践行立法先行政策的文本检视

发挥地方治理的主动性和创造性，将对改革具有前瞻性的立法条款和立法

① 甘犁，秦芳．政府应向低收入群体发智能手机 预防新贫困需缩小数字鸿沟［EB/OL］．新浪网，2020-05-18.

② 江国华，童丽．反思、拨正与建构：促进型立法之法理阐释［J］．华侨大学学报（哲学社会科学版），2021（5）：102-112.

精神配置于立法活动并最终体现在立法文本中，这是地方立法探索立法先行的一种经验做法。立法先行，实际就是立法先于改革进行。生态环境保护、文化遗产的保护与开发等事项，极其需要立法先行的思维。科学民主立法，坚持一定的前瞻和引领，防止陷入先污染后治理、先破坏再修复的老路。

立法治理是新时代提升国家治理现代化的必然要求。如果说立法是法治的起点，那么立法的起点则是立法项目的遴选和草案文本的拟定。陕西省秦始皇陵，是我国历史上第一座规模庞大、设计完善的帝王陵寝；① 河北省境内拥有清朝皇家陵寝建筑群，分别是位于唐山市的清东陵和保定市的清西陵。这三处文化遗产的共同点是景区保护级别高，都属于世界文化遗产，而且获得地方性法规专门保护。因此，通过立法实践以及法案文本的对比，剖析文化遗产保护立法践行立法先行政策的现状，探寻文化遗产的保护与开发的路径。

（一）立法文本协同保护文化遗产的氛围和文化精神不足

一是重视文化遗产管理机构的设置，但是保护方向和保护机制失衡。河北省清西陵景区发展规划相对进展缓慢。新中国成立后，设立西陵文物保管所，隶属河北省易县文化局，1987 年 6 月机构升级为文物管理处，归属保定地区行署文化局。由于采取条块分割的方式，过度强调对现有文物的原真性看管，未将文化遗产区的保护和利用与当地经济社会发展联系起来，造成遗产保护与当地经济发展缺乏横向的联系和统筹。以文物管理处为代表的机构发展思路狭窄，退化为新的守陵人。为进一步理顺管理体制，2012 年 11 月清西陵保护区管委会正式成立。② 机构更替缓慢成为阻碍清西陵发展的掣肘。

二是法治保护观念滞后。根据《立法法》的规定，保定市人大及其常委会 2015 年开始获得地方立法权，享有为保护清西陵制定地方性法规的权力。针对保定市人大常委会的申请，2002 年 9 月，河北省第九届人民代表大会常务委员会第二十九次会议决定，唐山市《清东陵保护管理办法》适用于清西陵的保护和管理；清西陵的保护范围和建设控制地带按规定程序报省人民政府确定。这足以说明，保定市完全有动力和强烈的立法需求保护清西陵。可是由于相对滞后的保护和开发能力，体制机制建设乏力，陵区保护及开发利用与本地经济发展相对脱节，文物保护中缺乏当地居民的广泛参与。2020 年姗姗来迟的保护条例，其制定时，保护文化遗产的既有经验固化在保管和护理等守旧的层面，虽

① 张静．中国第一座皇陵 秦始皇陵究竟有多神秘？［N］．西安晚报，2022-12-17（5）．

② 文化遗产：回望从文化景观视角下的清西陵保护管理策略［EB/OL］．搜狐网，2021-01-20.

然早在2000年清西陵就被列入世界文化遗产保护名录，可是立法机关不是定位于文化遗产而只是文物角度，没有明确保护的长远方向，整个文本弥漫着保守、静滞的气息。文化遗产保护的体制机制尚停留在行政主导的老路上，企业、当地居民尚未被纳入遗产宣传和保护的力量中来。这一立法造成清西陵陵区的法律保护上，文化遗产保护的成分不足，机械保管文物有余。既没有考虑在概念和理念上更新升级，也缺乏按照边立法边普法的要求立法。

（二）立法先行相关原则应载入条例内容

聚焦保护帝王陵墓建筑群的规范性文件，不妨根据表6-1，对《陕西省秦始皇陵保护条例》（以下简称《秦始皇陵保护条例》）与《保定市清西陵保护条例》（以下简称《清西陵保护条例》）进行对比和分析。

表6-1 秦始皇陵保护条例与清西陵保护条例文本对比

比较项目	文本内容及法规名称
调整范围	在秦始皇陵进行文物保护、生产生活、经营服务、旅游开发、参观游览等活动的组织和个人，应当遵守本条例（秦始皇陵保护条例）
	本条例适用于清西陵陵区的保护和管理等活动（清西陵保护条例）
保护原则	保护为主、抢救第一、合理利用、加强管理（秦始皇陵保护条例）
	保护为主、抢救第一、合理利用、加强管理（清西陵保护条例）
立法宗旨	正确对待文物保护与当地社会经济发展、人民群众生产生活的关系（秦始皇陵保护条例）
	确保世界文化遗产的真实性和完整性（清西陵保护条例）

《陕西省秦始皇陵保护条例》于2005年实施，2019年获得第三次修订。其中第二条划定了调整的范围，通过四字短语的排比句式，涉及在秦始皇陵进行“文物保护、生产生活、经营服务、旅游开发、参观游览等活动”，呈现出调整事项和规范视角的多元化特点。2020年实施的《保定市清西陵保护条例》第二条确定条例适用于清西陵陵区的保护和管理等活动。相较而言，后者的调整对象过于笼统，针对性略显不足。

从文化遗产的保护层面来看，文本上的差异也不小。《保定市清西陵保护条例》第三条规定：“清西陵保护工作应当坚持保护为主、抢救第一、合理利用、加强管理的原则，确保世界文化遗产的真实性和完整性。”旨在保护清西陵的真实性和完整性，将保存遗产的如旧和完整作为核心。《陕西省秦始皇陵保护条例》第三条在坚持“保护为主、抢救第一、合理利用、加强管理的方针”的前提下，正确处理文物保护与当地社会经济发展、人民群众生产生活的关系。因此，与当地协同发展的思路和要求跃然纸上。将保护做到与当地经济社会勾连，变单打独斗为协同发展。实质上扩大了保护主体，不断拓展社会公众参与保护路径，具有一定的引领作用和前瞻性。综上所述，地方性法规中对文化遗产的保护类立法，要注意两个关键问题。一是要赋予民众分享和参与文化遗产保护的权利，也是重建民众与文化遗产之间的情感联系的法律保障。公众既是消费旅游的主体，同时也是保护文化遗产的重要力量，通过保护、开发，主体对于文化遗产的情感才会更加立体和厚实。二是在立法的过程中选择合适的立法环节，找到一个较好的切入点保障公民参与。比如，在修订条例的过程中，陕西省司法厅向社会发出通知，《陕西省秦始皇陵保护条例（修订草案征求意见稿）》公开征求意见，社会各界可以通过信函、电子邮件和传真等三种方式提出。也可以在条例修改前，针对游人或景区附近的居民，开展线下或者线上的问卷调查，公开征求他们的意见。认真答题提出合理化建议，予以景区旅游的优惠措施，吸引游人或当地居民参与到保护文化遗产或立法中来。正如美国学者科恩所言："法律可能是不好（尽善尽美）的，但我参与立法的过程使我有义务承认它们的合法性并服从它们——那种义务来自这一事实：我是构成社会的成员之一，社会的法律就是我的法律，制定法律时我出过力。"① 体现了社会成员的参与对立法的支撑作用。

《北京市非物质文化遗产条例》自 2019 年 6 月起实施，通过科学调研和公开咨询等程序，将非物质文化遗产的公众参与和历史传承有机融合起来。作为文化遗产权的重要主体，社会中的各个阶层、城市公共部门、企业以及城乡居民等主体的价值观，对于文化遗产的保护同样重要。建立社会公众监督体系，是公众广泛参与文化遗产保护和管理的必要阶段。② 在立法过程中，北京市人大常委会遵循文化遗产保护，仰赖公众协同保护，形成合理保护的规律和经验，广泛征集了非遗项目传承人、项目保护单位、专家学者、街道、社区等的建议和意见。开门立法，确保条例的科学性。同时，采取分类保护的方法，专门明确非遗项目传承人的权利、义务，为了确保非物质文化遗产可持续发展，条例出台优惠政策鼓励高等学校、中等职业学校增加非遗专业的设置和人才培养工作。

通过对促进型立法和文化遗产保护立法的现状的审视，不难发现，立法先行不仅是对改革和法治关系的科学总结，而且具有更为深远的意义。随着经济

① 科恩．论民主［M］．聂崇信，朱秀贤，译．北京：商务印书馆，2005：233.
② 朱蓉．澳门世界文化遗产保护管理研究［M］．北京：社会科学文献出版社，2015：214.

社会的改革，常常引起人们观念上的改革。改革作为一种思维，从酝酿到实施需要时间和积累。同样的道理，民主是法治的前提和基础，民主和法治的实现也需要时间，更需要教育和训练，反映的是一种向上的、生长的过程。在民主和法治实践中教育人民、训练人民，是中国民主和法治进程的必经路径。第六届全国人大常委会委员长彭真，曾经就公民进行民主训练有一段亲切中肯的希望和评价，对于人大履行法治宣传教育职能非常受用。

> 至于说到群众的议政能力，这也要通过实践来锻炼、提高。有了村民委员会，农民群众按照民主集中制的原则，实行直接民主，要办什么，不办什么，先办什么，后办什么，都由群众自己依法决定，这是最广泛的民主实践 。他们把一个村的事情管好了，逐渐就会管一个乡的事情。把一个乡的事情管好了，逐渐就会管一个县的事情，逐步提高议政能力。八亿农民实行自治 ，自我管理、自我教育、自我服务，真正当家作主，是一件很了不起的事情，历史上从没有过。①

① 彭真文选：一九四一——一九九〇年［M］. 北京：人民出版社，1991：608.

第七章

新时代人大主导立法的挑战与发展

党领导立法的科学安排既是党依法执政原则一以贯之的发扬，更有与时俱进的发展。董必武和彭真等老一辈无产阶级革命家既在实践中总结，形成概念和理论，又将理论置于波澜壮阔的革命、建设和改革中进行检验。中国特色社会主义进入新时代，居于核心地位的一点是“把党的领导、人民当家作主和依法治国有机统一起来”。

第一节　新时代人大主导立法的确立与现实挑战

早在七届全国人大期间，时任委员长的万里就已注意到人大制度上承党与政府，下启民主建设的重要使命。他强调“人大要处理好同党委、政府的关系。对下边来说，则要搞好同群众的关系”①。2002 年党的十六大报告指出，发展社会主义民主政治，最根本的是要把党的领导、人民当家作主和依法治国有机统一起来。党的十八大以来，人民代表大会制度获得极大的发展，习近平法治思想进一步指出，全面依法治国的总抓手就是建设中国特色社会主义法治体系，不仅要有完备的法律规范体系，还要加强法治实施体系、法治监督体系、法治保障体系以及党内法规体系的建设。代表了新时代中国共产党的法治观，发挥立法职能，完善法律规范体系，将人大主导立法推向前台。

一、人大主导立法原则的确立

2011 年 4 月中共中央下发《中共中央转发〈中共全国人大常委会党组关于形成中国特色社会主义法律体系有关情况的报告〉的通知》（中共〔2011〕7 号文件），明确提出：“人大及其常委会要充分发挥国家权力机关的作用，依法行使立法权，发挥在立法工作中的主导作用。”这是“人大主导立法”这一概念首

① 万里．万里文选［M］．北京：人民出版社，1995：603.

次在党内最高层次的政治文件中出现。①

党的十八大以来，加强立法机关主导立法工作的格局逐步得到确立。2014年党的十八届四中全会通过的《全面依法治国决定》明确提出："健全有立法权的人大主导立法工作的体制机制，发挥人大及其常委会在立法工作中的主导作用。"具体要求上，"加强人大对立法工作的组织协调，健全立法起草、论证、协调、审议机制，健全向下级人大征询立法意见机制，建立基层立法联系点制度，推进立法精细化。健全法律法规规章起草征求人大代表意见制度，增加人大代表列席人大常委会会议人数，更多发挥人大代表参与起草和修改法律作用。完善立法项目征集和论证制度。健全立法机关主导、社会各方有序参与立法的途径和方式"。《2016年意见》进一步强调"完善党委领导、人大主导、政府依托、各方参与的科学立法工作格局"。2017年，党的十九大报告在强调"坚持党对一切工作的领导"的基础上，再次明确提出"发挥人大及其常委会在立法工作中的主导作用"。2019年党的十九届四中全会明确提出："完善立法体制机制。坚持科学立法、民主立法、依法立法，完善党委领导、人大主导、政府依托、各方参与的立法工作格局，立改废释并举，不断提高立法质量和效率。"

在规范性法律文件方面，立法法及时获得修订。2015年修订后的《立法法》明确了全国人大的主导作用，以全新的第五十一条予以规定，"全国人民代表大会及其常务委员会加强对立法工作的组织协调，发挥在立法工作中的主导作用"。2023年再度修订的《立法法》明确规定，"全国人民代表大会及其常委会加强对立法工作的组织协调，发挥在立法工作中的主导作用"。自此，"人大主导立法"从一项政治主张上升为国家宪法性法律的明文规定，同时成为新时期国家立法工作的基本要求，指明了人大立法改革的基本方向。

遵循党的统一领导，增强人大主导立法的自信，还包括在立法的过程中加强对相关程序的公开普及，以立法为起点加强法治宣传教育。这就产生了立法机制中，人大主导立法与政府立法参与发挥基础作用的辩证关系问题。与此同时，人大主导立法的主体结构的完善，立法程序规范性的挑战，有立法权的人大自身行为能力建设以及加强人大在立法过程中的普法职能，成为人大主导立法必须面对的课题。

二、人大主导立法面临的困境

根据辩证唯物主义原理，在党的领导下，人大立法职能的发挥主要是内在

---

① 封丽霞. 人大主导立法的可能及其限度［J］. 法学评论，2017（5）：77-86.

因素和外在因素共同作用的结果。人大主导立法面临的困境，主要表现为人大主导立法与政府立法参与之间的关系，还包括人大自身的制约因素等方面。

（一）人大立法与政府立法参与的矛盾

1. 政府的特殊作用与立法中的部门利益倾向的矛盾

从理论和实践的双重角度来看，立法的政府参与权是立法权有效运行的必要前提。作为极其重要的国家权力，立法担负着把党领导下的人民共同意志通过法定程序上升为法律的重任。但并不意味着由人大单打独斗，而是科学而全面地收集来自社会各方面的信息与诉求，力争最广泛地整合民意，形成立法议案或草案。这一过程中政府的优势远远大于人大常委会机关和其他主体，因为行政权能够触及社会的方方面面，政府的职能部门和行政相对人发生各种关联，因此，政府依法履行行政管理和服务的过程中，能够准确地获取社会状况和人们的立法需求，从而提出更加切合实际的建议和法案。世界各国的立法实践业已充分证明，立法离不开政府的基础性作用。政府的参与立法权是政府行政执法权的延伸，政府的参与作用不是代替人大立法，而旨在补强人大立法的科学性和可接受性。在人大主导立法权的前提下，与政府参与立法权之间形成了一个良性互动关系，它们的关系可用图 7-1 表示：

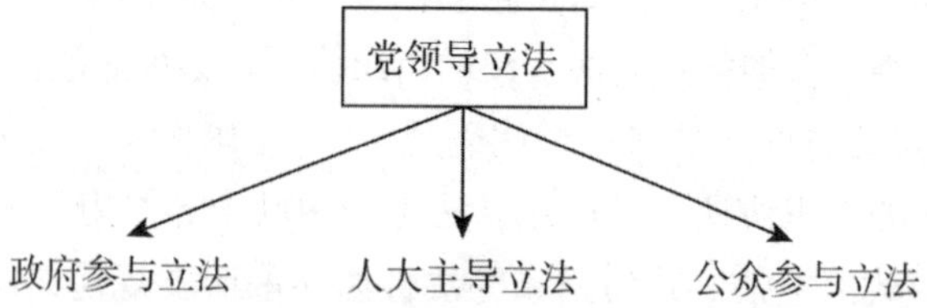

图 7-1　政府立法参与中的作用

在现阶段，政府拥有广泛的管理权限，拥有广泛的信息资源，了解实践中的第一手情况。相反，人大常委会机关短于执行性实践，缺乏大量基础性信息，立法人员不足，导致立法处于困顿之中。而规范性法律文件制定得过于原则宽泛，依赖行政立法的配套实施就是这一现象导致的结果。法律作为上位法制定得过于抽象、笼统，而将具体化的实施细则和配套性规定留待或仰赖国务院制定行政法规或部门规章等，一旦行政法规或部门规章立法延迟或被搁置，就会导致国务院的具体规定未制定前该法律的部分内容处于无法操作的尴尬境地。而地方性法规又由于遵循不抵触上位法的原则，往往无法落实。这种准用性规则的立法技术的存在，是对政府及其职能部门的强烈依赖，与新时代人大主导立法的原则大相径庭。

2. 上级行政机关的政策与上位法相抵触，导致地方性法规的相关制度难以实施

集中供热是关乎居民冷暖的重大民生工程，供热立法属于民生立法范畴，其立法质量的高低直接关系到居民美好生活实现的程度。

然而通过梳理发现，供热问题仍然依靠大量的政府政策。政府在出台相关政策时并未考虑到在“在宪法和法律的范围内活动”，甚至迟迟不按照法律的规定出台相关配套的行政法规。根据现行《中华人民共和国预算法》的规定，供热所需的配套费属于政府性基金，该预算的收支范围，按照法律、行政法规和国务院的规定执行。财政部《政府性基金管理暂行办法》2011 年开始实施，但是到目前为止，国务院财政部门尚未出台将水、电、暖、气等设施的建设资金纳入城市基础设施配套费的规定。相关供暖省市各自为政，出台城市基础设施配套费征收使用管理办法或通知，致使供热配套费不能满足基础设施建设和居民供暖需要。从依法行政的维度来看，作为各级行政机关，应当向权力机关负责并受其监督，国家行政机关出台的政策要接受合法性的检验，同时契合法律渊源的完备化要求，及时出台配套的行政法规。

比如，《潍坊市供热条例》第十条明文规定：“供热设施的建设资金，并入城市基础设施配套费。”而供热设施的建设资金来源又必须仰赖上位法的规定，导致地方性法规虽然及时颁行，却面临无法实施的尴尬境地。其上位法《山东省供热条例》规定，供热设施的建设资金，应当纳入城市基础设施配套费，由房地产开发企业按照规定缴纳，专项用于供热设施的投资建设。因此潍坊在进行供热立法时，一方面供热设施的建设资金来源问题是一项关键的制度设计，必须在条例中有所交代，另一方面，如果按照实践中的做法则违反上位法的规定，而照搬上位法的规定则又无法落实执行。① 这就导致政府行政法规制定滞后，仍以政策作为主导的局面。

3. 某些法律关系领域亟待政府出面发挥统筹协调的功能以破解立法瓶颈

以北京市城市地下空间管理关系为例，不仅设施种类多，产权主体和使用权主体等差异性明显，而且制定新法抑或修改均涉及与现有的管理和法律调整机制的衔接。主要包括三方面的问题：一是要求技术上能与城市轨道交通相连的建筑都应连通，并建立相应的协调工作机制；二是确定产权制度，包括空间

① 刘晓东，杨小龙．发挥地方人大立法职能 为基层社会治理提供有效制度供给 [J]．山东人大工作，2022 (8)：54-55.

关系权；三是修改完善相关法律。① 如《北京市城乡规划条例》2009 年通过，于 2019 年、2021 年进行修订。而与该法规内容高度相关的还涉及《北京市消防条例》，也应当及时修订，从而保持法规之间的衔接和一致。如果政府不出面，无法发挥统筹协调的功能，将导致相关立法事务长期搁置、悬而未决，而事实上亟待立法的现状。

（二）有立法权的人大自身因素的制约

"打铁必须自身硬"。为了保障人大及其常委会更好地行使立法职能，党中央提出了人大主导的工作新模式。不仅有立法权地方的党委助力人大主导立法工作的开展，而且人大自身要加强立法工作的"人大主导"意识。当前，无论是人大代表的立法主体意识，还是人大工作机制的运行，均在一定程度上影响人大主导立法的实施。

人大及其常委会工作要按照民主集中制原则办事，第六届全国人大常委会委员长彭真针对该问题进行了精辟的论述。彭真指出，"人大常委会是集体行使权力，集体决定问题"。不是首长负责制，深刻抓住了人大工作通过选举代表、参与国家事务管理的主要工作方式，因为人大是国家的权力机关，涉及利益的确认、分配和矫正，有别于行政机关的单方性、主动性和司法机关职权的程序性和内容上的依法裁断性。其工作机制和人员构成方面存在大量制约自身发展的因素。

其一，囿于会期和大会的规模，全国人大及其常委会缺乏足够的时间和人员对立法计划予以论证，亲自起草法律草案以及充分审议法律草案。全国人大或其常委会也难提供事无巨细的立法指引和根据。而且，全国人大及其常委会立法程序是诸多立法程序当中最严格的，这就决定了人大立法很难适应瞬息万变的经济社会发展对于立法规制的需求。② 其二，人大代表是立法机关的组成人员，然而人大代表对角色主体意识有待进一步提高。人大代表在人民代表大会会议期间和闭会期间的主体作用，尚待规范化和制度化。③ 人大代表参政议政的素质和能力的高低，直接决定了人大能否实现对立法过程的主导。④

---

① 郤艳丽．城市地下空间管理体制改革创新研究：以北京市为例［J］．城市与区域规划研究，2018（3）：226-242.

② 封丽霞．人大主导立法的可能及其限度［J］．法学评论，2017（5）：77-86.

③ 详细内容请参见本书第四章第二节"人大履行立法职能的困境与反思"部分的相关论述。

④ 封丽霞．人大主导立法的可能及其限度［J］．法学评论，2017（5）：77-86.

（三）人大立法的普法功能有待加强

中国共产党领导下的法治是一个有机联系的整体，渗透到立法、执法、司法、守法等各个层面。坚持中国共产党的领导不仅是中国特色社会主义的本质特征，而且具有切实可行的实践体系，“必须具体体现在党领导立法、保证执法、支持司法、带头守法上”①。以法治的主要环节为切入点，进一步审视法治宣传教育活动中存在的主要问题。

1. 组织公众立法参与的力度不够

法治宣传教育普及的重点内容是宪法、法律法规的内容。而制定宪法、法律法规的程序中，如果民众参与不足，既不认同，又觉得法律法规是管束自己的心理，都将影响法治宣传教育的成效。

当下，有更多的公民表示愿意参与立法征询公众意见，但是这种主观愿望常常会受到诸多因素的影响，致使公众立法参与不足。比如，大众媒体宣传报道立法事项不充分、不及时；公民对相关法律案毫无认知；个别公民即使对所讨论的法案稍有想法，也因担心自己势单力薄难以影响到立法者，而对参与立法讨论望而却步。此外，立法决策中各种建议、意见、诉求的收集和采纳的程度也会成为公民参与立法的掣肘。是否科学、全面地分析各种意见，力求立法对利益调整客观公正；所征集的各方面意见的最终采纳程度；是否防止决策者以个人偏好压制不同意见；民意采纳过程本身是否公开、透明等终将影响颁行的规范性文件能否充分反映民意。如果立法程序中未能充分征集整理民意，那么公民就难免不能理性地、公允地对待法律和接受法律，法律的执行和遵守也将大打折扣。以上这些因素将会不同程度地影响到公众参与立法公开的程度，进而影响到立法公开、立法民主的发展。

2. 普法中受众的主体性和自主性被忽视

受众是传播学中的概念，受众与信息传播者构成传播关系中的基本主体。在接受信息、筛选信息的过程中，信息传播者往往将受众视为被动的传播对象，不尊重受众的主体性，最终信息反馈的过程也就难以发挥自主性，可接受性也就被削弱。

通常所指的法律，实际上表现为法律概念、法律规则和法律原则三种形态，占多数的就是法律规则。在法律规则的逻辑结构中，行为模式即法律规则中规定人们具体行为的部分，包括可以这样行为、应当这样行为和禁止这样行为三种模式。法律后果是法律规则中规定人们在作出符合或不符合行为模式的要求

① 习近平．论坚持全面依法治国［M］．北京：中央文献出版社，2020：107.

时应承担相应的结果部分，包括肯定的后果和否定的后果。通过身临其境，自主选择，体会法律所支持的，必然与促进人的发展和需要一致，从而对利益的要求和诉求得以博弈、认同直至形成共识，经由立法参与和司法环节得到印证。这种普法的参与，改变以往将受众放在被动的地位，从而肯定受众是法治宣传教育过程中的主体，给人们自我设计、自主学习的空间。因为法治宣传教育旨在让老百姓接受法律常识，学会利用法律维护本人及其他公民的合法权益，维护公序良俗，弘扬社会主义核心价值观。

3. 普法的实效性缺乏科学认识

作为国家治理体系的重要环节，通过法治宣传教育架设从法治走向善治的桥梁，从而发挥社会治理的积极性。一般说来，法治宣传教育的评价机制至少满足两个标准，一是实效性，阐明已经在特定地区、特定人群中产生实际效果；二是可接受性，也就是得到参与对象的认可。

在实务中一些因素制约着法治宣传教育的实施，人们易于将法治宣传教育的实效直接与守法的实效进行因果关系的对接，将守法的实效低弱归因于普法的实效性差。这种片面的实效性认识观，容易束缚法治宣传教育的开展。守法可能出于多种理由，与其纠结守法与普法的成效之间的关联，不如思考改进一些做法，促进人们守法，认真对待法律。法治宣传教育本质上仍然是一种教育形式，从普遍性出发，提供机会和形式上的平等，而不能保证结果上的平等。正是在这个意义上，教育的结果不可能一劳永逸，还得仰赖众多机制的成龙配套。

（四）地方立法缺乏权威性

法律的生命力在于实施，实施的过程中法律的权威得以彰显。从法治的运行角度而言，立法机关提供规范性法律文件后，该法律进入执行、司法或守法领域的状况就是其实施的状况。因而，法律法规的司法适用程度就是衡量该法律法规权威性的风向标。我国的法院系统由四级法院组成并实行两审终审，在这样的制度设计之下，法院常常趋于保守并规避风险。这一选择主要基于两个层面的考虑：一方面，部分地方性法规、规章确实存在与上位法抵触的内容；另一方面，上级法院更倾向于直接适用上位法。于是，为了减少自身的判决被上级法院认定为“适用法律错误”的机率，下级法院也会迎合上级法院的“喜好”使用上位法。①

---

① 俞祺．地方立法适用中的上位法依赖与实用性考量［J］．法学家，2017（6）：14-28，175

因此，地方立法缺乏权威性主要表现为，司法审判中裁判者往往跳过地方性法规而直接援引上位法。[①] 如果上位法基本上可以解决问题时，恰恰证明下位法缺乏解决纠纷的能力或实效。正是在这个意义上，说明地方性法规要在提高法规的实效性上下功夫。

第二节 人大主导立法的理论基础与基本原则

立法工作应当由人大来主导，是由立法权的属性以及人大的地位与性质决定的。人大主导立法，并非人大一枝独秀承担立法重任；人大主导立法，是指人大回归立法职权，用好法律法规案的立项、起草、审议、通过等立法诸程序，而不是削减政府在立法中的基础性作用以及专家、团体和公众的参与作用。

一、人大主导立法的理论基础

（一）从立法权的产生渊源来看，立法权根植于主权在民的理论

主权在民即人民是国家的主人，是近代资产阶级登上历史舞台以来形成的基本政治理论和政治原则，而且不断被许多国家付诸实践。人民是依法治理国家的主人则是这一理论、原则和实践在法律领域的延伸和发展。

“普天之下，莫非王土，率土之滨，莫非王臣”的表述，“朕即国家”、君出法随的宣告，深深地烙印了专制时代的特点。君主专制是这种理论的制度体现，等级现象则反映了普通百姓在国家生活中没有基本人权、权利能力缺乏的状况。西方的人文精神，在文艺复兴的世俗的人与超验的神的对立和斗争中，大写的人取得了胜利，人性战胜了神性，人权战胜了神权。在中世纪后期发展成为以法国为发祥地的人文主义法学派，奠定了文艺复兴的思想基础，促进了古典自然法学派的繁荣，最终促使近现代法治在西方世界的相继确立。在17、18世纪，借助方兴未艾的人文主义思潮和工业革命的巨大生产力和推动力，英国、北美和法国资产阶级革命的实践和宪制的确立，为自由、平等、博爱的普及和制度化进行了雄辩阐释。

随着工业革命的产生和发展，社会的生产和生活方式发生了巨大的变化，要求社会的政治观念和理论也应有相应的变化。“主权在君”理论逐渐被“主权在民”理论所取代。法学领域的“天赋人权”说、“人民主权”说就是这种变

① 徐娟．地方立法的治理功能及其有效发挥［J］．学术交流，2019（5）：74-82.

化的集中代表。法治最终落实到以获致平等、自由、民主的社会治理方式和一系列制度，而这些价值元素的实现必须以人为本，以人在社会中主体地位的确立为前提。由此可见，以人为中心，反映在法律上则是尊重个体的法律主体性、独立性和自治性。因而确立权利，保障个人自由和权利，便是法治的内在禀性。法治成为人们的普遍选择，在很大程度上源于其内在的人文精神。

（二）从立法权的本质属性来看，它是一种反映和代表民意的国家权力

代议民主制是目前人类发明的能够解决人民参与政府的有效的形式。正如密尔在分析实行代议制政府的必要性之后所得出的结论那样："能够充分满足社会所有要求的唯一政府是全体人民参加的政府""但是既然在面积和人口超过一个小市镇的社会里除公共事务的某些极次要的部分外，所有的人亲自参加公共事务是不可能的，从而就可得出结论说，一个完善政府的理想类型一定是代议制政府了。"① 民主不仅仅是一种手段，手段是可根据目的要求来选择和替代的，但从主权在民的意义上说，民主具有本源性，是不可替代的。② 人民通过选举代表组成的机构被认为代表民意，有权直接行使立法权制定法律。孟德斯鸠曾经说过："民主的政治有一条基本规律，就是只有人民可以制定法律。"③

法国18世纪的启蒙思想家霍尔巴赫在论及立法权问题时指出，国家"最高权力的本质就是立法权。当法律旨在保障社会的福利和安全的时候，这些法律应当认为是全体公民意志的表示"④。康德从人性论出发来论证立法权具有集合共同意志的特性，他指出："立法权，从它的理性原则来看，只能属于人民的联合意志。因为一切权利都应该从这个权力中产生，它的法律必须对任何人不能有不公正的做法。……俗话说：自己不会损害自己。可见，只有全体人民联合并集中起来的意志（这就是每一个人为全体决定同一件事，以及全体为每一个人决定同一件事），应该在国家中拥有制定法律的权力。"⑤ 启蒙思想家的言论表明，与行政权和司法权相比，在人民同国家的关系中，立法权是与人民关系最为直接、最为密切的国家权力。⑥

① 密尔．代议制政府［M］．汪渲，译．北京：商务印书馆，1982：55.
② 黄建武．科学立法与民主立法的潜在张力及化解［J］．地方立法研究，2020（2）：1-13.
③ 孟德斯鸠．论法的精神：上［M］．张雁琛，译．北京：商务印书馆，1997：12.
④ 霍尔巴赫．自然政治论［M］．陈太先，等译．北京：商务印书馆，1994：74.
⑤ 康德．法的形而上学原理：权利的科学［M］．沈叔平，译．北京：商务印书馆，1991：140.
⑥ 李林．立法权与立法的民主化［J］．清华法治论衡，2000（0）：251-289.

（三）人民代表大会行使国家权力，是国家机构之间分工合作的前提

我国中央集权社会历经2000多年，依靠人治的模式，行政权强大有力且由行政执法塑造的生活和秩序传统源远流长且影响深远。行政部门不仅具有荣誉、地位的分配权，而且执掌社会武力；倘若不能依法行使行政权，则极易侵犯公民的合法权益。

一般我们把国家权力划分为立法权、行政权和司法权。国家权力的行使不仅要依法行使，而且要在法定的时空条件下行使，尤其是要依照法定程序行使。因此，任何国家权力的行使都离不开法定的程序，否则极易造成越权甚至滥用权力，侵害公民的权利。也就是说，“任何政治体系内，不论作成何种决定，比如，法律之制定，资源之分配，司法之审判以及奖惩之论断，往往均设有一套既定之程序，以为裁决的依据，冀求最终决定得以让人信服，发挥应有的公信力，奠定执行力的基础。”①

当下，我们解读1982年彭真所作的《关于中华人民共和国宪法修改草案的报告》，回归文本背后的意旨和精神，从宪法修改的体系解释中，理解和厘清人大主导立法的基本原理和要求。坚持民主集中制，坚持国家机关之间的分工合作、相互配合是国家机关设置遵循的基本方向。其一，国家权力机关有权制定法律和决策重大问题。“在法律的制定和重大问题的决策上，必须由国家权力机关，即全国人大和地方各级人大，充分讨论，民主决定”，以求最大限度代表民意。其二，代表民意的法律和决定必须由行政机关高效执行，才能得到实现。最后，我国国家机构之间是分工合作的关系。人民代表大会统一地行使国家权力，“同时在这个前提下，对于国家的行政权、审判权、检察权和武装力量的领导权，也都有明确的划分，使国家权力机关和行政、审判、检察机关等其他国家机关能够协调一致地工作。”② 由人大产生并对它负责，受它监督。

（四）从历史和当代实践来看，立法权具有优先性

各国革命的历史和实践也都表明，相对于国家制度与其他国家权力而言，立法权是优先的。夺取政权的第一步就是掌握立法权，废除反动的旧法统，制定确立和巩固新政权的新法制。③ 随着经济基础和阶级本质发生根本性变化，也就是在法律的历史类型进行更替的时候，打破一个旧的秩序，建立一个新的秩序，优先考虑的就是运用立法的武器。

---

① 罗传贤．立法程序与技术［M］．台北：五南图书出版股份有限公司，2005：394.

② 彭真文选：一九四一——九九〇年［M］．北京：人民出版社，1991：456.

③ 郭道晖．论国家立法权［J］．中外法学，1994（4）：9-19.

根据中国实际和现实需要，搭建新生政权的法律体系，成为董必武主持立法工作的出发点。在完全没有根基的条件下，要建立一系列法律法规。从1948年8月7日华北临时人民代表大会召开，董老开始筹备新中国的法制工作。在担任华北人民政府主席时期，历时13个月，制定颁布了200多项法令、法规、训令、通则等。华北人民政府在法制建设方面进行了诸多开创性的尝试，为中央人民政府的成立奠定了组织上和法律制度上的基础。党的十一届三中全会以后，我国社会主义法治建设迎来了新的历史时期。立法权行使逐渐常态化和稳定化，确立了立法是全国人大及其常委会的一项重要职权，将国家立法权扩大到全国人大常委会。实践证明，把大量的立法任务交付全国人大常委会，不仅大大推动了立法进程，而且对提高立法质量发挥了重要的作用，夯实了依法立法的基础和主体结构。这些历史和实践充分说明："从国家权力体系来看，立法权是最高的、最重要的、优先的权力，是国家制度的建立与更新的凭借。"①

二、人大主导立法的基本原则

人大立法职能的运行涉及主体、内容、对象、方法等诸多方面，但最关键的问题是由有立法权的人大主导、启动和实施立法的诸环节或各程序。因此，新时代人大立法职能的改进率先要确定有助于提升人大主导立法运行机制的基本原则。根据《立法法》，这些原则主要是指依法立法、科学立法和民主立法等原则。

（一）依法立法

在中外学术研究中，立法主体并非铁板一块，趋于共识的概念。相反，立法主体的内涵和外延存在较大的分歧。从历史上看，"立法机关"概念的形成，深受英国洛克和法国孟德斯鸠的影响。二人认为，立法机关就是为社会制定法律的机关。由此形成按照功能来划分立法主体的传统。伴随着社会分工的细致和多元，西方世界经历了立法程序中行政机关的强势参与，导致行政部门几乎操刀大部分法案的起草，架空议会的局面。由此人们看到了各类参与立法活动或者被授权的主体，分享部分立法权能的现象。这一现象背后的本质，不是行政机关获得了立法权，而是立法权被行政权分解。

国内对立法主体的探讨肇始于改革开放，并在两种意义上使用立法主体。周旺生教授认为，立法主体存在法治意义上与功能意义上的区分，相应地，划

① 郭道晖．论国家立法权［J］．中外法学，1994（4）：9-19.

分立法主体范围的标准有二：一是享有立法权；二是对立法活动起实质作用。[①]具体来说，可以将立法主体界定为依法享有立法权的机构、组织如人民代表大会、国务院等，以及人民代表等特定的个人。[②] 这是立法主体的法治论。立法主体功能论的视角，对立法主体拥有权限在所不论，客观地注意到相关主体参与到立法程序中，并实质上影响到了立法的进程和走向的立法参与或委托或授权的现象，但这种界定实质混淆了立法权的法定主体和立法运行中形成的法律关系的主体。立法法律关系的主体根据《立法法》的规定，应当包括立法职权主体和立法参与主体。[③] 本书在第四章就已谈到，将立法法律关系主体划分为作为立法的活动主体和关于立法的活动主体，前提就是是否拥有立法权限。

立法法在2015年、2023年经过两次修订，由此带来了学术界实务界对地方立法主体命题抑或地方立法权限命题的探讨，具有重大的研究价值。本研究认为，关于立法主体尤其是地方立法主体问题，回归到主体本身的理论，即主体的资格和行为两个要素，从而构成权利能力层面和行为能力层面。2015年立法法修改，地方主体体系扩容，实质在于增加了权利能力的享有者，从而扩大了地方立法权主体的范围，产生设区的市的立法主体。2023年立法法的二次修订，则是聚焦设区的市的立法主体，扩大其立法权限的事项，其实质还是立法主体问题，也就是主体的行为能力的建设问题。

因而，立法主体的制度建设问题，就包括权利能力的建设和行为能力的建设。如果以立法体制为研究对象，根据规范分析的逻辑路径，《立法法》所确立的立法体制构成了立法主体中的立法职权主体的法定依据。《立法法》确立的立法民主原则构成了立法参与主体的合法性来源。目前国内关于立法中的主体涌现诸多研究成果，呈现出“立法主体”以及“法案起草主体、立法前（后）评估主体”及专家、公众等立法参与主体并存的态势。具备立法权利能力的主体，就是依法享有立法权的主体，包括全国人大及其常委会和地方有立法权的人大及其常委会。相关人大及其常委会中的工作机构如法律工作委员会等，则是人大的工作部门。如果说人大立法本质在于议事，那么，立法权的实现方式，即规范性文件的立改废，核心在于立法项目的选定、法案的拟定和审议。这是作为立法的活动和作为立法的活动主体。至于立法机关主导下，政府参与立法，邀请专家、团体代表和社会公众参与到立法的某一环节，这些或委托或参与，

① 周旺生．立法学［M］．北京：法律出版社，2004：86.
② 汪全胜．制度设计与立法公正［M］．济南：山东人民出版社，2005：32.
③ 陈光．我国区域立法主体制度探析［J］．兰州学刊，2009（9）：149-153.

只能构成立法法律关系的主体，为“作为立法的活动”服务，本书称为关于立法的活动主体。①

（二）科学立法

简言之，科学在于掌握和运用客观规律。至于规律，则是指客观事物之间内在的本质的必然联系。因此，科学是建立在实践基础上，经过实践检验和严密逻辑论证的，关于客观世界各种事物的本质及运动规律的知识体系。立法的科学化，就是立法应该符合立法事项的社会现实与规律。

立法是一个复杂有序、富于变化的动态发展过程。这个动态发展过程围绕着集中民意，整合形成以执政阶级为代表的共同意志，是一个通过法定程序上升为规范性法律文件的有机整体。初步酝酿，整合立法诉求，表达共同意愿，就是这一动态发展过程中的重要起点，通常经由立法规划、法案起草等环节付诸实施。从立法形式来看，制定、修改和废除是对既有的草案文本上升为法律效力的不同表现形式。从内容来看，法律是掌握政权的阶级的共同意志，而制定、修改和废除是对这个共同意志上升为法律的诸过程、程序的高度概括和凝结。共同意志从哪里来？相关主体的提起、论证、草拟，这些立法准备工作的重要性得以显现。具体来说，立法准备工作主要包括两项内容：一是通过立法决策和立法规划，确定立法项目；二是法律案的起草。规划与起草的顺利完结，为共同意志上升为法律的目标夯实基础，添砖加瓦。包括对立法进行规划、调研和起草程序时，应当深刻了解社会发展的规律和社会的现实需求，并结合法律自身发展的规律，以保证规划、调研和起草的科学性。经过科学洗礼和浸染的立法规划和法案草拟，为形成高质量的规范性法律文件夯土强基，不可或缺。

1. 影响立法决策科学性的主要因素

立法需要决策，基于公众咨询和专家论证的基础上，这样的决策才更有效，也更科学。那么从何处可以获得关于决策的信息呢？

一般来说，成文立法过程可以分为立法准备、立法确立和立法完善三个阶段。立法准备阶段重在两个环节，即立法项目的遴选和法律草案的拟定。选定主要项目，草拟法律文案，都离不开信息的搜集，加工和判断。借用学者胡鞍钢的研究，从信息结构和决策结构两个视角来说明影响决策的因素。②

一是主体的信息和知识结构。比如，立法者通常需要他人或者其他主体提

---

① 作为立法的活动主体和关于立法的活动主体的分析，请参阅本书第四章第三节“人大转型与立法职能的发展”部分的相关论述。

② 胡鞍钢．中国集体领导体制［M］．北京：中国人民大学出版社，2013：14-15.

出法律议案，在这一立法权行使的机构中，每个人及相互之间总是存在着信息和知识的不对称，任何人不可能获得全面的决策信息，更无法保证根据自己的信息渠道作出判断的正确性。因此，主体之间频繁交流、充分沟通、共同分享信息有助于降低信息和知识的不对称性、不确定性和不完全性。政府派人参加立法项目遴选、面对面信息互补、对话交流，才能真正做到多谋善断，才能最大程度形成共识。获得公众对草案文本、审议稿的咨询意见，都是充分获取信息的有效途径。

二是决策的结构。研究指出，① 现代法治国家特别注重不同利益集团之间关系的协调，尽量达到多数派与少数派，强势群体与弱势群体的均衡，在制度上都是地位平等的，他们的表达和利益诉求作为权利得到保障。建设法治国家，既要以民主为前提，更要以民主为目标。这就需要健全公民参与法律制定的机会和形式，参与公共事务的决策，参与立法，按照少数服从多数的原则来达成具有强制力的共识。从权利的便利行使层面来看，既包括以立法确认权利的名目和形式，更应该扩充渠道创新机制给予大家知情权和参与权。

2. 立法规划中影响科学性要求的主要问题

立法准备的主体可以是立法权享有者，也可以是立法权享有者委托的机构、组织和人员，还可以是虽不享有立法权亦未被委托、单独从事有关立法活动的组织和个人，立法准备的开放性决定了其复杂性。一般意义上，立法科学的内容主要涉及立法项目选定、立法调研和立法起草。囿于篇幅，本节主要探讨以立法规划为主，以立法调研和立法起草为辅阶段的主要问题。

我国从 20 世纪 80 年代开始重视立法规划的制定和实施。在人大的实践中，七届全国人大及其常委会最突出的工作是增强立法工作的计划性，加快立法步伐，1988 年制订了五年立法规划。1991 年又修订了立法规划，确定了必须如期完成起草和抓紧调研论证的一批法律草案。

尽管从理论阐述上，制订立法规划是理性安排和建构立法活动的预测，但是立法规划的执行率不高仍是不争的事实。在《立法法》修改之前，据统计，立法规划的实现率在 50%左右。② 立法规划是在一定时期根据特有的条件和情形制定的，虽然具有科学性和前瞻性，但是从归根结底的意义上说，立法永远要以社会需要尤其是社会物质生活条件为基础；而该条件往往处在变动不居之中，因此，立法规划在实施过程中被修改不仅有可能，而且还具有必要性，这

① 季卫东．大变局下的中国法治［M］．北京：北京大学出版社，2013：44.

② 刘松山．立法规划之淡化与反思［J］．政治与法律，2014（12）：86-96.

就要加强立法准备阶段立法项目的充分说明理由环节，从而进行详细的立法论证。然而为了保证立法计划实施的连续性和立法程序的系统性，立法规划的实施以不变为常态，仍然有必要提高立法规划的执行率。

与立法规划的科学性密切相关的就是立法调研，立法实践中立法调研环节存在的问题主要表现在以下几方面：首先，立法调研开展较为随意，缺乏制度支撑。立法调研的程序上的前置和强制性引起的关注和重视还有待加强。在立法调研的名称上比较随意，称为“立法调研组”“立法调研会”，或称为“立法调研座谈会”；根据表现形式称为“立法调研报告会”等。这些名称的不统一，足以说明立法实践中对立法调研不够重视，立法调研的规范性不足。其次，立法调研时机不恰当。通常是起草出法规草案初稿后再搞调研。这样导致立法调研是为了对法规草案初稿找寻“合理性”而进行研究论证，很容易造成先入为主的逻辑错误，造成立法成本过高，立法脱离生活实际等，为法的实施埋下隐患。在实践中，这种在形成草案稿后，经由调研修改草案稿的做法仍然非常盛行。最后，立法调研的范围较为狭窄。立法调研单位和人员在调研时往往只注重对行政执法部门的调研，注重征求某些领导的意见，而忽视了作为行政管理相对人的公民、法人和其他组织的意见，特别是论证时不注意吸收有关专家的意见。

3. 法案起草中影响科学性要求的主要问题

法案起草方面的主要问题表现在观念层面和技术层面。一方面，受历史传统的影响，行政权强大有力且由行政执法塑造的生活和秩序传统源远流长。政府统管一切经济活动的模式的影响还未完全消除，同时政府职能的行使也还未从管制思维中解放出来。另一方面，政府部门难以割舍以前所享有的经济权力与利益，仍然习惯于扮演社会经济交往中的一身兼任“运动员”与“裁判者”的双重角色。基于两方面的相互作用，体现在立法上则是政府及其相关部门享有主要的立法起草权，进而在实质上形成了政府部门在立法起草过程中倾向于保护与维持自身利益的奇特现象。

在起草的技术层面，一旦启动到具体的事务上，似乎容易忽视务虚方面的建设，忽视或者淡忘对立法政策与内容、立法技术与形式上的区分，致使起草组织力不从心，以至于投入不少的人力、财力，却不断延长立法起草时间，速度迟缓。根本原因在于提案者或起草思路与立法意图出现罅隙，没有契合相关政策或立法本意。而法案起草过程中的一次次研讨、论证和调研，就是回归决策者的立法意图及协助决策者形成和明确立法意图的双重任务。如果起草的法案不合提案者的初衷，必然引起大幅度的修改或重新起草。因此，在人大主导起草环节，对这个务虚的工作——回归立法目的的讨论和论证不可缺少。

（三）民主立法

坚持民主立法，突出地表现为增强协商民主的增量，让更多的公众参与到立法中来。加大立法信息公开有利于提高公民参与立法的程度。正是在这个意义上，民主立法转变为提升公民参与立法程度的原理或准则。

1. 坚持协商民主实现公民有效立法参与

细节决定成败，实现立法中有效的公民参与，一系列细节问题需要予以高度关注。约翰·克莱顿·托马斯所著《公共决策中的公民参与》一书的相关论点，值得学习和借鉴，那就是立法机关应当始终坚持区分“做什么和不做什么”原则，开启公民有效立法参与。①

首先，切忌把公民参与本身当作是非评判的标准。应该知晓，有一些问题可以借助公民参与得到解决，而另外一些问题则相反。这就使得是否需要公民参与和如何吸引公民参与等问题的确定变得尤为重要。公民参与立法的成败，关节取决于立法机关是否了解应该怎样吸引公民参与以及怎样为公民有效参与提供便利条件。这就要求公共权力者高度关注公民参与的科学规划和细致安排。

其次，知悉经由公民参与可能获致的目标。对于立法机关而言，公民参与一般来说至少提供两个便利：一是在相关决策问题上获取有关公民偏好的信息；二是作为决策有效执行的先决条件，增进公民对决策结果的可接受性。因此，不能夸大公民参与的裨益，决策者需要在运用公民参与前已经界定了他们希望从公民参与立法中得到什么的目标。

最后，提前确定可以适合与公民协商的问题。立法中存在决策，而所有的公共决策都伴随着满足决策质量的要求，这些要求或是科学的层面或是技术层面抑或是财务预算的限制等。所以明确公民参与的范围至关重要。

2. 观念上从咨询民主走向协商民主

马克斯·韦伯最大的贡献就是将工具理性和价值理性运用到社会科学的研究之中，并进行有机的结合。借用韦伯的研究，将其运用到立法民主的转型发展，从只重视民主程序等立法技术的设定的工具理性，转向从内容和理念上对民主作为一种价值理性的弘扬。中国特色社会主义进入新时代，在探索国家治理体系和治理能力现代化的过程中，人大从选举民主到协商民主顶层设计的规范下，兼具价值理性和工具理性的制度设计，正是人大主导立法转型发展的新

---

① 托马斯．公共决策中的公民参与［M］．孙柏瑛，等译．北京：中国人民大学出版社，2010：108-110.

机遇。

所谓咨询民主，意指决策者主动、自觉地采取一定形式，获取公民或团体等对相关政策等提供的知识或建议。从咨询民主走向协商民主，不妨借鉴俞可平教授所研究的协商民主和咨询民主之间的差异。

> 协商民主和咨询民主的区别主要表现在四个方面：第一，主体不同。协商民主的主体是多元的，所有协商的参与者都是享有民主权利的主体，或者是政党，或者是公共权力机关，或者是公民；咨询民主的主体则是单一的，比如某项政策的决策过程中，政党或政府是决策者，咨询的对象则不是当然主体。第二，主体间关系不同。协商民主中的主体是平等的，权力运行是网络式的。咨询民主中双方的关系是不平等的，决策者居高临下，咨询者是被动接受。权力运行是单向的。第三，政治过程的规范性不同。协商民主是由法律和制度来确定的，根据规则来施行，不是由个人来随意决定的；咨询民主在很大程度上由决策者个人或者某个决策集团来决定的，随意性比较大。第四，决策过程的重点不同。协商民主强调决策前的共同参与、慎重考虑和理性对话，达成共识；而咨询民主更多的倾向于决策既定条件下的补充，听取意见。①

3. 实施协商民主的路径

协商民主是中国特色社会主义制度的重要民主形式，各级立法机关坚持开门立法、透明立法的原则，加强立法听证、立法论证的实践，扩大公民的政治参与，不仅提高了立法质量，而且增强了法律实施的成效，体现了以人民为中心的理念在立法中的践行和贯彻。

赓续民主协商的优良传统。法治中国建设的经济基础是社会主义市场经济，政治基础是社会主义民主政治，文化基础则是社会主义核心价值观所代表的当代中国先进文化和中华优秀传统文化。一方面，民主意味着一定的国家制度、社会成员的权利保障，以及国家公职人员的民主工作方式和社会普遍的民主意识；另一方面，与其他一切民主政治的基本元素一致，强调社会以多数人的共同意志为基础，信奉人民享有管理国家的平等权利，承认公民在法律面前一律平等，任何组织或个人都不得有超越宪法和法律的特权。民主既是法治的前提，

---

① 俞可平，等．中国的治理变迁：1978—2018［M］．北京；社会科学文献出版社，2018：125.

更需要经由包括立法活动在内的法治予以保障。立法的民主包括立法的目的、立法的内容和立法程序上的民主，构成了法律规范体系的制度框架和理论格局，为法治国家奠定有法可依的基础。因此，与民主政治相联系的法治的某些特征必然也反映到社会主义法律运行的原则中。坚持科学立法、严格执法、公正司法和全民守法，从而建立起有利于提高效率、增强活力和调动各方面积极性的规则治理，这样就为弘扬规则之治的法治方略奠定牢固的政治基础，敬畏国家权力、权力依法行使蔚然成风。

享有立法权的人大及其常委会机关是制定法律、法规的立法主体，在立法中运用民主协商是我国人大制度的基本特色。著名法学家张友渔对立法协商做过充分的解读，他说："我们民主的一个突出的特点，是不只实行着少数服从多数的原则，而且在事先实行民主协商原则，取得各方面的一致或多数一致的意见。"①

改革开放以来，坚持宪法修改的全民讨论和参与民法典的制定，协商民主制度在立法修法中不断获得发展。2015 年，中共中央颁布《关于加强社会主义协商民主建设的意见》，强调要积极开展人大协商，同年修改的《立法法》确认了开门立法的基本原则。

立法关乎多数人的利益，因此有必要跳出立法主体权力配置的老路，以科学品格和民主价值的进路，对立法机关内部关系和立法机关外部主体关系予以重塑。跳出各方主体的简单参与，将改革的重点放到职责体系、运行机制的科学化和民主化层面。

第三节　人大主导立法的外部保障机制

一、坚持和改善党领导下的人大主导立法

党领导立法，涉及两大主体，执政权和立法权两个权项，所以坚持党领导立法始终处在执政党与人大这一对关系结构中。有立法权的人大及其常委会，是党领导立法的直接载体。党对立法的领导必须运用好人大及其常委会这一平台。完善党领导立法，其基本路径就是，党引领科学立法、民主立法和依法立法的方向；支持有立法权的人大及其常委会的立法工作。

① 张友渔．张友渔学术精华录［M］．北京：北京师范学院出版社，1988：458.

新中国成立70多年来，我国中央立法领域形成了产生全国人大及其常委会出台规范性法律文件的立法程序，即法案的提出、法案的审议、法案的通过和法案的公布等四个环节。而在党领导立法和人大主导立法的关系结构中，党领导立法的程序和人大主导立法的程序需要分别设计。程序的遵守和实施有利于党对立法决策的科学把握，人大行使主导权更要经过程序的设计和保障。从国家治理结构的内部视角看，党的领导——人大立法的关系结构始终处于一种历史的、动态的平衡状态当中，党是执政主体，是执政党，享有立法权的人大常委会机关是立法主体，党领导立法是执政党的应有之义。人大主导立法的权力是人民代表大会制度不断完善的重要构成部分。具体来说，程序设计应当聚焦党领导立法的工作程序的规范化、制度化。

在进一步贯彻《2016年意见》的框架下，规范党领导立法的工作程序，通过制度化的机制保障党的主张通过法定程序，成为国家意志。党对人大立法的领导，是依法执政的重要组成部分，因此在逻辑上必然遵循科学而法定的程序展开。党对人大立法的领导程序从党内法规中的经验性操作，上升为法律的形式，从而使党领导立法的程序具有规范性和普遍性的保障。十八届四中全会提出"完善党对立法工作中重大问题决策的程序"，对此，可以考虑重点完善党委重大事项决策程序、党委建议决策传递和推进程序、立法机关转化程序等程序规范，并确保各部分程序规范的连贯和协调。①

规范各级党委提出立法建议的程序。向有立法权的人大提出立法建议，是有立法建议权的党委领导立法的重要途径。提出立法建议要采取书面形式，载明具体而体系化的内容，而不能以领导人的讲话、批示等形式提出，因为后者具有简约、及时和针对性等优点，但不具备系统性、规范性和稳定性。今后要加强提出立法建议的主体、内容标准和范围、形式、可行性等方面的程序性规范。②

明确党委审定立法规划（计划）的审查标准。完善党对立法的领导，重点立足于党对立法工作的政治领导，而审定立法规划、立法计划是最重要的工作内容，属于重大立法事项。③ 因此，需要明确党委在审定上述重大立法事项时的审查标准。根据中共中央出台的《2016年意见》，"在提出党中央指导国家立法

---

① 秦前红．依规治党视野下党领导立法工作的逻辑与路径［J］．中共中央党校学报，2017（4）：5-14.

② 夏引业．新时代加强党领导立法工作研究［J］．岭南学刊，2018（5）：88-93.

③ 王建芹，赵银．加强与完善党领导立法工作制度的若干思考［J］．廉政文化研究，2021（1）：38-45.

规划计划编制、审定立法规划计划的同时，还明确要求，有立法权地方的党委，也要加强对本地区立法规划计划编制活动的领导，统筹安排好本地区立法工作”①。2016 年意见中所明确的审查标准强调了党的方针、政策，属于高度概括式的。党对立法工作的政治领导同样需要体现在路线上，即将路线同时纳入审查标准。② 党的规范性文件明确了有立法权的人大出台立法规划、立法计划的根本遵循，应当围绕党在不同时期所确定的各项路线、方针和政策，收集采纳民意，通过民主协商，以党的意志为引领科学整合从而实现党对国家社会事务的领导。体现了有立法权的机关坚持党的领导的态度，最终促进执政党领导人民和服务人民的统一。党审定和指导立法规划和立法计划，使党的主张经过法定程序上升为国家意志，带动人民群众实现党的路线、方针、政策，体现了党领导人民制定宪法和法律，依法管理国家；党依照人民的意志和愿望制定和实施法律，以法律保障人民利益，体现了党对人民的服务关系。③

具体来说，党委在审定有立法权的人大立法规划、立法计划方面，可以在党委与人大之间建立起类似联席会议的制度，形成稳定的互动机制。通过常态化会议的协商和指导，共同确立立法项目进入规划计划的基本原则、条件和程序，促进立法建议能够立项并进入立法规划计划，具有较为明确、可操作的标准，不因部门以及地方负责人的地位职权高低而改变，也不因党政及其部门负责人个人的变动而改变。④ 在此基础上，尝试探讨确定立法项目的原则，衡量立法规划、立法计划是否契合国家重大战略实施、区域发展定位；是否促进高质量发展和乡村振兴；是否属于重点领域、新兴领域的立法；立法先行是否深化和保障改革；是否属于人民群众普遍关心的热点难点问题等。

规范人大常委会党组及时报告制度。1993 年 7 月 2 日，八届全国人大常委会第二次会议决定任命顾昂然为法制工作委员会主任。在立法工作中坚持党的领导，及时向党中央请示。就像他所说的：

> 坚持请示报告。法律涉及党和国家的政策，在起草审议制定过程中，各部门、地方和各方面会提出各种不同意见。怎么办？我坚持从实际出发，贯彻党的方针政策，从全局、从人民的根本利益考虑。在组织上坚持请示报告。八届全国人大后，王汉斌不再兼任法律委、法工委主任，但分管法

① 刘松山．地方人大立法规划的十个问题［J］．地方立法研究，2020（4）：1-14.
② 刘松山．党领导立法工作需要研究解决的几个重要问题［J］．法学，2017（5）：3-11.
③ 蒋立山．中国法治道路初探（上）［J］．中外法学，1998（3）：20-32.
④ 刘松山．地方人大立法规划的十个问题［J］．地方立法研究，2020（4）：1-14.

> 律委、法工委的工作。每部法中的问题，我都向王汉斌汇报，请王汉斌主持开会讨论……对法中有重大争议的问题，向常委党组和中央请示报告。我觉得，既然党和国家把自己放在这个工作岗位，要有政治责任心，在起草制定法律时，要能抓住问题，从党和国家利益出发，敢于提出来，并且要提出解决问题的方案，这样才有利于中央正确决策。①

这段话提供了经验性的做法，有利于全国人大及有立法权的地方人大坚持履行向党委请示报告。

从义务主体来看，由人大常委会党组向上级党委请示报告。人大常委会是人大的常设机构，没有向上级党委请示报告的义务。而人大常委会党组是党委派出机构，在组织关系上，有对上级党委请示报告的义务。“人大常委会不须向党中央请示，但作为人大常委会党组有这个必要。凡是重大问题，必须由党委研究的，就应当请示。”②《全面依法治国决定》指出，“凡立法涉及重大体制和重大政策调整的，必须报党中央讨论决定”，“法律制定和修改的重大问题由全国人大常委会党组向党中央报告”。决定虽然针对的是全国人大常委会党组向党中央报告的事宜，但国家治理中地方立法治理是重要的组成部分，因而设区的市以上的人大常委会党组就法规制定和修改的重大问题向同级党委履行报告程序，完全符合决定的精神和宗旨。

从性质来看是行使建议权。全国人大常委会的党组向党中央报告，发挥的是建议权，而党中央行使的是决策权。这是完全符合党章的规定的，2022 年修订的《中国共产党章程》第 16 条第 1 款规定：“有关全国性的重大政策问题，只有党中央有权作出决定，各部门、各地方的党组织可以向中央提出建议，但不得擅自作出决定和对外发表主张。”

从请示报告的事项和范围来看，全国人大常委会党组向党中央报告重要问题的同时，需要将各方面提出的不同意见、主要问题及拟定的解决方案一并呈报中央，这样有利于中央进行决策。就地方立法来说，重要问题和事项主要包括：坚持围绕当地党委的中心工作审定立法计划，报请党委审定；坚持立法工作中的重大问题、重要事项及时向当地党委请示报告；坚持法规草案二审前报当地党委研究审核，经党委同意后提请审议表决。

---

① 顾昂然．回望：我经历的立法工作［M］. 北京：法律出版社，2009：123.

② 张友渔．张友渔文选：下卷［M］. 北京：法律出版社，1997：517.

二、认真对待人大主导立法与政府发挥基础作用的关系

人大主导立法，必须在中国共产党的领导下，与发挥政府立法基础作用、加强政府内部的整体统筹结合起来。迄今为止，人们对行政权的认识逐渐科学、清晰，从最一般的意义上来说，行政权即执行法律的权力，它与制定法律及对法律纠纷进行裁决的权力相区别。我国法学界一般认为，行政权是“由国家宪法、法律赋予的国家行政机关执行法律规范、实施行政管理活动权力，是国家权力的组成部分”①。从职权法定的原则来看，在宪法的国家机构设置格局中，人大与包括政府在内的其他国家机关之间是分工合作，相互配合的关系。② 在国外，政府参与立法是政治生态的常态。“根据任何一个现代化国家的法律秩序，都没有……行政机关被排除在从事立法之外的。”③ 我国的人大常委会机关很长一段时间被外界诟病为“橡皮图章”，无不说明在立法事务中政府不仅参与，而且不断对立法过程和结果施加影响，也就是“部门主导立法”④。国内外的立法实践充分说明，政府参与人大立法是必要的，但必须在宪法和法律的框架内进行，这既是行政机关依法行政的需要，也是人大主导立法的重要支撑。“人大并不僭越职权直接处理各类社会事务代替其他机关的职能，因此人大在行使立法权的过程中，通常离不开与其他国家机关的合作。即由其他国家机关向人大提供相应的立法资源，人大吸纳来自其他机关的经验建议以确保立法决策的合理性，这种合作的展开使国家行政机关的政策被人大立法所巩固成为可能。”⑤ 各级有立法权的人大坚持在党中央和地方党委的领导下，注重做好立法的综合组织协调工作，同时兼顾发挥政府强大的立法资源优势。

综合上述，处理好人大常委会党组与政府党组的关系，做好定期沟通工作，既要从政府手中“收回”部分立法权，又要有效地用好立法权。⑥ 具体而言，人大立法与政府立法参与之间的正确打开方式如下：

首先，人大主导立法的核心在于人大立法职权的回归，将分散在各个阶段

---

① 罗豪才．行政法学［M］．北京：北京大学出版社，1996：4.

② 参见本书第七章第二节“人大主导立法的理论基础”部分的相关论述。

③ 凯尔森．法与国家的一般理论［M］．沈宗灵，译．北京．中国大百科全书出版社，1996：300.

④ 参见本书第四章第二节“人大履行立法职能的困境与反思”部分的相关论述。

⑤ 覃李慧．当代中国养老制度发展研究：以政策与法律互动为中心的考察［D］．长春：吉林大学，2022.

⑥ 郭树勇．从立法改革的难题看民主对于法治的作用［J］．理论与改革，2016（3）：50-53.

的立法权收回。不是人大一枝独秀承担立法重任，事事躬亲。人大主导立法，用好法律法规立项、起草、审议、通过、普法等立法诸程序。中外理论界之所以对立法主体的内涵和外延存在分歧，就是因为立法权的分散性和行政权的扩张性。立法权的行使具有阶段性，可以分散为立法提案权、立法审议权、议案表决权等相关权能。众多非法定立法主体或参与或授权分享提案权、起草权，立法的民主性达标了，但不等于科学性也达标了，可能影响立法的终端产品的质量和社会对立法机关的评价，更影响法律规范体系的建设。与之相反，行政权具有扩张性，因为其本质就是执行，如若执行标准和程序缺失则可能带来行政权的滥用、越位等现象。孟德斯鸠所说的“一切有权力的人都容易滥用权力，这是万古不易的一条经验。有权力的人往往使用权力一直到遇有界限的地方才休止”，用来指称行政权的扩张是极其合适的。按照这个逻辑，行政权通过参与立法进程进而行使立法提案权或起草权，其实质不是立法权，而应当是行政权的延伸。因此，在立法权的职能层面，人大主导立法和政府参与立法，就是一组矛盾的对立面。人大被分散的各个阶段的关于立法的活动，最终由立法机关来取舍和决策，从而实现人大对立法准备阶段的主导，因此，人大的主导从立法的准备阶段业已开始，做到尽早介入为好。与此同时，要善于运用政府机关掌握大量社会生活方方面面的信息和资源的优势，政府提供信息，形成和其他社会主体机会均等的立法建议方案或法案起草文案等，供立法机关筛选采用。也就是说，将政府立法参与置于宪法和法律的框架之内。

其次，人大主导立法，政府依然要在立法中发挥基础性的作用。按照《2016年意见》的要求“重视发挥政府在立法工作中的重要作用”，肯定政府在提出法律案、法规案，制定行政法规、规章等方面担负的重要职责。在权力属性上，行政权属于执行权，熟谙实践中的实际情况和实施中产生的相关问题。政府的职能部门，奔走在法律法规执行的第一线，熟悉社会、经济、政治、文化等各方面的实然状况，这就为行政机关及时捕捉到法律法规在实践中出现的新情况、新问题提供了便利，并且政府部门相对庞大而完善，人才济济，因而也最能够提出有针对性的立法建议项目。法规如何规范在很大程度上与政府部门日后的利益休戚相关，因此，政府部门也是众多提案主体中最具积极性、主动性的一个，① 行政机关在立法参与中的作用更加凸显，与人大的合作将更加密切。

再次，遵循法治政府原则。习近平法治思想强调，全面依法治国是包括法

---

① 高轩．完善地方人大立法立项机制［J］．人民之声，2020（4）：60-62，59.

治国家、法治政府和法治社会的全方位的法治建设，其中，法治政府建设起着表率和火车头的作用，必须依法划定行政权力的职权范围和责任清单。因此，在人大主导立法的过程中，对行政管理类法律关系的立、改、废过程中，既要科学规制行政权力的行使，合理设定权力和责任等构成性规范；同时在保障政府依法行使国家权力的同时，充分保护公民合法权益，促进社会治理的法治化。

最后，客观公正地对待政府的提案权。从社会创新驱动层面来看，作为政府的创新则具有表率作用。作为社会的组织者、管理者和服务者，政府有能力调动各方面的积极因素，敏锐捕捉到社会民生的热点、痛点和焦点问题，并形成提案。所以政府在提案权方面的创新举措就显得尤为重要。改革人大主导立法的前提下的各级政府的立法参与，不是控制政府的权限分配，也不是技术上的数量分析和利益协调，而是要从国家治理的角度，改变政府行政的既有观念和方向，主动与人大常委会机关有效沟通，意识到政府参与提案权是为立法服务，并以此为切入点，实现从管理型政府向服务型政府的转变。

三、坚持人大主导立法与公众参与立法相结合

立法是对资源和利益的一种集中性配置过程。对利益的追求是人类的本能，尽管利益通常表现为个人利益，但利益并不必然表现为对自我私利的片面追求，利益有个人利益、集体利益、公共利益之分。通过立法对利益进行分配是最具有影响力的分配，立法善于确立一种稳定的利益格局，从而使利益固定化。因此，在立法过程中，使利益相关主体充分地表达自己的利益诉求，并经过充分的民主决策程序得出最佳的利益分配方案至关重要。这就意味着，“在立法机构中，仓促决议往往有害而无利。立法机构中意见的不同、朋党的倾轧，虽然有时可能妨碍通过有益的计划，却常可以促进审慎周密的研究，而有助于制止多数人的过分的行为”①。充分协商、辩论是协调利益的良好方式，经由立法程序使利益协调一致，有利于法律在社会中得到良好的贯彻实施。这也是民主立法的应有之义，是践行公众参与立法的理论保证。

其一，坚持贯彻公共治理的立法理念，促进协同治理。公共治理，首先意味着治理目标的公共属性，即以公共利益为起点，谋求公共利益的最大化。对于政府来说，公共性是现代政府治理的最重要合法性基础，也是现代民主政治发展的内在要求。其次，公共治理意味着治理主体应当具有多元属性，包括政

---

① 汉密尔顿，杰伊，麦迪逊．联邦党人文集［M］．程逢如，等译．北京：商务印书馆，1980：359.

府、营利法人、社会组织和公众的广泛参与下的治理。① 环境保护、文化遗产保护等公共利益事项，环境权、文化遗产权等社会权的享有者具有广泛的群体性，权利的维护更是需要全社会的共同参与和共同治理。相较于中央立法，地方立法主体由于实施区域的有限，在创新方面易于先走一步。北京市地方立法结合公共治理的基本属性，成功地将公共治理的立法理念运用于环境立法和文化遗产等公共事务类立法实践。在规范性法律文件中贯彻实施协同治理理念，从而厘清权利和义务、权力和职责。

其二，吸纳社会组织作为第三方委托起草或参与起草法律法规。社会组织参与法案起草没有形成常态化机制，大概受下列因素的制约：一是规范化建设程度低，立法项目分类管理，随意性大，因法而宜，区分对待；二是人大与行政机关沟通协调力度不够，涉及具体的行政管理上的问题过于依赖行政管理部门或专业管理部门；三是社会组织自身发展不平衡，国家扶持与自我建设机制欠缺，无法提出令人信服的、可操作的可行性方案。② 高等院校、科研机构、专业协会和民间团体的发展，有利于进一步整合社会公众的意见，但是也必须有所区分并理解立法项目的性质，才能出台优秀的草案。

2017 年 6 月，中共中央、国务院印发的《关于加强和完善城乡社区治理的意见》明确提出，“改进社区物业服务管理。加强社区党组织、社区居民委员会对业主委员会和物业服务企业的指导和监督”。这是党和政府联合发布文件，对社区物业服务管理提出立法建议，围绕立法项目、决策事项予以部署。随后国务院修订的《物业管理条例》将“社区居委会对业主委员会的指导和监督”上升为该行政法规的重要条款。各地修订的地方性法规纷纷相应党和国家的立法建议，显示了人大对坚持党领导立法的政治执行力。其中，2021 年实施的《郑州市物业管理条例》在总则部分确立了物业管理应当坚持党的领导、政府引导的原则，同时规定构建党建引领社区治理下的物业管理体系。物业管理与民众的利益息息相关，也是社会治理的基础，将党的领导和政府部门引导作为压舱石，这是由物业服务和管理的性质决定的。物业服务产品的准公共性决定了基层党组织以及政府在物业管理活动中必须发挥必要的指导、协调和监督管理作用。③ 由此可见，物业管理、证券投资基金管理、突发事件应对等，社会组织发

---

① 吴兴智. 公共治理：服务型政府的理想治理模式［N］. 学习时报，2013-10-08（6）.

② 郭树勇. 从立法改革的难题看民主对于法治的作用［J］. 理论与改革，2016（3）：50-53.

③ 王必丰，叶劲. 北京和深圳物业管理立法比较研究［J］. 住宅与房地产，2020（13）：14-19.

挥作用的空间将会越来越大。而对于政府严格控制甚至实行行政许可的领域，比如建筑施工安全管理、民政救灾管理、交通治理等，社会组织发挥作用的空间就比较小。①

其三，完善立法决策中的民意采纳机制。在立法过程中，既要发扬民主、充分收集各方面的意见，又要对各方面的意见进行科学取舍、有效整合。这个过程实际上也是一个决策的过程。如何合理、充分地吸收民意是立法决策中亟需研究的问题。为了促进立法决策中的民意采纳，实现形式民主和实质民主的有机统一，在民意采纳过程中，应注意以下三点：一是避免先决策、再听民意，杜绝民主立法中的形式主义。二是完善民主立法决策机制，就决策主体、决策内容和决策程序特别是决策过程中的民主要求等事项作出规定。三是正确反映和兼顾各方面意见，特别要注意听取不同利益群体的意见，要允许各种利益团体充分表达自己的意见和主张。对于弱势群体、边缘群体和立法信息不对称、缺乏立法参与知识的人群，要从制度上保证他们充分表达意见的权利，可由有关党派、社会组织、律师或其他专业人士作为他们的代言人参与立法过程。在重视多数人意见的同时，也要尊重少数人的意见，不能仅凭声音的强弱对公众意见进行筛选、采纳，这样，才能在各种不同利益之间找出恰当的平衡点，使立法在最大程度上维护社会公平和正义。

其四，加强人大代表联系群众的行动自觉。从《立法法》和《代表法》的立法宗旨来看，人大代表的职能定位就是充分地主动联系群众，收集采纳整合民意，提出立法建议。通过“人民代表的”大会，实现“人民的”大会；通过代表行使权力，体现在党的领导下，归根结底是由人民行使国家权力。具体可以从两个面向同时进行：一方面，代表将主动联系群众，主动征集问题、诉求或建议作为基本职责，这就需要建立代表主动联系的激励机制。征集“群众建议的目的在于集中群众智慧，政府在征询群众意见的基础上，还有梳理、集中、提炼多数人意志的义务。公众的批评建议肯定是分散的，必须由政府主动地寻求、征询、召集，才能实现集中。政府的征集行为一定是先主动地‘征’，后认真地‘集’。征是基础，集是结果。征集的特点之一是主动性，就政府与民意的关系而言，没有主动地‘征’，就难有认真地‘集’”②；另一方面，群众主动找代表反映诉求，做到这一点有赖于健全选举制度、增强人大权威性和提高人

① 郭树勇．从立法改革的难题看民主对于法治的作用［J］．理论与改革，2016（3）：50-53.

② 汤啸天．人民建议征集制度探索［M］．上海：上海人民出版社，2017：115.

大社会影响力等。两方面形成良性互动，并经过协商和整合，促进人大制度的优势更好转化为国家治理效能。①

其五，进一步完善公众参与立法的制度保障。有道是“问渠那得清如许，为有源头活水来”。公众参与的有效性就是地方立法质量高良、清新如许的源头活水。实现立法民主的价值引领，既要在立法的各个环节界定和决策公众参与的民主价值的范围，更要将为权利立法，促进民生发展作为立法的主要内容。所以，立法的质量问题，与公众参与立法互为表里，既是两个独立的参数和规范设计系统，更是地方立法一个问题的两个方面。公民参与立法的成功与否，关键取决于立法机关是否了解应该怎样吸引公民参与以及怎样为公民参与的成功提供便利条件。也就是说，公民参与本身不是是非评判的标准，界定公民参与立法的范围和途径、形式，才是解决问题的最佳途径。现行《立法法》第六条规定：“立法应当体现人民的意志，发扬社会主义民主，坚持立法公开，保障人民通过多种途径参与立法活动。”就全国人民代表大会常务委员会立法程序和行政法规的起草阶段，《立法法》确定了座谈会、论证会、听证会等形式，从而对总则第六条进行回应，以保障参与立法。相较于座谈会，论证会、听证会的讨论议题更专业，更复杂，需要的程序也就更为严苛。

第四节　人大主导立法的内部保障机制

作为国家权力的一部分，立法权依法行使包含了立法职权的法定性和立法职权行使的程序性两方面的要求。人大及其常委会的一切工作和活动都必须符合相关法律法规，严格按法律法规办事，特别是按照立法程序办事。季卫东教授认为，“现代程序的基本特征是：处于平等地位的个人参加决定过程，发挥各自的角色作用，具有充分而对等的自由发言的机会，从而使决定更加集思广益、更容易获得人们的共鸣和支持”②。契合程序法治的立法活动，彰显法治价值和法治实践合法性的基础和来源，是法治国家和法治社会有序运转，保障民主和公民权益的前瞻性条件。发挥人大主导作用，就是要充分发挥各有立法权的人大的主导作用、人大代表的主体作用、立法的引领作用。树立问题导向立法、

① 浦兴祖．人大制度优势与国家治理效能［J］．探索与争鸣，2019（12）：11-13.

② 季卫东．法治秩序的建构［M］．北京：商务印书馆，2019：79.

便利法的实施的立法理念，充分发挥人大立法调研、法案立项、法案起草等环节的主导作用，本书将此归纳为保障人大主导立法的内部机制。

围绕立法科学和立法民主的实现，两者共同指向立法程序和机制的完善方面。而通过分析科学和民主两项立法原则的过程中，我们发现了一个立法职能的结合点，即法律法规草案，体现了立法的科学性和民主性的交汇和融合。立法职能围绕这个结合点来展开，因而它是立法活动的核心。草案一旦被通过成为正式的法律法规，它的现状和质量就是科学与民主结合的现状和质量。① 由此为了完成人大主导立法的优化路径，不妨转换思路，以法律法规草案的形成和公布机制来审视立法程序和机制的完善，立法准备阶段的四个环节需要特别重视：立法调研、法案立项、法案起草和立法中普法（如图 7-2 所示）。

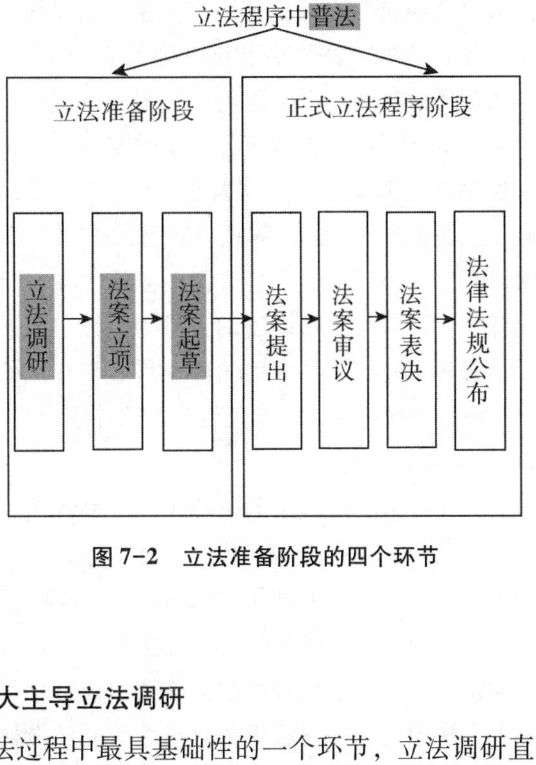

图 7-2 立法准备阶段的四个环节

一、坚持人大主导立法调研

作为整个立法过程中最具基础性的一个环节，立法调研直接关系到立法工作的实效和法律法规的质量，也是发扬立法民主，广泛征求民意的重要途径。建立和完善立法调研工作和实施机制是人大主导立法的重要保证。

---

① 黄建武．科学立法与民主立法的潜在张力及化解［J］．地方立法研究，2020（2）：1-13.

（一）立法调研的原则

立法活动作为法学研究和实践的重要环节和领域，要对社会现实和需要进行研究。这就需要运用一定的社会研究方法。社会研究是一种以经验的方式，对社会中人们的行为、态度、关系，以及由此形成的各种社会现象、社会产物所进行的科学的探究活动。作为一种常见的社会研究方法，调查研究广泛运用于立法的全过程。为了更科学地表达社会和公民的意志和愿望，提高立法项目的科学性和民主性，立法机关或者其委托的人员或群体围绕立法项目所开展的调查研究的一系列活动，就是立法调研。

首先，在观念上要重视立法调研工作。立法调研是整个立法过程中最具基础性的一个环节，它直接关系到立法工作的效率和地方立法的质量，也是发扬立法民主，广泛征求民意的重要途径。为此，应在总结立法调研实践经验的基础上，建立常态化、规范化的立法调研制度，确保立法调研工作的顺利开展。其次，合理确定立法调研的时机。为了避免在法案的审议阶段还要对立法项目进行调研的弊端，应当对立法项目进行充分调研的基础上，形成完备详尽的立法调研报告后，开始法案的起草工作。这既是立法程序的时序性的必然要求，也是立法过程必须遵循逻辑理性的具体体现。最后，适度扩展立法调研的范围。在进行立法调研的过程中，要广泛听取各方面的立法意见，努力使法规起草达到集思广益，协调统一。对参与立法调研的人员和主体也要扩大其民主性，通过邀请有关专家、学者和富有实践经验的法律工作者参加调研活动，请他们对法规起草过程进行全面、系统把关，力求使地方立法体现出科学性、全面性。

（二）立法调研的实施机制

各有立法权的人大在探索立法调研的过程中，充分利用高校和科研院所密集的优势，开门立法，从专家和社会中寻找经验和智慧，践行委托调研和招标调研的机制，极大地弥补了直接立法调研机制的缺陷，丰富立法调研制度。

一是直接立法调研机制。这种机制是指由立法机关或由其牵头组成调研团队对立法项目开展调研活动。对于综合性的立法项目，特别是事关经济发展和社会稳定大局的重大立法项目，由立法机关直接组织立法调研，邀请政府法制工作机构、专家学者和具有实际经验的相关人员，组成专门起草班子，共同调研起草。调研可以采取召开工作会议、座谈会、研讨会及实地考察等各种形式，丰富法规起草中的调研形式和机制。

二是委托调研机制。尽管立法权是一项极其重要的国家权力，但是并非意味着所有立法活动都要由立法机关独揽包办解决。对于立法调研、法（规）案的起草、论证等环节，完全可以委托科研机构、高等院校或专家学者、学术团体来进行。因此，对于部分理论性、专业性、技术性较强的立法项目，立法机关可以委托具有雄厚科研实力的高等院校、科研机构、社会组织、学术团体开展调研，最后根据委托协议对调研报告进行验收。

三是招标调研机制。对于群众特别关注、社会反响强烈并且意见分歧较大的立法项目，立法机关可以面向社会，公开法规所要调整的问题以及立法调研所应具备的条件等具体事项和要求，通过公开招标的形式选定立法调研主体和报告，根据立法调研招投标方案，由立法机关对中标人给予物质奖励，对于已经入围的投标人，给予适当的报酬，以调动全社会的立法积极性。通过这种鼓励竞争、择优选择的方式，可以将社会中的优秀法律资源予以利用。同时，如行业协会等非政府组织就可能被吸纳进来，使其作为立法调研、征求意见的重要对象，让其直接参与立法，起草立法草案。招投标机制的理论基础本质上是对委托调研机制的延伸，只不过在调研主体的产生机制方面不同罢了。委托调研机制侧重于发挥地方立法机关的主动性，通过民事代理的原理，在委托人和受托人之间签订书面的委托协议。通常地方立法机关凭借其自身的资源优势，能够主动与相关具有调研能力的科研机构、高等院校或者专业公司进行接洽、磋商等。而招投标机制是在委托代理的基础上，采用公开向社会发出招投标公告等形式向全社会招募具备特定条件的调研机构，向社会不特定的多数人发出公告，体现了平等和参与的民主精神。

二、坚持人大主导法案立项

人大主导法案立项是主导立法规划或立法计划的通俗说法。立法规划或者立法计划，是指享有立法权的机关根据国家的方针政策、国民经济和社会发展计划，在科学的立法预测基础上，作出的立法目标、措施、步骤等的设想和安排。①

立项需要决策，针对各种立法需求，作为人大主导立法的“关口”，其本质是以一种制度化的安排对各种立法需求进行筛查、遴选和整合，将最紧急、最充分的项目优先安排提案和审议。

民意有千万种，最具普遍性、最亟待解决的民意所反映的社会关系，应当予以安排提案或进入立法程序。坚持人大主导立法的主动性和积极性，坚守立法主导的主体性，发挥主体间性优势，充分利用政府、专家团队和公众参与等有关立法活动的主体的优势和积极性，协同配合。

---

① 朱力宇，叶传星．立法学［M］．北京：中国人民大学出版社，2023：151.

（一）立法机关善于发现利益的法律表达需要

人们行为的主要活动都与利益有关。正是在这个意义上，法律对人们行为的调整其实质就是针对社会利益的调整。如何确切地认识和恰当地协调各种利益当仁不让地成为现代社会立法的核心问题。“全面、正确认识各种社会利益是立法的起点”，“良好立法的基本点便是如何发现社会生活的法律需要，其中最重要的则是发现各种现实利益关系中的法律需要。”① 有利于立法利益的合理表达与分配。

利益反映着主体与其周围世界中对其生存和发展有意义的各种事物和现象之间的关系。利益分化导致法的产生，利益的发展决定法的发展，在社会中占据优势地位的阶级的利益需求通常更容易获得法的认可。但是法在多元化利益的冲突中，并不专横地保护某种特殊利益，立法实际是对利益的一种均衡。立法过程中利益的选择应具有主体性、受制约性、相对性和代价性。而利益选择与协调应遵循以下原则：合规律性与合目的性相统一、个人利益与整体利益相统一、利益最大化与法律人文性相统一。② 立法作为社会利益的接收装置和协调装置，一旦进入立法决策、立法审议等环节，无法达成统一意见或者遭遇多数人反对，那么立法程序将会趋于搁置。比如，20 世纪 50 年代以来，我国先后启动过 5 次民法典编纂的工作，诸多法律在制定或修改时留有余地，就是各方利益无法有效整合的结果。

从中央到地方，人大纷纷借助网络平台，公开征集立法建议，不仅有利于加强对行政权力的制约和监督，而且为公民提供表达诉求的平台和机会，从而增进人们对立法项目的接受感和公信力，增强自身的参与度和成就感。同时，要更好地利用互联网。作为成本较低、效率较高、涉及面较广的征集意见渠道，运用互联网征求公众意见已成为一种趋势，但由于公众对人大网站的关注程度相对较低，加之有的法规草案社会关注度不足，无不影响征求公众意见的实效。要使网络成为征求公众意见常态化的平台，就必须提高公众对相关人大常委会网站的关注度，官方网站贴近生活、创造条件，让公众主动、愿意接近。

公众不仅关心通过什么渠道、平台发表立法建议或意见，而且期待自己提出的意见或建议得到及时有效的反馈。因而，征求意见不是只公开公布平台网址或者二维码，有效期内，还应该及时反馈。比如，全国人大常委会法工委通过发言人向社会披露意见征集、吸收情况，就是其中一项重要内容。2021 年 6

① 朱力宇，叶传星．立法学［M］．北京：中国人民大学出版社，2023：85.

② 朱力宇，叶传星．立法学［M］．北京：中国人民大学出版社，2023：87-89.

月4日，全国人大常委会法工委举办的记者会上，发言人介绍了个人信息保护法草案二审稿公开征求意见的情况：共有239名社会公众提出776条意见，另收到来信12封，意见主要集中在细化完善个人信息处理规则、加强对未成年人个人信息保护、加大对非法收集买卖个人信息等行为的处罚力度等方面。这些成为个人信息保护法草案修改完善的重要内容，并最终体现在法律条文中。①

综上所述，针对征集居民建议应当具有两个转变。其一，征集居民建议已经成为编制立法规划或立法会审议必经且必须启动的、不可规避的程序，这是推行协商民主的规范基础。其二，变被动征集为主动征集。"主动征集，是指政府在制定决策的酝酿阶段，主动地向公众公布决策研究意向，有针对性地听取和汇总群众的意志和意愿。被动征集，是指在决策实施的过程中，甚至是事后把群众的建议、意见汇总起来，反馈给相关职能部门，助力政府部门针对已有的决策偏差及时进行调整，或做好解释说服工作。"② 分享部分决策权力，处理公共权力之前与权利平等对话，充分协商，将公民纳入决策的平等主体，大力促进咨询民主向协商民主的转型。

（二）改进思路或策略

一方面，坚持多一些科学发现，少一些主观设计。"立法者视野的视力必须聚焦到社会的立法需求范围内，就对待立法需求而言，立法者应当显示出科学发现的态度，而不应当是主观设计的思维方式。"③ 善于发现立法诉求，不能只追寻焦点事件高曝光率事件。

另一方面，注重立法信息或利益的筛选、整合的公正性和科学性。因为"公众（利益相关方）参与立法的核心，是在立法过程中充分反映自己的利益诉求进而实现最大化，而不是让公众简单地对法律的具体条款、专业术语等技术性内容发表意见。立法机关的作用是了解和协调平衡各方利益，寻求各方利益诉求契合点，然后在立法中给予充分体现。从这个角度讲，立法者本无意志，不过是用法言法语记录人民的意志而已"④。

（三）立法需求的确定原则及方法

实践中，既有的做法贡献了智慧和经验，即用逆向思考或排除法的方式，

---

① 王博勋．让每一个人的智慧在立法中闪光［J］．中国人大，2021（17）：21.

② 汤啸天．人民建议征集制度探索［M］．上海：上海人民出版社，2017：114.

③ 马新福，朱振，汤善鹏．立法论：一种法社会学视角［M］．长春：吉林人民出版社，2005：327.

④ 张晓，岳盈盈．打通立法与民意之间最后一公里：关于破解地方立法公众有序参与困局的实证研究［J］．中国行政管理，2017（2）：22-28.

确立立法项目遴选排除机制:① 非地方权限的予以排除；重复立法的予以排除；不是本市亟需的、不能体现本市特色的，暂不予以考虑；缺乏操作性的，暂不予考虑；相关部门意见不统一的，争议较大的，暂不予以考虑。这五个标准是值得推广的。

第二种方法可以称为以相对稳定为原则，变动为例外选择立法项目。考虑到设区的市立法能力和实践参差不齐，同时各地的立法需求也纷繁各异，所以，为了提高立法的科学性，避免过度依赖立法的民主，导致太多的意见或建议难以集中决策时，就要果断作出取舍，一旦通过评估或论证，立法的目标或定位就要确定下来。有研究针对这种情形，提出需求锚定的方法。意指经过对立法需求的评估之后，确定一个需求集作为此后立法项目展开的固定不变的立法目标和终极指向。②

（四）实施的主要路径

1. 征集立法建议

用好基层立法联系点制度。基层立法联系点的生命力在于扎根基层，反映基层的民意。通过收集、采取 、加工、吸纳等科学化的程序，转变成共同意志的一部分。若干个基层联系点的普遍性问题交汇和聚集，就产生了由点到面的升华。这个制度设计是非常合理的，符合人大主导立法中公众参与的视角。

设立基层立法联系点，便于线上线下征集普通居民的立法诉求和立法建议。普通民众主动提出立项建议，希望能够引起立项的效果。因此，民众提出立法项目，从而引起立法权的启动，希望有立法权的人大及其常委会形成开放思维，广为接纳。倘若没有人大代表及其他主体的及时提案，民众的请愿建议可能就被搁置，须等待相关主体进行提案，不能不说加剧了立法的滞后。从认真对待权利的角度，将收集普通民众的立法建议权交给基层立法联系点办理，对那些符合民意、极具普遍性和广泛性的立法建议实现由专门机构负责，跟踪调研，从而形成立法动议。

2020年，上海市人大常委会公开征集年度计划项目，取得了较好的社会效果和法律效果，总的来看，征集取得成功与人大的三个举措相关。其一，限定

---

① 刘伟东，张震．法规生命周期与立、改、废项目的启动：以上海三十年地方立法为视角［J］．上海人大月刊，2010（6）：32-33.

② 黄泽萱．地方立法主体扩容改革的立法需求悖论及其破解［J］．学术研究，2017（9）：54-60，177-178.

范围由居民进行不定项选择，明确征集 29 个年度计划项目。从图 7-3 可以发现，[①] 这些项目既包括与大家日常生活密切相关的事项，如全民阅读促进条例、公园管理条例、房屋租赁管理条例等，也有非常“高大上”的基础通信设施建设和保护规定等。其二，及时公布投票的最终结果。基础通信设施建设和保护规定成为投票总数最多的计划项目，这反映了居民对通信基础设施建设的立法期待以及由信息技术发展所带来的便利和实惠的高度关注。其三，投票事项与居民日常生活的工作息息相关，为征集立法项目的科学性奠定了基础。在新媒体平台发起的投票中，排在第二、三位的依次是上海市公路管理条例（修改）和上海市城市网格化综合管理条例（暂定名）。这也反映了上海居民对日常工作和生活、城市综合治理事项的要求与市域治理关注点的一致和契合。

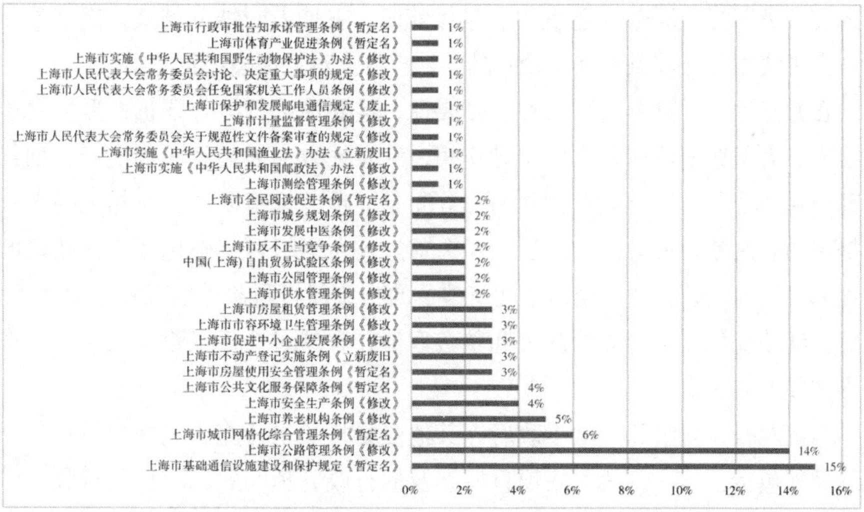

图 7-3 上海市民群众投票选择的 2020 年度立法计划建议项目

2. 主导立法项目论证

人大主导立法建议的论证程序，主要是针对法律法规草案中专业性、技术性较强且分歧较大的问题，邀请有关方面的专家对其科学性和可行性进行研究论证，以征求比较权威的意见，供立法机构审议时参考。

地方上的经验做法中，广东省关于立法论证的制度值得一提。《广东省人民代表大会常务委员会立法论证工作规定》（以下简称《论证规定》）界定了立

---

① 张楠. 2020 年度立法计划建议项目公开征集结果出炉 立法计划问计于民 [J]. 上海人大月刊，2019（11）：29.

法论证的内涵，参与立法论证的人员范围和主要论证程序等内容。《论证规定》第二条明确："本规定所称立法论证，是指按照规定的程序，邀请专家、学者、实务工作者和人大代表，对立法中涉及的重大问题、专业性问题进行论述并证明的活动。"关于参与立法论证的主体，《论证规定》第七条载明了主体范围：论证会举办单位负责人；相关领域的专家、学者等专业人士；相关领域的实务工作者；省人大有关专门委员会、省人大常委会有关工作委员会负责人和人大代表；省人民政府法制办公室、省人民政府有关部门负责人；相关单位或者人员等。该规定的第十条要求论证会按照下列程序进行：其一，主持人宣布论证会开始，介绍论证会参加人、论证的议题和论证会议程，说明论证会的目的、论证的重点；其二，有关单位负责人对有关问题和情况予以说明；其三，论证会参加人员围绕论证会议题发表意见；其四，主持人归纳分歧点，组织论证会参加人围绕主要分歧点展开辩论；其五，主持人对论证会进行总结。

在此基础上，对立法可行性、必要性、重要性进行综合评析，形成立项评测报告。为了充分发挥人大的主导作用，结合地方人大的经验和实践，期待立法部门在三个工作环节上有所作为：首先是立项的论证阶段，对相关提案权主体提出的立法建议及时给予答复；其次是由人大组织和实施论证立法建议的必要性和可行性问题，并积极与法案所涉及的相关部门利益方实现立法信息共享；最后，继续优化立法机关的统筹和整合职能，有针对性主抓重大的、对经济民生影响较大的法案。

与此同时，立法部门赋予政府等其他受委托的主体充分发挥协调作用。其后续处理包括：其一，就立法项目所涉及的行政管理问题，与相关行政部门共同论证立法技术以及所涉及的政策问题；其二，根据实际需要确定立法项目成为年度立法计划项目或立法规划项目。

三、坚持人大主导法案起草

人大代表通过实地观察、调研，积极听取意见，传播民主精神，不断思考演绎和科学归纳，既能锻炼人大代表全面提升素质，又能符合立法工作规律和社会发展规律的要求，使人大主导法案起草成为可能。

（一）人大主导法案起草的特点与要求

在整合和分析相关实证研究材料的过程中，越发感觉科学立法和民主立法之间的密不可分、相生相发。人大常委会机关实地走访调研、问卷访谈等统计手段以及互联网反馈信息等科学技术手段的加持，有利于更贴切地呈现社会实际和人们的现实需要；而多元主体参与立法，有助于消弭专业立法所带来的民主立法的远离。只有动员公众的普遍参与，充分表达和征集民意，形成公开的、科学的利益的博弈与整合，才能真正将具有问题意识的立法项目转化成法律语言，不断打磨法律草案，高质量的立法文本才能获致达成。在这种高标准的视域下，人大主导法案起草要力求符合三个要求。

第一，围绕立法目的进行起草。提案者与起草者需要经常沟通协商，使彼此思路与立法意图互相吻合，契合相关政策或立法本意。起草者可能是受委托的专家或第三方机构，那么应该由提案者或立法机关予以明确，起草人或者起草小组负责理解和接受，并合理而科学地反映在草案文本中。

第二，将问题意识贯穿立法起草全过程，提炼总结需要解决的主要问题。法律起草是立法环节的前端，如果将问题意识大大提前，也就是从草案的起草开始关注法律法规拟解决的关键问题，法案的文本质量将更有保障。系统梳理所要起草的法律案存在的突出问题，通过立法需要解决的主要问题，在听取各方面意见的基础上，形成初步的问题集群。北京市人大常委会立法调研上的突破集中表现在《北京物业管理条例》的修改方面，从立法调研中获取问题，然后围绕问题拟定草案的文本。物业管理立法团队并没有急于起草条文。这就意味着，问题意识从法规草案的起草开始，而不是从审议开始。在系统梳理本市物业管理存在的突出问题和听取各方面意见的基础上，特别是根据住建委前期掌握的一些信息，梳理出 100 多条需要解决的问题，列出详细的问题清单。然后，对照清单一条一条去寻找解决方案。为立法解决实际生活中的物业管理难题奠定了坚实的基础。

第三，根据实际情形及时调整。采取调查问卷或访谈、座谈会等方法，已经被人们广泛使用。具体内容方面，为了突出问题的针对性或地方特色，对于在调研中发现的与问卷类似或者访谈提纲中出现的问题，需要全面了解公众的诉求并及时予以对比研究，因此可以对座谈会或访谈予以细微调整。传统的各方利益主体齐聚一堂，包容性看似很强，可是相互间存在利益关系的主体容易各抒己见、自说自话。比如，针对物业管理的立法调研座谈会，由于业主和物业企业、建筑方利益交织，形同冤家，为了避免座谈会演变为吵架会，人大可以举办业主专场会、物业企业专场会以及建设单位专场会。① 由此更能收集到富有针对性的问题或切入点，也就更容易对草案文本进行调整。

---

① 关少锋．八易其稿为立法：新修《河南省物业管理条例》背后的故事［J］．人大建设，2018（7）：14-19.

（二）人大主导法案起草的主要实施路径

1. 人大主导法案起草的方式

第一种方式是人大机构自主起草并建立法律法规起草组织机制。为此，人大要加强主导起草的角色意识，制定和实施保障人大主导立法的相关议事规则或者决定，加强人大主导起草法律法规案的流程和职权的法律化、程序化。规划立法时间节点，提升人大常委会组成人员的立法参与程度，主要从两个层面进行。从外部来讲，逐步按照《全面依法治国决定》中“增加有法治实践经验的专职常委比例”的要求，从而保障人大常委会组成人员的数量和质量。从内部来讲，建立常委会组成人员与法规草案对接联系制度，将常委会组成人员参与立法工作情况及时发布，加大其立法工作参与度。此外，发挥人大代表的作用。要尊重和支持人大代表发表立法意见与建议，对代表相关行业和部分领域的群体性意见要仔细研究，及时反馈，健全法规起草征求人大代表意见制度。① 认真分析研究代表提出的立法议案和建议，并与日常立法工作机制密切结合，努力吸纳人民群众的意愿和呼声。从内容上来讲，对于涉及政府职能部门权限的地方立法，比如，需要设置行政许可事项或者行政收费项目的；需要设置行政处罚或者行政强制措施较多的，地方人大及其常委会必须亲自组织立法起草，保证相关立法能够真正维护行政相对人的合法权益，规范行政权力。

第二种方式是委托其他主体起草机制。一方面，委托政府起草，继续发挥政府在立法中的基础性作用。另一方面，将立法项目交给律师事务所或科研院所这些相对中立的单位进行起草。廓清由政府起草或专家起草的法律法规案的条件和限制。对于自身确实缺乏立法起草能力，从而授权给相关政府部门或者专家的立法起草工作，地方人大及其常委会必须加强监督和协调工作，保证相关地方立法起草工作能够按照立法规划顺利进行。②

2. 人大主导法律法规案起草的关键问题

不管是何种起草方式，都要坚持人大常委会主导原则。针对每一个立法项目，确立一个起草团队，有人员分工有计划分阶段，科学统筹立法时间和工作节奏，因应立法程序的推进及时召开动员会、论证会、座谈会、改稿会等会议，从政府相关部门、人大常委会法工委各管一段的“接力赛跑”“等候交接”转变为各方共同参与的“一起奔跑”，探索“党委领导、人大主导、政府依托、各

---

① 谭芳．坐实“人大主导”：让立法不再“任性”［EB/OL］．常德市人大常委会网站，2015-09-29.

② 卫学芝．地方立法起草主体的实践反思与规制路径［J］．河北法学，2017（8）：189-194.

方参与”的地方立法工作格局的切入点。

坚持开放创新的工作格局，将实践中较好的做法和经验及时上升为规范性决定。前述人大主导有自主起草和委托起草两种方式，但是在实践中这些方式是可以并用的。对于社会治理的突出问题，如物业管理、垃圾分类、道路停车等与居民生活息息相关的立法项目，有立法权的人大完全可以主导法律法规草案的遴选和制定工作。由人大分别向相关政府部门以及高等院校、科研机构和律师事务所等第三方主体发出邀请函，委托他们起草文本。第三方主体在规定时间提交后，经过严格筛选和评估，决定出获得最优评价的版本。于是形成政府起草版和第三方起草版，经由对比鉴别，针对性地挑选精华条款，最后根据立法规划和立法目的整体统筹和修改。

（三）不断提升条款表达技术

立法机关以及起草团队应当善于归纳、提炼和转化那些平民化的、不系统的意见，使之成为专业化的、有意义的立法表述。具体来说要处理好两种情形。一种情形是根据法案所调整的社会关系，正确选择适用原则性条款和规则性条款。立法希望子女等赡养人应当经常去看望父母，如果写入法律中，根据转化原则，如歌曲所唱出的“常回家看看”的通俗化语言就不合适，转化成规则性条款“赡养人每月应当探望父母至少一次，违者罚款50~500元”，则又缺乏可操作性。可供证成的理由是：目前的技术手段尚不足以判断通过规则的规定就能更好地实现政策目的。这种政策法律化的情形常见于法律效果不可量化的场合，如要求子女探望老人、诚信履约等，在这些情形中社会本身存在着一些公序良俗，基本能够通过社会压力自我实施，法律规范主要起到“搬运工”与激活的作用。① 因此，立法者采用原则性条款“赡养人应当适时探望父母”就容易让公众接受和遵守。

另一种情形是注意“可以”“有权”以及“不得”等情态词语的适用。一般而言，这三个词，是区分授权性规则和禁止性规则的显著标志。“可以”“有权”意味着权利人依法自由地实施某种行为获得利益的可能性，当然权利人也可以放弃该项权利。“不得”表示禁止实施某种行为，否则将承担民事、行政或刑事法律责任。

① 肖恒．立法法理学视野下政策法律化的证成［J］．福建师范大学学报（哲学社会科学版），2022（5）：141-152，167.

表 7-1 子女或亲属侵占或索取老年人财产的立法例

法律法规名称	条款内容	条款特点
中华人民共和国老年人权益保障法	第二十二条 老年人对个人的财产，依法享有占有、使用、收益和处分的权利，子女或者其他亲属不得干涉，不得以窃取、骗取、强行索取等方式侵犯老年人的财产权益	禁止性规则
	第七十七条 家庭成员盗窃、诈骗、抢夺、侵占、勒索、故意损毁老年人财物，构成违反治安管理行为的，依法给予治安管理处罚；构成犯罪的，依法追究刑事责任	行政法律责任 + 刑事法律责任
江苏省老年人权益保障条例	第十五条第二款 有独立生活能力的成年子女要求老年人经济资助的，老年人有权拒绝。子女或者其他亲属不得以无业或者其他理由，骗取、克扣或者强行索取老年人的财物	授权性规则 + 禁止性规则
	第五十一条 家庭成员盗窃、诈骗、抢夺、勒索、故意毁坏老年人财物，情节较轻的，依照《中华人民共和国治安管理处罚法》的有关规定处罚；构成犯罪的，依法追究刑事责任	行政法律责任 + 刑事法律责任
湖北省实施《中华人民共和国老年人权益保障法》办法	第十三条第二款 赡养人、扶养人或者其他亲属不得窃取、骗取、克扣或者强行索取老年人的财产；不得侵占老年人所有的房屋，不得擅自改变产权关系；不得因老年人处分财产而拒绝履行赡养、扶养义务	禁止性规则
	第四十五条 家庭成员侵害老年人人身、财产等合法权益，干涉老年人婚姻自由的，由行为人所在单位、村（居）民委员会或者老年人组织给予批评教育，责令改正；构成违反治安管理行为的，依法给予治安管理处罚；构成犯罪的，依法追究刑事责任	行政法律责任 + 刑事法律责任

表 7-1 对比了子女或亲属以侵占、索取等方法损害老年人财产的法律规定，《老年人权益保障法》第二十二条规定了子女不得以特定的方式侵犯老年人的财产权益，否则将承担民事、行政或刑事法律责任。但第七十七条把民事责任如恢复原状、返还财产、赔偿等民事责任直接忽略了。江苏省和湖北省如法炮制，如出一辙。其中，针对子女要求老人提供经济援助的，江苏省规定了老年人有拒绝的权利，值得肯定。因为授权性规则表示的自由度和可能性更高，老人可以资助也可以拒绝，比较符合实际情形。用劳动创造属于自己的美好生活，弘扬和谐友爱互帮互助的良好家德家风，这是社会的优良传统和公序良俗。当父母不愿意或没有能力向子女提供物质帮助时，子女强行索要或侵占财产，父母

有权拒绝。地方性法规通过父母有权说“不”的条款，保护父母的财产处分权，具有一定的引领作用，值得提倡。

第五节　人大主导立法中的普法

考察法律秩序的时候，往往重视两个层面的问题，一个是制度层面，一个则是文化层面。法律制度的特点，一是可以进行合理设计，就如同在党领导下的全面依法治国建设，有计划、按步骤、分阶段的理性构建模式。二是能够解决实际生活中的具体问题，具有解决纠纷的功能。而文化主要是解决法律的正当性问题。制度和文化是不会那么截然分开的，往往交织在一起。在制度的底层潜藏的、默默流淌着的文化因素，成为制度的底色。习近平法治思想中的文化层面的建设机制，部分就是由普法抑或法治宣传教育来承担的。因而在这个意义上，考察新时代人大立法的职能变迁，还包括人大遵循立法程序履行立法职能所发挥的法治宣传教育功能。

一、新时代立法普法相结合的政策解读

（一）培育社会主义法治文化

党既要领导立法，还要建立社会主义法治文化。正是在这个意义上，法治宣传教育，包括宣传活动和教育活动的双重角色，就要发挥宣传和教育的两种功能。从宣传活动的角度看，要符合信息传播的规律和特点。从教育活动的角度看，法律规范的普及，法治文化的养成，除了立法、执法、司法等国家机关的专门活动之外，还需要法治的教育机制。因此，法治本身需要教育来辅佐。加强法制重要的是要进行教育，根本问题是教育人。① 党的十九大报告明确指出“要加大全民普法力度，建设社会主义法治文化”②。立足于四个自信的战略高度，从法治文化的角度要求全民普法。

马克思在《〈黑格尔法哲学批判〉导言》中强调：“理论在一个国家实现的程度，总是取决于该理论满足这个国家的需要的程度。”③ 从理论到实践，理论

---

① 邓小平．邓小平文选：第三卷［M］．北京：人民出版社，1993：163.

② 习近平．论坚持全面依法治国［M］．北京：中央文献出版社，2020：186.

③ 中共中央马克思恩格斯列宁斯大林著作编译局．马克思恩格斯选集：第2卷［M］．北京：人民出版社，2012：9.

的被接受程度以及实践对理论的反作用，仰赖于一国特定的文化所充当的重要的介质和桥梁角色，并直接或者间接地发生影响。法治宣传教育的目的不仅在于让大家知晓宪法、法律和法规，更重要是在于培育社会主义法治文化。

（二）扩大立法机关职能提升法治宣传能力

彭真指出，要把法律交给十亿人民，要对全体人民进行法制教育，增强法制观念，使人人知法、守法，养成依法办事的观念和习惯。① 不是让人民成长为法律专家，而是让人们知晓和遵守法律，培养规则意识，养成依法办事的习惯。这是全民守法的改革初期的表达方式。

开门立法的成功实践，提升了立法机关的法治宣传能力。《民法典》是我国第一部以法典命名的基本法律。2016 年以来，在制定民法总则的过程中，中国人大网曾三次面向社会公开征求意见，累计参与人次超 15 万，征集到修改意见 7 万余条。另据统计，民法典编纂前后共 10 次公开征求意见，有 40 余万人参与提供意见，累计收到超 100 万条意见和建议。民法典开门立法的举动，一方面保障了人民群众的立法参与权，反映了人民群众的法律诉求，贯彻了我国民主立法的立法要求。另一方面立法机构、媒体、专家学者等群体通过不同渠道对民法典立法背景、立法亮点、立法变化等热点话题予以说明阐释，也进一步普及了法治理念，弘扬了社会主义核心价值观，这一过程也生动诠释了民法典的人民特色。同时，立法过程中的及时普法，也能够保证人民群众对法律条款的理解接近立法原意。

综观立法所依托的人民代表大会制度，可以说人民主要通过两种途径行使立法权：通过选举，产生全国人大和设区的市及以上地方各级人大行使立法权；此外，就是通过各种途径参与立法过程，进而影响立法结果。从这个意义上讲，公众参与立法中的普法是人民主权理念的必然要求。② 立法过程中的普法，凸显立法机构与人民群众的有效互动，也是人民群众接受普法教育、树立法治思维、感受法治进程的重要渠道。这样的立法和普法，也更具针对性。这一治理实践需要与之契合的时代精神和文化风尚。法治崇尚规则、程序、民主和责任，相比其他文化更适于国家治理现代化的需要。法律的文化研究为国家治理现代化提供了一个评价和衡量的尺度：一种“现代化”的治理至少应是盛行法治的时

① 彭真．论新时期的社会主义民主与法制建设［M］．北京：中央文献出版社，1989：151.

② 闫睿．职业化与公众参与：社会转型时期中国的立法主体建设［D］．武汉：华中科技大学，2012.

代。[1] 因此，立法中的普法还承载了法治文化建设的希冀。

二、坚持人大立法中普法职能的基本方向

（一）重视宪法在治国理政中的重要作用

关于宪法的根本法性质，习近平指出："我国宪法以国家根本法的形式，确立了中国特色社会主义道路、中国特色社会主义理论体系、中国特色社会主义制度的发展成果，反映了我国各族人民的共同意志和根本利益，成为历史新时期党和国家的中心工作、基本原则、重大方针、重要政策在国家法制上的最高体现。"[2] 同时，习近平对宪法具有最高法律效力作出了与时俱进的解读，创新提出宪法"是国家各种制度和法律法规的总依据"[3]。紧扣坚持党的领导、人民当家作主和依法治国的有机统一，提出"宪法是全面依法治国的根本依据"，"宪法是我们党长期执政的根本法律依据"[4]。法律规范体系是以宪法为核心的全部生效的法律的有机统一体，构成依法治国的规范性基础，而依法治国，首先要依宪治国。"新形势下，我们党要履行好执政兴国的重大职责，必须依据党章从严治党、依据宪法治国理政。"[5]

为了充分发挥宪法根本法的地位，必须建立高效的法治实施体系。习近平指出："宪法是国家的根本法。法治权威能不能树立起来，首先要看宪法有没有权威。必须把宣传和树立宪法权威作为全面推进依法治国的重大事项抓紧抓好，切实在宪法实施和监督上下功夫。"[6] 树立宪法意识，重视宪法教育要抓好党员干部这个关键少数和青少年群体。

（二）努力抓好领导干部和青少年的宪法意识教育

第一，重视增强党员干部宪法意识，坚持抓住领导干部这个关键少数。"我们要把宪法教育作为党员干部教育的重要内容，使各级领导干部和国家机关工

---

① 王曼倩．回应国家治理现代化的概念变迁：以法律的文化研究术语为视角［J］．政法论坛，2022（5）：142-154.

② 习近平．论坚持全面依法治国［M］．北京：中央文献出版社，2020：8-9.

③ 习近平．论坚持全面依法治国［M］．北京：中央文献出版社，2020：215.

④ 习近平．论坚持全面依法治国［M］．北京：中央文献出版社，2020：201.

⑤ 习近平．在首都各界纪念现行宪法公布施行 30 周年大会上的讲话［N］．人民日报，2012-12-05（2）.

⑥ 习近平．关于《中共中央关于全面推进依法治国若干重大问题的决定》的说明［N］．人民日报，2014-10-29（2）.

作人员掌握宪法的基本知识，树立忠于宪法、遵守宪法、维护宪法的自觉意识。”①

宪法精神与近现代工业文明、市场经济相伴而生。对于公民个体的合法财产、合法权益需要法律保障，强调“法不禁止皆自由”；同时公共权力的界限、有限性需要法律予以明确，权力的运行遵循“法无授权不可为”。从法律规则的规范作用来看，宪法、法律的要义即在于规范公共权力，维护公民权利。宪法不但是整个政治制度取得合法性的基础，也是其他法律得以制定的基础；宪法不仅限制法律的执行，还限制立法者和法律本身。为了树立宪法至上的权威，借以规范公民权利和国家权力，必须坚持“抓住领导干部这个‘关键少数’”。“领导干部必须带头尊崇法治、敬畏法律，了解法律、掌握法律，遵纪守法、捍卫法治，厉行法治、依法办事，不断提高运用法治思维和法治方式深化改革、推动发展、化解矛盾、维护稳定的能力，做尊法学法守法用法的模范，以实际行动带动全社会尊法学法守法用法。”② 全民守法从建设法治政府开始，牢固树立依法立法、依法行政、公正司法和依法办事的法治观念，加强对权力的约束，培养国家工作人员良好的法律习惯。习近平法治宣传教育理论从维护宪法的权威出发，要求权力行使依照法定程序和法定权限，抓住领导干部这个关键少数，是依宪治国、依宪执政的题中应有之义。

第二，培养宪法意识要从青少年抓起。早在“一五普法”规划期间，就将各级干部和青少年作为法律常识宣传和教育的重点对象，这一做法得以传承下来，贯穿了今后历次的普法工作。公民运用法律的能力主要是在后天实践中形成的，这个后天实践开始越早，公民运用法律的能力也就具有更早起步的可能。为此，要抓住青少年价值观形成和确定的关键时期，引导青少年扣好人生第一粒扣子。③ 法治宣传教育关乎法治国家建设的基础，对青少年的宪法教育则关系到法治建设的长远和未来。为此，必须抓好青少年的宪法教育。“要坚持从青少年抓起，把宪法法律教育纳入国民教育体系，引导青少年从小掌握宪法法律知识，树立宪法法律意识，养成尊法守法习惯。”④

（三）加强青少年民法典的学习教育

民法典颁布后，习近平多次谈到这部法典与社会生活的密切联系。“民法典

---

① 习近平．在首都各界纪念现行宪法公布施行 30 周年大会上的讲话［N］．人民日报，2012-12-05（2）．

② 习近平．论坚持全面依法治国［M］．北京：中央文献出版社，2020：231.

③ 习近平．习近平谈治国理政：第三卷［M］．北京：外文出版社，2020：313.

④ 习近平．论坚持全面依法治国［M］．北京：中央文献出版社，2020：219.

调整规范自然人、法人等民事主体之间的人身关系和财产关系，这是社会生活和经济生活中最普通、最常见的社会关系和经济关系，涉及经济社会生活方方面面，同人民群众生产生活密不可分，同各行各业发展息息相关。”① 对于青少年来说，《民法典》第十七条至第二十条，根据年龄、心智状况的不同将公民的民事行为能力作了分类，规定相应的民事权利，包括人格权、生命权、健康权、财产权和隐私权等内容。作为社会生活的百科全书，民事行为能力的基本划分实现了青少年与民法典之间的近距离接触，激发他们了解和学习民法典的求知欲和积极性。

进入新时代，建设中国特色社会主义法治国家对青少年提出了更高的要求，不仅要懂得民法典的相关知识，更要在学习法律法规的点滴过程中种下法律的种子，树立依法办事的观念。宣传教育民法典，有利于青少年健康成长，带动全民守法，提升社会法治水平。

三、加强人大立法中普法职能的阶段安排

深入贯彻习近平法治思想，更好发挥人大在全面依法治国、国家治理中的职能作用，不断提高人大工作的法治化、制度化水平。在党的领导和人大主导立法的结构关系中，人大常委会机关应当在三个方面大有作为。

（一）认真对待意见征集和草案公布等程序实现“立法”中普法

有立法权的人大在法律法规起草过程中，将向社会公开征求意见规范化、制度化，不仅可以提升立法的科学性，同时也是履行《立法法》以及相关地方立法条例等地方性法规的法定要求。草案公布的同时，说明立法背景、重点权利义务条款配置原因等主要内容，一方面尊重居民的知情权，回应社会公众关切，有利于搜集社会意见，特别是基层执法的声音。另一方面，将普法的时间大大提前，唤醒了人们对立法的兴趣和期待，对日后出台的法律法规的可接受性创造了氛围和可能。具体来说，有必要注意以下三个时间节点。

首先，公开征求立法建议阶段向公众普法。依托基层立法联系点，设计多种形式，吸引公众参与立法并常态化；同时整理公众意见并及时公布，对相关问题及时答复予以反馈。精准把握公众对立法项目的关注热点，提出的主要问题、主要期待等，从而明确普法工作的重点和难点，实现精准普法。开发利用微信公众号、立法普法专用 APP，利用多媒体和网络等先进技术手段和通信方式，构建立法信息处理平台。开通在线互动的平台，安排专人线上解答相关

① 习近平．论坚持全面依法治国［M］．北京：中央文献出版社，2020：279.

问题。

其次，立法草案公开征求意见阶段的普法。法律法规都要以公布草案为常态，2023 年修订后的《立法法》补强了公民参与立法的硬性规定，第六条第二款要求立法机关体现民意的同时，保障公民参与立法。第三十九条规定，对于列入常务委员会会议议程的法律案，宪法和法律委员会、有关的专门委员会和常务委员会工作机构应当听取各方面的意见。通过宪法性法律的明文规定，确立公民参与立法的途径和方式，也为地方立法中的公民参与提供了示范。与公民切身利益的立法或者决策，经由公民的知情、讨论、表决，更能生发对立法产品或决策内容的可接受性，从而提高公共决策的质量，实现公共决策的治理效能。地方立法层面，及时制定或修订地方立法条例，改善依法公布草案和意见的征集环节。比如，现行的《河北省地方立法条例》第四十七条规定："列入常务委员会会议议程的法规案，经常务委员会会议审议后，法制工作委员会应当将地方性法规草案及其起草、修改的说明等向社会公布，征求意见，但是经主任会议决定不公布的除外。向社会公开征求意见的时间一般不少于三十日。征求意见的情况应当向社会通报。"《哈密市制定地方性法规条例》第四十四条规定，列入常务委员会会议议程的地方性法规草案，可以在哈密市人大网站、《哈密日报》或者其他媒体上公布，广泛征求意见等。

从文本内容和普法针对性来说，重点领域的立法，民生问题的立法，既是立法计划的重点，也是立法机关普法的重点。比如，公平保障受教育权，促进劳动者充分就业，提升医疗服务品质，完善拆迁补偿机制等既是美好生活诉求的集中表达，同时也具有普法的广泛需求。虽然当下地方立法参与的范围有限，公民仅仅对与自己切身利益相关的立法项目比较感兴趣。住房、就业、环保、交通、教育类事项容易引起公民的共鸣，而公共事务的管理、服务类或者专业性较强的项目，公民觉得参与无法发挥关键作用，加之了解不多或者加深了解的动力不足，均减损了公民进一步关注的积极性。公众选择性地参与立法，说明协商民主在设计、确定公众参与事项方面存在漏洞。这就需要发挥民主沟通的各种形式，经由专家的针对性、通俗性的明理释法，形成代议机关和公民参与的合力。

最后，法律法规正式公布后的宣传。正式文本的公布具有权威性，此时普法，不仅着力点在于宣传和解释重点条文、亮点特点，而且教育公民增强法律意识和善于运用法律的思维。宏观介绍法律法规制定、修改的背景，立法着力解决的主要问题等。通过分享专家、学者受访视频等，提升普法公众的情景感、立体感，助力公民既知晓法律的名称和主要特点，又具有运用法律法规的能力，为从内心接纳遵守法律创造条件。

（二）大普法格局的建立和完善

党的十八大以来，“法制宣传教育”升格为“法治宣传教育”，“全民普法+依法治理”的“大普法格局”正在建立。立法机关普法的一大动因在于践行协同治理的需要。尤其是文化遗产保护、环境治理，既需要相关部门的行政管理，更需要协同治理，吸引和激励居民加入保护和开发中来。

首先，重视并改善法治宣传教育中的主体参与地位。法治崇尚共同参与和协商，重视主体间的交流沟通。通过人们参与到法治宣传教育的各个环节，在面对问题时，逐渐学会认真看待问题，把它变成问题后先自我提问进行总结反思，发现问题能及时着手寻找解决的途径，让发现问题与协商探讨问题的解决途径成为一种生活方式和思维方式。让民众知晓法律条文的大致规定或主要内容只是问题的一个方面，问题的关键在于法律思维和法律精神的培育。教育者和公民都是法治宣传教育的主体，改变被动的、灌输式的“要我学法要我守法”，上升到“我要学法我要守法”的“主体意识教育”的层面，营造自主学法的浓厚氛围。参与到立法环节中的公民，如果全身心投入立法调研、立法审议、立法听证等程序，可能会对立法的矛盾、立法在矛盾的问题上进行权衡体会到立法的不易。

其次，建议有立法权的人大邀请行政机关、司法机关在立法准备阶段协同普法，构建立法执法司法全过程普法，提高拟将公布的法律法规的执行度和可诉性。

一方面，立法机关立足于法的执行的角度，为执行难开出药方，从源头上化解执行难。比如，现行的广州控制吸烟条例，设置多个执法部门，实际导致政出多门，增加执行成本。而这些问题在立法的阶段，如果采取立法普法结合的思路，结合民主立法，这些难以执行的起草思路和具体条文会因为公众意见较大可能被删除或修改。另一方面，在法律法规修改的过程中，邀请司法机关加入，结合群众的关注点和焦点，对拟修改的法律法规可能涉及的典型案例蕴含的法理予以解释和推广。权利不仅是既定的，也是在司法实践中不断生成的。权利在实现的过程中，总是要上升到司法的高度来检视。认真对待权利，就自然转化为对法律适用的尊重。法院通过宣传典型案例中法律的适用，维护权利，司法对权利的尊重，就转化为人们对司法的尊重。

（三）优选生态环境建设、文化遗产保护立法等系统工程普法

文化遗产植根于特定的人文和自然环境，与当地居民有着天然的历史、文化和情感联系，这种联系已经成为文化遗产不可分割的组成部分。我们必须尊

重和维护民众与文化遗产之间的关联和情感，保障民众的知情权、参与权和受益权。无论是在历史文化街区和历史文化村镇的保护事业中，在考古发掘和文物保护修缮等工程中，在博物馆建设和陈列展示等工作中，都应该积极取得广大民众，特别是当地居民的理解和参与。只有当地居民倾心地、持久地自觉守护，才能实现文化遗产应有的尊严，才能使文化遗产葆有强盛的生命力。所以更应该深入社区，既让人们享受欣赏文化遗产，更让人们成为保护传承文化遗产的主体和力量。而为了对接这一显著特点和优势，立法机关在这一类法律法规的制定中，就应当主动联系当地居民，倾听他们的表达和立法诉求。同时，根据基本标准筛选相关当地公民积极参与到立法中来。

文化遗产保护具有历史传承性和公众参与性两个特点。文化遗产保护的历史传承性强调，文化遗产的创造、发展和传承是一个历史过程。每一代人既有分享文化遗产的权利，又要承担保护文化遗产并传于后世的历史责任。未来世代同样有权利传承这些文化遗产，与历史和祖先进行情感和理智的交流，汲取智慧和力量。[1] 因此，文化遗产不是当代人独享的特定物，不能随意处置祖先留下的文化遗产。文化遗产是当代人与后辈人不可分的共有物，我们不仅要为自己不遗余力地保护这些珍贵的文化财富，也要为子孙后代妥善保管恒传久远。

① 单霁翔．从功能城市走向文化城市［N］．中国文物报，2007-06-13（3）．

结　语

学习、整理和研究国家治理进程中人大立法职能的历史变迁和改革图景，不是为了迎合今天主流的法治话语，而是试图厘清中国共产党人在“依法治国，建设社会主义法治国家”征途上不断求索的韧性和智慧。“历史是至关重要的。它的重要性不仅仅在于我们可以向过去取经，而且还因为现在和未来是通过一个社会制度的连续性和过去连接起来的。”①

在中国共产党领导下，全面依法治国是一个兼具工具理性和价值理性的系统工程。坚持中国特色社会主义制度，贯彻中国特色社会主义法治理论，形成完备的法律规范体系、高效的法治实施体系、严密的法治监督体系、有力的法治保障体系，形成完备的党内法规体系，坚持依法治国、依法执政、依法行政共同推进，坚持法治国家、法治政府、法治社会一体建设，实现科学立法、严格执法、公正司法、全民守法，促进国家治理体系和治理能力现代化。

法治化是实现国家治理现代化的关键，是国家治理现代化的基础条件和现实要求，国家治理现代化的过程也是法治化的过程。② 正是在这个意义上，国家治理体系和治理能力现代化在本质上就是实现国家治理的法治化。立法作为法治运行的源头和起点，从国家治理的需要出发，将普法的思路贯穿到立法的全过程。在全面深化改革的新阶段，充分发挥立法在国家治理现代化中的引领和推动作用，为全面深化改革提供强有力的法治保障。

以人大立法职能的历史变迁为切入点，探讨党的领导和立法治理效能，只是从人大制度管窥立法规律的初步尝试。试图通过梳理中国共产党领导立法的历史进程，既描述性地分析人大常委会机关所发挥的立法职能的实然，也深层次地反思党的领导和人大立法的应然，明确人大实现主导立法面临的挑战，探讨进一步改善的路径。这是深化党领导立法研究必须做的一项基础性工作。立

① 诺思．制度、制度变迁与经济绩效［M］．刘守英，译．上海：三联书店，1994：1.

② 胡建森．治理现代化关键在法治化［J］．理论导报，2015（11）：30-31.

法的最终目的，是消除规范性法律文件的威权和隐秘，实现公开公平的正义输送的运动。从身份到契约，代表人类促进进步的运动。“立法向人类开放出了诸多全新的可能性，并赋予了人类以一种支配自己命运的新的力量观或权力观”①。立法，作为法治建设的基础条件，承载着无限的希望和使命。连接立法和普法，把法律交给民众，通过民主和法治的训练和实践，实现更加美好的生活。

① 哈耶克．法律、立法与自由：第一卷［M］．邓正来，译．北京：中国大百科全书出版社，2000：113.

参考文献

一、著作

（一）马列著作

［1］中共中央马克思恩格斯列宁斯大林著作编译局．马克思恩格斯选集：第1卷［M］．北京：人民出版社，2012.

［2］中共中央马克思恩格斯列宁斯大林著作编译局．马克思恩格斯选集：第2卷［M］．北京：人民出版社，2012.

［3］中共中央马克思恩格斯列宁斯大林著作编译局．马克思恩格斯选集：第3卷［M］．北京：人民出版社，2012.

［4］中共中央马克思恩格斯列宁斯大林著作编译局．马克思恩格斯全集：第4卷［M］．北京：人民出版社，1956.

［5］中共中央马克思恩格斯列宁斯大林著作编译局．马克思恩格斯全集：第6卷［M］．北京：人民出版社，1961.

（二）党和国家领导人著作

［1］中共中央文献研究室．毛泽东文集：第六卷［M］．北京：人民出版社，1999.

［2］中共中央文献研究室．毛泽东文集：第七卷［M］．北京：人民出版社，1999.

［3］毛泽东选集：第四卷［M］．北京：人民出版社，1991.

［4］建国以来毛泽东文稿：第四册［M］．北京：中央文献出版社，1990.

［5］董必武．董必武法学文集［M］．北京：法律出版社，2001.

［6］董必武选集［M］．北京：人民出版社，1985

［7］董必武政治法律文集［M］．北京：法律出版社，1986.

［8］邓小平．邓小平文选：第二卷［M］．北京：人民出版社，1994.

［9］邓小平．邓小平文选：第三卷［M］．北京：人民出版社，1993.

[10] 彭真．论新时期的社会主义民主与法制建设［M］．北京：中央文献出版社，1989.

[11] 彭真文选：一九四一——一九九〇年［M］．北京：人民出版社，1991.

[12] 彭真．论新中国的政法工作［M］．北京：中央文献出版社，1992.

[13] 万里．万里文选［M］．北京：人民出版社，1995.

[14] 乔石．乔石谈民主与法制（下）［M］．北京：人民出版社，2012.

[15] 江泽民．江泽民文选：第一卷［M］．北京：人民出版社，2006.

[16] 江泽民．江泽民文选：第三卷［M］．北京：人民出版社，2006.

[17] 李鹏．立法与监督：李鹏人大日记（上）［M］．北京：新华出版社，2006.

[18] 顾昂然．回望：我经历的立法工作［M］．北京：法律出版社，2009.

[19] 习近平．论坚持全面依法治国［M］．北京：中央文献出版社，2020.

[20] 习近平．习近平谈治国理政：第一卷［M］．北京：外文出版社，2014.

[21] 习近平．习近平谈治国理政：第二卷［M］．北京：外文出版社，2017.

[22] 习近平．习近平谈治国理政：第三卷［M］．北京：外文出版社，2020.

（三）其他著作

[1] 中共中央文献研究室．毛泽东传：1949—1976（上）［M］．北京：中央文献出版社，2003.

[2] 逄先知，冯蕙．毛泽东年谱（1949—1976）：第二卷［M］．北京：中央文献出版社，2013.

[3] 中共中央文献研究室．周恩来年谱（1949—1976）：上卷［M］．北京：中央文献出版社，2007.

[4] 《彭真传》编写组．彭真传：第四卷［M］．北京：中央文献出版社，2012.

[5]《八十一年人生路：胡乔木生平》编写组．八十一年人生路：胡乔木生平［M］．北京：社会科学文献出版社，2017.

[6] 中共中央文献研究室．十三大以来重要文献选编（中）［M］．北京：人民出版社，1991.

[7] 中共中央党史研究室，胡绳．中国共产党的七十年［M］．北京：中共党史出版社，1991.

[8] 中共中央文献研究室．改革开放三十年重要文献选编（上）［M］．北

京：中央文献出版社，2008.

［9］中共中央文献研究室．十八大以来重要文献选编（上）［M］．北京：中央文献出版社，2014.

［10］中共中央文献研究室．习近平关于全面依法治国论述摘编［M］．北京：中央文献出版社，2015.

［11］中共中央文献研究室．十八大以来重要文献选编（中）［M］．北京：中央文献出版社，2016.

［12］蔡定剑．中国人民代表大会制度［M］．北京：法律出版社，1998.

［13］陈常燊．美德、规则与实践智慧［M］．上海：上海三联书店，2015.

［14］陈俊．政党与立法问题研究：借鉴与超越［M］．北京：人民出版社，2008.

［15］樊纲．制度改变中国：制度变革与社会转型［M］．北京：中信出版社，2014.

［16］盖军．新编中共党史简明教程［M］．北京：中共中央党校出版社，2003.

［17］贺麟．文化与人生［M］．北京：商务印书馆，1988.

［18］胡鞍钢．中国集体领导体制［M］．北京：中国人民大学出版社，2013.

［19］黄仁宇．资本主义与二十一世纪［M］．北京：生活·读书·新知三联书店，1997.

［20］季卫东，等．宪法的理念与中国实践［M］．上海：上海人民出版社，2017.

［21］季卫东．大变局下的中国法治［M］．北京：北京大学出版社，2013.

［22］季卫东．法治秩序的建构［M］．北京：商务印书馆，2019.

［23］李林．依法治国与和谐社会建设［M］．北京：中国法制出版社，2007.

［24］吕忠梅．环境法学概要［M］．北京：法律出版社，2016.

［25］北京师范大学，北京市社会科学界联合会．社科学术前沿论坛成果撷英：2014—2015［M］．北京：北京师范大学出版社，2016.

［26］沈宗灵．比较宪法［M］．北京：北京大学出版社，2002.

［27］司汉武．知识、技术与精细社会［M］．北京：中国社会科学出版社，2014.

［28］苏力，葛云松，张守文，等．规制与发展：第三部门的法律环境［M］．杭州：浙江人民出版社，1999.

［29］苏永钦．寻找新民法［M］．北京：北京大学出版社，2012.

［30］汤啸天．人民建议征集制度探索［M］．上海：上海人民出版社，2017.

［31］许崇德．中华人民共和国宪法史：上卷［M］．福州：福建人民出版社，2005.

［32］杨福忠．立法不作为问题研究［M］．北京：知识产权出版社，2008.

［33］尹世洪，朱开杨．人民代表大会制度发展史［M］．南昌：江西人民出版社，2002.

［34］俞可平，等．中国的治理变迁：1978—2018［M］．北京：社会科学文献出版社，2018.

［35］俞可平．权力与权威：政治哲学若干重要问题［M］．北京：商务印书馆，2020.

［36］张文显．法理学［M］．北京：高等教育出版社，2018.

［37］张友渔．张友渔文选：下卷［M］．北京：法律出版社，1997.

［38］张友渔．张友渔学术精华录［M］．北京：北京师范学院出版社，1988.

［39］赵汀阳．论可能生活［M］．北京：中国人民大学出版社，2010.

［40］郑永年．不确定的未来：如何将改革进行下去［M］．北京：中信出版社，2014.

［41］周旺生．立法学［M］．北京：法律出版社，2004.

［42］朱力宇，叶传星．立法学［M］．北京：中国人民大学出版社，2023.

［43］朱力宇．彭真民主法制思想研究［M］．北京：中国人民大学出版社，1999.

（四）译著

［1］埃利希．法律社会学基本原理［M］．叶名怡，袁震，译．北京：中国社会科学出版社，2009.

［2］昂格尔．现代社会中的法律［M］．吴玉章，周汉华，译．南京：译林出版社，2001

［3］伯尔曼．法律与革命［M］．贺卫方，高鸿钧，夏勇，等译．北京：中国大百科全书出版社，1993.

［4］茨威格特，克茨．比较法总论［M］．潘汉典，等译．贵阳：贵州人民出版社，1992.

［5］弗里德曼．法律制度［M］．李琼英，林欣，译．北京：中国政法大学出版社，1994.

［6］戈登．控制国家［M］．应奇，等译．南京：江苏人民出版社，2005.

［7］哈贝马斯．交往与社会进化［M］．张博树，译．重庆：重庆出版社，1989.

［8］哈特．法律的概念［M］．张文显，等译．北京：中国大百科全书出版社，1996.

［9］汉密尔顿，杰伊，麦迪逊．联邦党人文集［M］．程逢如，等译．北京：商务印书馆，1980.

［10］凯尔森．法与国家的一般理论［M］．沈宗灵，译．北京：中国大百科全书出版社，1996.

［11］黑格尔．法哲学原理［M］．范扬，张企泰，译．北京：商务印书馆，1982.

［12］拉德布鲁赫．法学导论［M］．米健，译．北京：法律出版社，2012.

［13］梅利曼．大陆法系［M］．顾培东，禄正平，译．北京：法律出版社，2004.

［14］潘恩．潘恩选集［M］．马清槐，等译．北京：商务印书馆，1981.

［15］托马斯．公共决策中的公民参与［M］．孙柏瑛，等译．北京：中国人民大学出版社，2010.

［16］韦伯．社会科学方法论［M］．杨富斌，译．北京：华夏出版社，1999.

［17］沃克．牛津法律大辞典［M］．邓正来，等译．北京：光明日报出版社，1989.

［18］沃森．民法法系的演变及形成［M］．李静冰，姚新华，译．北京：中国法制出版社，2005.

［19］亚里士多德．政治学［M］．吴寿彭，译．北京：商务印书馆，1965.

二、期刊论文

［1］习近平．在庆祝全国人民代表大会成立六十周年大会上的讲话［J］．求是，2019（18）．

［2］丁明春．论基层人大代表在践行全过程人民民主中的主体作用［J］．岭南学刊，2023（3）．

［3］封丽霞．人大主导立法的可能及其限度［J］．法学评论，2017（5）．

［4］封丽霞．中国共产党领导立法的历史进程与基本经验：十八大以来党领导立法的制度创新［J］．中国法律评论，2021（3）．

［5］关保英．地方立法推动行政法发展的法治评价［J］．法学，2022（12）．

［6］关少锋．八易其稿为立法：新修《河南省物业管理条例》背后的故事

[J]. 人大建设，2018（7）.

［7］广安市人大常委会课题组. 地方立法“玻璃门”现象实证研究［J］. 人大研究，2021（5）.

［8］郭道晖. 论国家立法权［J］. 中外法学，1994（4）.

［9］郭树勇. 从立法改革的难题看民主对于法治的作用［J］. 理论与改革，2016（3）.

［10］何增科. 理解国家治理及其现代化［J］. 马克思主义与现实，2014（1）.

［11］虹口区人大工作研究会. 发挥闭会期间人大代表作用的实践与探索［J］. 上海人大，2017（4）.

［12］胡健. 改革开放四十年国家立法［J］. 地方立法研究，2018（6）.

［13］黄建武. 科学立法与民主立法的潜在张力及化解［J］. 地方立法研究，2020（2）.

［14］贾立政，陈阳波，魏爱云，等. 中国共产党的转型［J］. 人民论坛，2013（24）.

［15］江国华. 行政转型与行政法学的回应型变迁［J］. 中国社会科学，2016（11）.

［16］蒋立山. 中国法治道路初探（上）［J］. 中外法学，1998（3）.

［17］阚珂. 立法“三审制”是怎样确立的？（下）［J］. 中国人大，2019（20）.

［18］郄艳丽. 城市地下空间管理体制改革创新研究：以北京市为例［J］. 城市与区域规划研究，2018（3）.

［19］雷明昊. 澳门法律体系中的软法规范研究［J］. 陕西行政学院学报，2018（2）.

［20］李包庚，张婉. 论中国共产党长期执政历史方位中的革命性［J］. 马克思主义研究，2018（6）.

［21］李诚，万其刚. 略论我国当前立法中存在的问题［J］. 中外法学，1996（2）.

［22］李振宁. 人大立法坚持“以人民为中心”的理论基础与制度表现［J］. 山东行政学院学报，2021（1）.

［23］刘伟东，张震. 法规生命周期与立、改、废项目的启动：以上海三十年地方立法为视角［J］. 上海人大月刊，2010（6）.

［24］刘然. 政策失灵与避责机制：决策科学化和民主化进程中的责任悖论［J］. 社会科学文摘，2020（12）.

［25］刘松山. 立法规划之淡化与反思［J］. 政治与法律，2014（12）.

[26] 刘松山．党领导立法工作需要研究解决的几个重要问题 [J]．法学，2017 (5)．

[27] 刘松山．地方人大立法规划的十个问题 [J]．地方立法研究，2020 (4)．

[28] 刘田．共产党人的斗争精神与马克思主义哲学主体性 [J]．南京师大学报（社会科学版），2020 (6)．

[29] 刘志刚．2018 年我国宪法修改的政治逻辑与法理基础：坚持党的领导、人民当家作主、依法治国的有机统 [J]．学习与探索，2019 (1)．

[30] 刘作翔．论重大改革于法有据：改革与法治的良性互动：以相关数据和案例为切入点 [J]．东方法学，2018 (1)．

[31] 刘作翔．当代中国的规范体系：理论与制度结构 [J]．中国社会科学，2019 (7)．

[32] 马怀德．立法先行 质量为本 [J]．中国司法，2015 (1)．

[33] 莫纪宏．提升地方人大立法权利能力与行为能力的制度路径初探 [J]．江苏行政学院学报，2016 (5)．

[34] 裴洪辉．合规律性与合目的性：科学立法原则的法理基础 [J]．政治与法律，2018 (10)．

[35] 彭中礼．政策概念的法规范分析：基于 1979—2016 年现行有效法律文本的解 [J]．安徽大学学报（哲学社会科学版），2016 (3)．

[36] 彭君．党领导立法的规范分析与完善路径 [J]．法学杂志，2018 (5)．

[37] 彭君．新中国成立 70 年党领导立法的历史变迁 [J]．中共中央党校（国家行政学院）学报，2019 (4)．

[38] 彭君，赵慧燕．习近平法治思想与青少年法治宣传教育研究 [J]．北京青年研究，2021 (3)．

[39] 浦兴祖．人大制度优势与国家治理效能 [J]．探索与争鸣，2019 (12)．

[40] 齐恩平，吕姝洁．党的政策、党内法规与国家治理现代化：内在逻辑与协同作用 [J]．理论与现代化，2023 (1)．

[41] 乔晓阳．处理好立法与改革的关系 [J]．中国人大，2014 (20)．

[42] 秦前红．依规治党视野下党领导立法工作的逻辑与路径 [J]．中共中央党校学报，2017 (4)．

[43] 石泰峰，张恒山．论中国共产党依法执政 [J]．中国社会科学，2003 (1)．

[44] 石佑启．论立法与改革决策关系的演进与定位 [J]．法学评论，2016

(1).

[45] 孙宪忠. 十九大科学立法要求与中国民法典编纂 [J]. 北京航空航天大学学报(社会科学版), 2018 (1).

[46] 孙霄汉. 把社会管理创新当作一种"革命" [J]. 广东省社会主义学院学报, 2012 (2).

[47] 汪全胜. 法律文本中的奖励性条款设置论析 [J]. 法治研究, 2013 (12).

[48] 王洪. 论法律中的不可操作性 [J]. 比较法研究, 1994 (1).

[49] 王建芹, 赵银. 加强与完善党领导立法工作制度的若干思考 [J]. 廉政文化研究, 2021 (1).

[50] 王乐泉. 论改革与法治的关系 [J]. 中国法学, 2014 (6).

[51] 王理万. 制度性权力竞争: 以立法统一审议制度为例 [J]. 浙江社会科学, 2023 (6).

[52] 卫学芝. 地方立法起草主体的实践反思与规制路径 [J]. 河北法学, 2017 (8).

[53] 席文启. 基层立法联系点: 立法机制的一项重要创新 [J]. 新视野, 2020 (5).

[54] 夏引业. 新时代加强党领导立法工作研究 [J]. 岭南学刊, 2018 (5).

[55] 向嘉晨. 党的领导入法的文本表达: 实践样态与完善进路 [J]. 吉首大学学报(社会科学版), 2023 (1).

[56] 肖北庚. 在行政立法中全面弘扬社会主义核心价值观 [J]. 求索, 2021 (1).

[57] 肖中华. 关于党领导立法的思考 [J]. 毛泽东邓小平理论研究, 2004 (12).

[58] 许虔东. 新中国第一部宪法的总设计师: 毛泽东刘庄草宪轶闻 [J]. 党史纵横, 1994 (5).

[59] 杨丽娟, 于一帆. 从政策高地到法治平原: 东北科技创新政策法律化研究 [J]. 东北大学学报(社会科学版), 2019 (6).

[60] 杨瑞广. 董必武首倡"按法律办事" [J]. 当代中国史研究, 2006 (2).

[61] 杨英. 执政轨道上的政党发展: 以"革命性执政党"为概念框架的分析 [J]. 社会主义研究, 2021 (2).

[62] 叶笃初. 党章的修改与完善 [J]. 瞭望新闻周刊, 2002 (30).

[63] 俞静贤. 法律意识的两种成分及其实践含义: 关于法制宣传教育的若

干思考［J］. 中国司法，2010（3）.

［64］于飞．公序良俗原则与诚实信用原则的区分［J］. 中国社会科学，2015（11）.

［65］于兆波，刘银平．风险社会视角下的立法决策观念转变：以权力和权利为中心展开［J］. 地方立法研究，2017（1）.

［66］俞祺．地方立法适用中的上位法依赖与实用性考量［J］. 法学家，2017（6）.

［67］张春生，吕万．再做30年，我们也不能合着眼睛立法：张春生访谈录［J］. 地方立法研究，2019（4）.

［68］张崇胜．社会主义核心价值观融入法治建设研究：现状、问题与完善：基于2013—2020年相关文献的解读［J］. 天津滨海法学，2021（0）.

［69］张健．从管理走向治理：当代中国行政范式转换问题研究［J］. 浙江社会科学，2006（4）.

［70］张楠．2020年度立法计划建议项目公开征集结果出炉 立法计划问计于民［J］. 上海人大月刊，2019（11）.

［71］郑杭生．改革开放三十年：社会发展理论和社会转型理论［J］. 中国社会科学，2009（2）.

［72］朱景文．中国特色社会主义法律体系：结构、特色和趋势［J］. 中国社会科学，2011（3）.

［73］祝灵君．社会变迁与政党转型：中国共产党领导的社会革命与社会建设论析［J］. 科学决策，2009（9）.

三、报纸

［1］胡锦涛．在首都各界纪念全国人民代表大会成立50周年大会上的讲话［N］. 人民日报，2004-09-16.

［2］习近平．在首都各界纪念现行宪法公布施行30周年大会上的讲话［N］. 人民日报，2012-12-05（2）.

［3］习近平．学习贯彻党的十八届四中全会精神 运用法治思维和法治方式推进改革［N］. 人民日报，2014-10-28（1）.

［4］习近平．关于《中共中央关于全面推进依法治国若干重大问题的决定》的说明［N］. 人民日报，2014-10-29（2）.

［5］习近平．从解决好人民群众普遍关心的突出问题入手推进全面小康社会建设［N］. 人民日报，2016-12-22（1）.

［6］习近平．决胜全面建成小康社会夺取新时代中国特色社会主义伟大胜利［N］. 人民日报，2017-10-28（1）.

[7] 习近平. 谱写新时代中国宪法实践新篇章：纪念现行宪法公布施行40周年 [N]. 人民日报，2022-12-20 (1).

[8] 第一届全国人民代表大会第二次会议关于授权常务委员会制定单行法的决议 [N]. 人民日报，1955-07-31 (2).

[9] 李鹏. 全国人民代表大会常务委员会工作报告：2003年3月10日在第十届全国人民代表大会第一次会议上 [J]. 中华人民共和国全国人民代表大会常务委员会公报，2003 (2).

[10] 关保英. 新地方政府组织法对行政法原则的确立 [N]. 法治日报，2022-06-10 (5).

[11] 双传学. 协同推进自我革命与社会革命的理论逻辑与实践向度 [N]. 光明日报，2019-12-12 (6).

[12] 吴兴智. 公共治理：服务型政府的理想治理模式 [N]. 学习时报，2013-10-08 (6).

[13] 吴逸. 从立法为主到修法为主的变迁 [N]. 检察日报，2013-03-09 (1).

[14] 张荣臣. 准确把握“党政分工”概念 [N]. 北京日报，2017-04-10 (14).

四、其他

[1] 周磊. 法律案审议制度研究 [D]. 上海：华东政法大学，2020.

[2] 覃李慧. 当代中国养老制度发展研究：以政策与法律互动为中心的考察 [D]. 长春：吉林大学，2022.

[3] 共和国足迹——1994年：推进党的建设新的伟大工程 [EB/OL]. 中央政府门户网站，2009-09-27.

[4] 刘少奇在中共八大作政治报告 [EB/OL]. 中央政府门户网站，2008-06-03.

[5] 中共中央印发《关于加强党内法规制度建设的意见》[EB/OL]. 中央政府门户网站，2017-06-25.

[6] 毛一竹，姚玉洁，卢国强，等. 解析地方雷人立法：拍脑袋决定 论证不充足 [EB/OL]. 新浪网，2013-09-16.

[7] 全国总工会通报劳动合同法立法过程：实录 [EB/OL]. 北方网，2007-07-02.

[8] 田成有. 人大为什么要“主导”立法 [EB/OL]. 刑事法库微信公众号，2022-01-25.

致 谢

研究人大立法职能的变迁，对于我可能属于难以承受的学术之重；却是一段苦乐交织的学习过程。这本书还很拙糙，只是我在教学科研道路上的一份阶段性总结。在过去的岁月里，各位前辈的鼓励和点拨，同学朋友之间的讨论和交流，凝结在生活的画卷中，构成了我过往一份弥足珍贵的情愫。在本书即将付梓出版之际，除了微不足道的情怯和紧张，剩下的全是感激。

中国人民大学朱力宇教授对本书的布局设计悉心指导并推荐出版。中共中央党校焦利教授精妙点拨，启发我获得从论文拓展到著作的视野。中国政法大学刘金国教授与蒋立山教授提出了中肯的问题，我从中获益良多。感激各位师长的全力支持，助我顺利完成写作。教育部人文社会科学规划基金、北京工业职业技术学院暨科技处的联合资助，以及出版社樊仙桃女士的耐心督促，使我获得了这次宝贵的出版机会。

2004 年 8 月在萧伯符教授的引领下，我第一次到中国法学会董必武法学思想研究会参与研讨。随后逐年参加年会，知晓了董必武深耕立法的艰辛和奠基的功勋。2012 年彭真民主法制教育基金成立，朱力宇教授带我研究彭真的立法贡献。同时，我有幸成为中国法学会立法学研究会的理事，年会的研讨为我提供了重要的能量补给。从新中国成立初期到改革开放新时期，从董必武到彭真，不仅是时空上的接力，更是中国共产党法治观的赓续与传承。人大立法职能的变迁，成为重要的切入点和制度载体。迈向新时代，从历史中剖析问题，鞭策人大主导立法走向未来。

在此，还要感谢研究会年会上对我的论文予以鼓励、点评的各位前辈和同仁。特别感谢刘松山教授、张德森教授、冯玉军教授、陈俊教授、张小军教授、李栗燕教授、郭辉副教授，对他们无私地提供资料，及时分享的建议和思路表示诚挚的谢意。

感谢我的儿子政翕，在每天阅读写作的过程中，他总是用男子汉的果敢鼓励我。家人的暖心支持，给予我获得和时间一起成长的领悟，也融入我的写作和生活中。

全书前改后抹，很多文句自认为言之有理。不忘自己的初衷，聚焦主要问题，剪裁了很多用心诉诸笔端的文字。尽管书中还有很多不够完善的地方，但我依然鼓起勇气，斗胆出版，请学界指教。

凡是过往，皆为序章。心之所向，素履以往。沉淀，整理，反思，再出发，我时刻准备着。